中国信托理论与实践丛书
CHINA TRUST THEORY AND PRACTICE SERIES

总主编 邢 成

家族信托

THEORY AND PRACTICE OF FAMILY TRUSTS

理论与实务

邢 成　管百海　编著

本书编委会

朱晓林　黄宵盈　钱思澈

经济管理出版社
ECONOMY & MANAGEMENT PUBLISHING HOUSE

图书在版编目（CIP）数据

家族信托理论与实务 / 邢成，管百海编著 . -- 北京：经济管理出版社，2019. 9
ISBN 978-7-5096-4809-4

Ⅰ . ①家… Ⅱ . ①刑… ②管… Ⅲ . ①家族—私营企业—信托投资—研究—中国 Ⅳ .
① F832.49

中国版本图书馆 CIP 数据核字（2019）第 244264 号

组稿编辑：王光艳
责任编辑：李红贤
责任印制：黄章平
责任校对：赵天宇

出版发行：经济管理出版社
　　　　　（北京市海淀区北蜂窝 8 号中雅大厦 A 座 11 层　　100038）
网　　　址：www.E-mp.com.cn
电　　　话：（010）51915602
印　　　刷：三河市延风印装有限公司
经　　　销：新华书店
开　　　本：710mm×1000mm/16
印　　　张：19.25
字　　　数：367 千字
版　　　次：2020 年 1 月第 1 版　2020 年 1 月第 1 次印刷
书　　　号：ISBN 978-7-5096-4809-4
定　　　价：98.00 元

中国信托理论与实践丛书

编委会

总序言 | FOREWORD

习近平总书记在全国金融工作会议上强调，服务实体经济、防控金融风险、深化金融改革，促进经济和金融良性循环、健康发展。进入新时期我国信托行业机遇与挑战并存，面对新形势我国信托业新的转型定位迫在眉睫。尤其是在当前严监管和经济新常态的大背景下，伴随《关于规范金融机构资产管理业务的指导意见》的颁布实施，未来我国信托行业将迎来全新的发展机遇与挑战，新的发展时期亟待系统、科学、全面确定新的行业发展定位。

当前我国信托行业定位面临着新变化，新时期对信托业的功能作用提出了更高要求、信托机构同质化业务模式已经难以为继，信托业务定位必须最大程度满足新的市场需求。为应对这些变化，今后我国信托业发展定位，应确定以独特的信托法律关系为依托，以个性化的信托制度安排为特色，以私募（和公募）工具为资金保障，以科学的净资本管理为风控基础，支持实体经济发展，促进资本市场完善，助力人民美好生活，实现社会融资结构的合理化与渠道的多元化；在信托机构方面，应将信托机构定位为以受托人为根本定位和唯一职责，逐步从传统的非标类、债权型、同质性高速度外延增长的经营模式，转型发展成为以净值化、投资型、差异化高质量内涵发展的经营模式，并以管理佣金和投资收益分成为核心盈利模式，专业化、特色化的非银行金融机构；信托业务模式，应全面实现私募投行业务向资产管理业务转型、通道业务实现向财富管理业务转型，构建专业化驱动的核心竞争力。

纵观我国信托业自 2002 年"一法两规"框架下以来的发展历程，结合当前信托业的现状和所处的外部环境，我国信托业已经到了转型发展的窗口期。特别是 2018 年相继出台的《商业银行理财业务监督管理办法》和《商业银行理财子公司管理办法（征求意见稿）》，使我国资产管理市场和金融理财市场竞争环境更加严峻，我国信托业在面对众多的市场挑战、制度挑战和监管挑战的情况下，必须重新理解并全新界定我国信托业的发展定位。谋定而动，行稳致远。要彻底改变传统僵化的思维模式、经营理念和发展道路。积极探索并发展资产配置型资金信托、家族信托和慈善信托等本源业务。未来的五年注定是信托行业实现其战略转型的关键际遇期，挑战与际遇并存，信托业应在明确未来发展定位的前提下，回归本源、开拓创新、认清资源禀赋、发挥比较优势。秉承"以信为本，谨慎忠诚"的信托文化，继往开来，不忘初心，砥砺前行，再创一个信托业黄金十年发展期。

邢成

2019.12

前言 | PREFACE

随着我国经济高速增长，人民群众收入水平不断提高，中国家族财富规模迅速扩大，成为推动财富管理行业发展的强大动力，市场需求极其巨大。家族信托作为重要的财富管理和传承工具，逐渐被国内大众，特别是高净值人群所熟知和认可。数据显示，至 2019 年约有 40 余家信托公司开展了家族信托业务，推出了家族信托产品和服务。家族信托产品落地存量规模超千亿元，存量产品数量接近 5000 单。家族信托已逐渐成为信托业务转型的主要方向，家族信托的"黄金时代"正缓缓拉开序幕。

作为未来信托业发展方向的"蓝海"业态，家族信托有着怎样的发展基础和市场需求，国际和国内家族信托发展中有着怎样的历史渊源，与其他财富管理工具相比较，家族信托的特质和优势有哪些，又有着怎样的区别与联系。另外，在当前政策背景下，家族信托业务的发展会遇到哪些困难，其未来又有着怎样的发展前景，这些关乎家族信托发展的重大问题都在本书中得到系统研究和深入探讨。

本书运用理论分析和实务分析，从家族财富管理出发，对家族信托的发展基础、历史沿革、功能特点等进行了深入探讨。另外，从当前我国信托行业发展家族信托的业务实践出发，对家族信托的产品结构、业务模式、营销实践和产品案例等进行了详细介绍。

本书理论与实务密切结合，是研究机构、信托公司、金融同业、监管部门重要的参考文献。具有较高的学术价值和实务应用价值。

目录 | CONTENTS

第一章

家族信托与家族财富

党的十九大报告指出，要不断满足人民日益增长的美好生活需要，使人民获得感、幸福感、安全感更加充实、更有保障、更可持续。改革开放四十年来，我国人民物质生活水平显著提高，部分高净值人士家族财富管理需求日益增加。用好信托制度服务家族财富管理需求，既是新时代中国社会经济发展的切实需要，也是推动信托业实现高质量发展的重要方向。

第一节 我国家族财富现状

伴随着我国社会经济发展，社会财富快速积累，与此对应的财富管理市场也经历了十几年的迅猛增长。根据相关机构的统计数据，资管财富管理市场在2015年底已超过百亿元，预计此后每年仍将继续增长。在家族财富管理大市场中，信托因其起源于财产传承和转移，制度上具有天然的优势；因此，家族财富管理信托公司具有相关的优势，即使其他行业如银行、保险公司等开展家族财富管理业务，也要借用信托制度或者与信托公司进行合作。

一、财富管理的内涵

（一）财富管理与家族财富管理

对于财富管理，目前并无统一的定义。此处采用较常用的定义：财富管理是指以客户为中心，设计出一套全面的财务规划，通过向客户提供现金、信用、保险、投资组合等一系列的金融服务，对客户的资产、负债进行管理，以满足客户不同阶段的财务需求，帮助客户达到降低风险、实现财富保值、增值和传承等目的。

按照财富管理的定义来看，财富管理的主体涵盖很广，会涉及银行理财、保险、信托、公募及私募基金、券商资管及第三方财富管理机构等。

　　财富管理范围包括现金储蓄及管理、债务管理、个人风险管理、保险计划、投资组合管理、退休计划及遗产安排。

　　家族财富管理的概念被界定为：家族财富（包括物质财富、精神财富、社会资源、人力资源等）的保障与传承，家族资产的长期投资理财，家族企业的投资银行及公司银行服务，家族成员及家族企业的税务筹划、法律咨询，以及家族财产的增值服务、家族慈善等一系列针对家族财富及事务的相关安排。

　　可见，家族财富管理属于财富管理的一种。

（二）财富管理与一般意义上理财业务的区别

　　一般意义上的理财业务属于早期的理财概念，它的营销模式是以产品为中心，金融机构（主要指商业银行）通过客户分层、差别化服务培养优质客户的忠诚度，从而更好地销售自己的产品；而财富管理业务则是以客户为中心，金融机构（商业银行、基金公司、保险公司、证券公司、信托公司等）根据客户不同人生阶段的财务需求，设计相应的产品与服务，以满足客户财富管理需要，这些金融机构成为客户长期的财富管理顾问。财富管理业务属于成熟的理财业务。

　　财富管理与一般意义上理财业务的区别主要有三点：

　　第一，从本质来看，财富管理业务是以客户为中心，目的是为客户设计一套全面的财务规划，以满足客户的财务需求；而一般意义上的理财业务是以产品为中心，目的是更好地销售自己的理财产品。

　　第二，从提供服务的主体来看，财富管理业务属于成熟意义上的理财业务，它的主体众多，不仅限于银行业，各类非银行金融机构都在推出财富管理业务。一般意义的理财业务多局限于商业银行所提供的传统业务和中间业务。

　　第三，从服务对象上来看，财富管理业务不仅限于对个人的财富管理，还包括对企业、机构的资产管理，服务对象较广；而一般意义的理财业务处于理财业务发展的较早阶段，作为我国商业银行的一类金融产品推出，主要是指银行个人理财业务产品的打包，服务对象多为私人。财富管理的三个鲜明特征"以客户为中心""服务主体众多"以及"服务对象较广"，使它区别于一般意义的理财业务，成为理财服务的成熟阶段。

二、财富管理行业的发展阶段

　　所有的行业都要经历三个主要的发展阶段：以产品为中心的阶段，以销售为中心的阶段和以客户为中心的阶段。财富管理业也不例外。

（一）财富管理行业的三个发展阶段

1. 以产品为中心的阶段

在此阶段中，管理层的关注焦点在于生产出质量更优的商品。在 20 世纪 80 年代的早期，现代理财服务业开始进入以产品为中心的阶段。在那个时代，理财规划和以避税为目的的投资市场被十分看好。理财顾问的工作十分简单，业务发展相当喜人，其主要原因就在于产品具有诱人的收益，如显著的税盾效应。对于理财顾问来说，最有效的市场营销战略就是强调经济收益。顾问们使用各种图表以突出自己的产品和服务所能带来的经济收益，醒目的数字让人心动，大多数潜在客户都很难抵挡得住诱惑。

2. 以销售为中心的阶段

随着行业的逐渐发展，消费者拥有了更多的选择。在生命周期的第二个阶段，激烈的竞争促使制造商拼命寻找新的客户。聪明的公司开始注重销售和分销，在以销售为中心的阶段，销售人员起主导作用。在 20 世纪 80 年代，整个理财服务行业迅速地从以产品为中心转向以销售为中心，几乎一夜之间出现了很多共同基金，从此，理财服务进入了大众市场。有前瞻意识的营销人员关注交易，运用专业技术进行产品特点和业绩的比较，通过提供供销产品获得成功。

3. 以客户为中心的阶段

随着市场的不断扩张，供给量增加、市场竞争加剧和新科技的出现都在推动价格不断下降。在行业生命周期的第三个阶段，伴随着价格的下降，消费量逐渐上升，直至整个市场达到饱和。在这个阶段，实体产品的分销渠道开始堵塞，存货堆积，利润下滑；所有的重点转向以客户需求为中心。对于这个阶段的理财行业，只有当理财顾问展示出能为产品带来增值的能力时，消费者才会购买该产品，这也是当今成熟的金融市场中，理财顾问提供资产配置和投资管理服务的原因。事实上他们免费提供产品，对自己的建议和随后的服务收费。也正是在这个市场状态下，理财服务领域出现了"全面财富管理"这个新的概念。美国阿桑特资本管理有限公司的总裁认为，全面财富管理模式就是成为客户的"私人首席财务官"。

（二）我国财富管理的四个阶段

由于我国在改革开放以后，人们才开始财富积累，因此我国财富管理发展较晚。按照时间顺序，大致可以分为四个阶段：

1. 第一阶段为潜伏期（1979～1990 年）

从改革开放开始，社会经济及财富得到快速增长，国家政策摆脱了计划经济向市场经济转型，居民财富管理也摆脱了真空地带。但是，银行定期存款和购买国库券仍然是这一时期老百姓主要的金融理财产品；而中国国库券由于利率较高，成为人们争相投资的产品。

在 20 世纪 80 年代，北京、上海、重庆等大城市相继开放国库券交易市场，每年老百姓都要义务性购买一些。但是由于要到几年以后才兑付，对于手中储蓄较少的人而言，资金紧张，不少人在购买国库券后不久，就将国库券以一定的折价卖掉。从 1988 年开始，个人可以直接将国库券卖给银行，但仅仅在大城市设有交易点。所以，出现了许多利用地域差价赚钱的人，目前许多知名人士的第一桶金都来自于当时的国库券买卖。

2. 第二阶段为萌芽期（1990～2003 年）

自 1990 年开始，中国财富管理进入萌芽期。1990 年 12 月和 1991 年 7 月上海和深圳证券交易所相继挂牌营业，股票集中交易市场正式宣布成立，中国股市由此诞生。这一阶段是中国股份制改革起步初期，整个市场规模较小，并以分隔的区域性试点为主，股票市场的发行和交易缺乏全国统一的法律法规，缺乏统一规范和集中监管。所以经常出现暴涨暴跌的现象。

在这一阶段，上市公司数量由最初的 13 家增长至超千家，上市公司的范围从地方扩展至全国，上市发行品种涵盖 A 股、B 股，还有赴中国香港、美国发行的 H 股、N 股。而且随着人均可支配收入的增加，人们对理财的需求持续增长。1998 年，我国第一只证券投资基金诞生，两次产品日益增多，丰富了人们的理财选择。2001 年，我国第一只开放式基金发行，从此基金和股票成为个人投资者最为关注的金融产品。

总体来看，这一阶段财富管理行业仍处于蛮荒时代，居民财富管理需求不高，只有证券、信托公司、公募基金等少部分机构提供财富管理服务，市场规范制度供给不足，行业发展并没有得到重视。

3. 第三阶段为生长期（2003～2012 年）

2003 年我国保险公司开始设立财富管理公司进行专业化财富投资管理；同年，诺亚财富正式成立。诺亚财富的成立标志着理财产品提供者已经不再局限于正规的金融机构。

2004 年光大银行首发人民币理财产品，银行理财规模日渐扩大；2005 年广发证券发行了证券行业首支集合资管计划，券商资管业务逐步开始走上正轨；信托公司在 2002 年首次试发信托计划后自 2007 年开始实现跨越式发展。

并且，黄金投资逐步放开，房地产市场也步入黄金十年，企业债券开始进入人们视线，而股票投资也不仅是单纯的二级市场买卖股票，定向增发、并购成为高净值个人参与的主要方式。

这一时期我国实行分业经营、分业监管，各机构在各自投资领域范围内从事资管计划，因此财富配置范围成为资管产品发展的重要影响因素，信托公司明显受益于分业监管体系的混业经营模式。

4. 第四阶段为规范发展期（2013 年至今）

2012 年 12 月 28 日第十一届全国人民代表大会常务委员会第三十次会议对《中华人民共和国基金法》（以下简称《基金法》）进行修订。继银行之后，保险公司、证券公司相继进入公募资管行业，资管市场进一步放开、充分竞争格局已然形成。包括第三方理财、互联网金融等在内的各类机构，不断尝试金融创新以满足各类投资者日渐复杂化、多元化的需求。

在这一时期，中国的财富管理行业蓬勃发展，连续多年保持 40% 以上的高速增长。尤其是随着互联网技术的创新和进步，推动了一系列基于互联网技术和平台的理财产品脱颖而出，互联网金融成为人们关注的一个焦点。

同时，在此期间，证监会、保监会相继扩大券商、基金公司、期货、保险机构财富配置范围，各个金融机构财富配置范围趋同，正面遭遇战一触即发，资管行业进入百家争鸣的新时代。

并且，为规范资产管理行业发展，2018 年 4 月，由中央全面深化改革委员会审议通过，国务院同意，中国人民银行、中国银保监会、中国证监会、外汇管理局联合印发《关于规范金融机构资产管理业务的指导意见》（银发[2018]106 号），将不同金融机构的资产管理业务纳入统一监管，对同类资产管理业务作出一致性规定，为资产管理业务的持续健康发展创造良好的制度环境。

三、我国家族财富及家族财富管理现状

随着中国改革开放三十多年经济的高速发展，中国的家族财富也快速积累。《2016 胡润全球富豪榜》显示，中国大陆千万富豪已达 121 万人，亿万富豪已达 7.8 万人，中国大陆地区拥有 10 亿美元以上资产的富豪人数首次超越美国。

（一）我国家族财富现状

在家族财富管理领域，发达国家已经做得比较成熟。犹如美国比尔·邦纳在《家族财富》中提出，国外的家族财富管理不仅关注财富的长久传承，同时也关注家族文化的传承。国外成熟家族财富需要众多专业机构的参与，法律结构、税务结构、遗产传承结构等相对而言比较完备。也就是说，除了资产的规划（保值增值）、子女的教育等重要的内容，他们还特别注意构建"坚实的结构"，以保障家族财富和文化的长久。其中投资策略、法律顾问、税务筹划等是重要的实现手段。

以洛克菲勒家族为例。家族创始人老洛克菲勒的财产在今天约值2000亿美元。令人称奇的是，如此"空前绝后"的财富，经历几代人，不但没有引发任何争产风波，更打破了"富不过三代"的魔咒。这种良好的家族财产传承不仅依靠道德约束，更重要的是财产传承理念与制度设计，有效避免了后代争产和滥用财产。据悉，世界500强企业中有40%由家族所有或经营。在现代企业制度之下，子承父业的传承方式越来越受到挑战。豪门究竟该如何维系家族财富？历史上的超级富豪是如何避免后代败家的？值得中国财富家族关注与借鉴。

就国内而言，改革开放四十年来催生了中国第一批以企业家为主的高净值人群，伴随这批"创富一代"集中步入退休年龄，中国"财富传承"的需求日渐凸显。另一方面，互联网等创新型行业的发展，促进了"新富人群"的涌现，如图1-1所示。

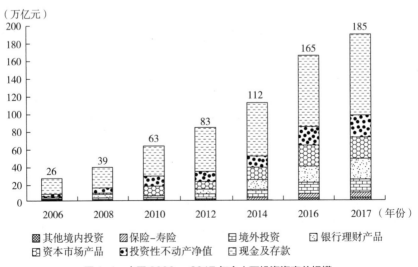

图 1-1　中国 2006 ~ 2017 年个人可投资资产总规模

　　中国已成为私人财富领域发展最快的国家之一，财富的管理和传承是眼下他们最为焦虑的问题之一。高净值人群普遍需求都是希望家族财富在未来有稳健的、长期的、可持续的增长。

　　经过几十年的发展，中国的民营企业走到了需要传承的当口。当"创一代"遇到"富二代"，如何顺利把自己辛苦打拼下来的家业传递给下一代，做到家族的基业长青？

　　居民家庭金融资产的多少是衡量一个国家经济发展水平和居民富裕程度的重要标志之一，在我国居民总资产中，金融资产的占比逐年提升，从2004年的34%提升至2016年的44%。伴随着金融资产规模扩张，居民对金融资产的多样化和专业化配置需求增加。

　　伴随着十年经济发展，中国私人财富市场规模十年内增长五倍，持续释放可观的增长潜力和巨大的市场价值，见图1-2。2016年，在国内经济"L"形运行的背景下，中国私人财富市场继续保持高速增长，高净值人群数量达到158万人，个人持有的可投资资产总体规模达到165万亿元。2017年中国私人财富市场将继续稳步增长，高净值人群达到187万人左右，个人可投资资产总体规模将达到188万亿元，同比增长14%。

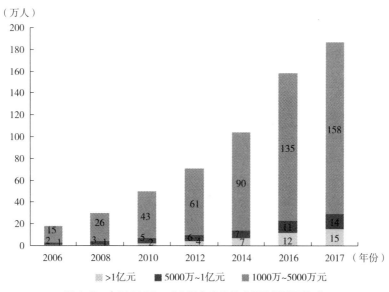

图1-2　中国2006～2017年高净值人群的规模及构成

　　伴随着我国GDP的快速发展，社会财富快速积累，与此对应的财富管理市场也经历了十几年的迅猛增长。根据公开数据显示，截至2017年底，中国财富管理市场已超 150 万亿元，其中主要是由银行理财、保险、信托、公募及私募基金、券商资管及财富管理机构组成。其产品形式会涵盖银行理财、信托、股权投资基金、债券投资基金、股票投资基金、券商资管计划、保险资管产品、投资型保险，期货资管，等等。

按照财富管理的定义来看，财富管理的涵盖很广，会涉及银行理财、保险、信托、公募及私募基金、券商资管及财富管理机构，等等。

根据 BCG 统计数据，我国有望成为继美国、欧洲之后的世界第三大财富管理国家。

（二）我国家族财富管理现状

1. 国内财富管理机构分类

随着国外越来越多的富人和财富管理公司的出现，财富管理已经不再是银行一家独大，信托、基金及第三方理财机构都面临着日益激烈的竞争，行业呈现了整合的趋势。为应对行业的竞争，这些机构不约而同地开始提供更多产品和服务，以便能更好地为客户提供财富管理产品。

（1）银行。在财富管理方面，国内规模最大、最具影响力的仍然是银行理财业务。因为商业银行具有传统网点优势和客户资源优势，可以很自然地延伸到财富管理领域，故传统商业银行的财富管理业务是中国财富管理业务的主力军。

由于银行理财产品的收益率高于定期存款，而银行在居民心目中又是信誉的保障，所以会持续推动居民的理财需求。根据中国银行业协会的统计，银行理财规模呈现逐年增长的态势，2007 年底，银行理财规模只有 5000 亿元左右；2009 年底突破万亿元大关，2013 年底突破 10 万亿元，2015 年底突破 20 万亿元，2018 年底规模为 22.04 万亿元。

随着 2018 年 4 月《关于规范金融机构资产管理业务的指导意见》（银发 [2018]106 号）的发布，银行理财业务也出现了一些变化。其中最重要的是 2018 年 12 月银行理财子公司相关办法正式出台，银行理财的发行和销售有了较大的改变：一是不设门槛、不强制要求面签；二是允许公募理财产品直接投资股票；三是允许子公司发行分级理财产品；四是理财代销和合作机构范围扩大，可选择银行业金融机构或银监会认可的其他机构代理销售理财产品。

（2）信托公司。国内市场上的 68 家信托公司主要分为四种类型。第一类是有央企背景的信托公司，2017 年底该类信托公司有 14 家，央企背景的信托公司其产品在所有信托公司中是最保守的。第二类是有银行背景的信托公司，2017 年底该类信托公司有 12 家。银行系信托公司的优势在于对信托项目的资金风控上。第三类是地方政府和国企控股的信托公司，2017年底该类信托公司有25家，此类信托公司与有央企背景的信托公司相比具有较多的共同点。第四类是民营企业控股的信托公司，2017年底此类信托公司有17家，民营控股的信托公司在四类信托公司中是灵活性最高的，与市场结合最紧密的。

信托公司在2008～2017年十年间实现了规模快速增长。2008年底，信托资产规模只有1万多亿元，2009年达到2万亿元，2013年突破10万亿元，2016年突破20万亿元，2017年底为26万亿元，2018年底略有下降，为22.7万亿元。

（3）公募及私募基金公司。自2005年在股市快速上行的带动下，中国基金规模出现了爆炸式增长。到2007年底，国内基金达到341只，合计总资产净值达到3.1万亿元。但自2008年开始，由于股票市场低迷，基金总体规模有所下降。在这个过程中，基金的投资范围从股票扩展到对冲、量化等新的投资品种上，随后基金总体规模得到有效增长，截至2015年第三季度，公募基金管理资产总额接近7万亿元，2018年底规模为13.03万亿元。期间私募基金得到极大发展，2018年底基金业协会已登记私募基金管理人24448家，管理基金规模12.78万亿元。

（4）独立财富管理机构。对应投资者日益提升的财富管理需求，第三方理财机构从无到有，迅速崛起，十多年间发展为财富管理市场的重要角色。自2010年11月诺亚财富在纽约证券交易所挂牌上市后，成为独立财富管理机构的标杆，使第三方财富管理机构获得越来越多人的信任。2018年底，中国财富管理机构总数量已超过万家。

目前，国内独立财富管理机构的市场份额仍然较小，这种现象与欧美等发达国家不同。在欧美等发达国家，独立财富管理占据整个财富管理市场份额的60%以上；在中国台湾、中国香港等地也占30%以上。根据投中研究院预测，我国独立财富管理机构发展潜力最大，以后几年发展速度最大的应是独立财富管理机构。

（5）保险机构。受益于保险行业的快速发展，保费高速增长，保险行业资产管理规模稳定增长。保险公司的财富管理也逐渐进入到人们的视野。其中，人寿保险产品成为保险机构的主要资金来源。根据保监会数据显示，2016年底保险业总资产超过15万亿元，2018年底达到18万亿元。

保险机构相对于其他资产管理机构主要有两大优势：一是自有资金充足。其背靠保险母公司，不用为资金来源而铺设渠道。二是投资领域广泛。保险类投资机构可以覆盖权益类投资、固定收益类、产业投资类等高中低不同风险业务领域。

2. 机构布局

不同类型的财富管理机构吸引了不同层次的财富人群，而其所提供服务的深度和广度的先天差异性也决定了不同细分市场的竞争格局，如图1-3所示。

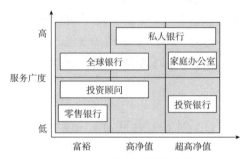

图1-3　财富管理机构的竞争格局

资料来源：《欧洲财富管理市场及财富管理行业简介》，Roger. H. Hartmann。

3. 业务范畴

财富管理业务范畴可以按服务和提供产品两个维度进行划分，如图1-4和1-5所示。

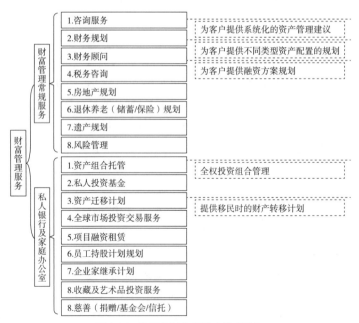

图1-4　按服务划分的财富管理业务

资料来源：国泰君安研究。

货币类	固定收益类	权益类	保险	房地产	另类投资
• 现金/存款 • 信贷/贷款 • 信托 • 其他货币和工具	• 债券/票据 • 债券类基金 • 其他固定类 　收益工具	• 股票投资组合 • 股票基金 • 共同基金 • 融资融券	• 理财险 • 商业养老险 • 人寿保险	• 商用房地产 • 房地产信托基金（REIT） • 住宅类房地产（不包括 　自用住宅） • 未开发物业 • 农地 • 其他房地产	• 结构性产品 • 金融衍生品 • 外汇 • 保险基金 • 大宗商品 • PE/VC投资

图 1-5　按提供产品划分的财富管理业务

四、我国家族财富管理落地难

家族财富由家族和财富两大要素构成。家族是一个以血缘和婚姻为横轴、以代际为纵轴构成的一个特殊群体，彼此之间存在法律关系、血缘关系、生活关系和财产关系，并拥有共同的文化和价值观。

家族是客观存在的，但新中国成立后一段时期我国拥有财富的家族并不太多。财富家族的批量出现，是近三十多年改革开放的结果。据统计，截至 2016 年，我国亿万富豪数量有 8.9 万人，其中身价 5 亿元以上的富豪就有 5 万人。而存在的问题是，这些财富家族的创始人平均年龄已在 50 岁以上，身价 10 亿元以上的富豪平均年龄更是接近 60 岁。

近 10 年是中国家族财富传承的关键窗口期，当财富在家族内部进行系统安排的时候，家族财富管理的需求自然就产生了。因此，家族财富管理成为热点是必然的。

尽管面向传承的家族财富管理已经成为巨大的刚需，但是无论是信托公司、商业银行、家族办公室等家族财富管理服务机构，还是企业家自己在着手解决这个问题时，都发现家族财富管理要落地真是太难。

家族财富管理落地难的深层次原因是缺乏一个相对成熟的家族财富管理生态圈。

第一，缺乏对家族财富管理的系统认识。从需求端来看，财富家族对自身的认识是朦胧的。认识的层面多停留在点状和表层需求上，更多关注物质财富的保护，对家族财富管理的对象和目标缺乏系统思考。从服务端来看，对家族财富管理的认识也是朦胧的。目前的银行、信托公司均面临转型发展，都能看到家族财富管理这片蓝海市场。然而到底能为需求方提供什么样的服务却并不清晰，也是停留在点状和表层服务上。早期主要围绕投资理财，能为客户赚多少钱；近期主要围绕财富保护，能节多少税，能避多少风险等。

第二，缺乏对家族管理的系统服务。目前大部分服务机构提供的宣传方案主要介绍税收筹划、债务隔离、跨境转移等，局限于点状和表层服务，还没有构成线状的系统服务。仅仅针对数字意义上的财富做文章，怎么让客户赚更多的钱，从税务、法务等风险因素考虑怎么少消耗财富，这并没有错。但是这些点状服务离家族财富管理还很远。因此，要解决家族财富管理落地难的问题，除了要持续健全法律外，更急迫的是需要供需双方从认识和服务上构建、营造一个相对成熟的家族财富管理的生态圈。

第二节　家族财富管理的需求分析

在财富管理的不同阶段，客户的财富管理需求有些差异。目前，中国超高净值人群的财富管理需求已经逐渐聚焦财富的稳健保值和有序传承。积极顺应客户需求的变化，探索超高净值人群的家族财富可持续发展是财富管理机构需要重视的问题。信托业在此方面也顺应社会发展，近年来大力开展家族信托业务。

一、随着家族财富的积累，财富管理需求总体增长

（一）中国成"创富"新中心

统计数据显示，中国的民营企业不但吸纳了超过 60% 的就业人口，同时为社会创造了大量的物质财富，也带动了其背后企业家们个人财富的递增。招商银行与贝恩管理顾问公司最新联合发布的《2015 中国私人财富报告》显示，截至 2014 年底，我国个人持有的可投资资产总规模已突破 100 万亿元，达到 112 万亿元，个人可投资资产在 1000 万元以上的高净值人群首次超过 100 万人，年均复合增长率达 21%。中国成为名副其实的"创富"中心。

根据中欧——上海信托 2016 年 10 月《治财有道——中国民营家族财富管理白皮书》（以下简称《白皮书》），对于家庭资产在 1000 万元以上的高净值人群而言，调查显示在个人可投资资产中，有 40% 的人的现金在 500 万元以上，22.7% 的人为 500 万 ~ 1000 万元，16.4% 的人为 1000 万 ~ 5000 万元，2.7% 的人是在 1 亿元以上的现金，投资比例中现金存款占比在 5% ~ 20%。此外，基金、股票和债券相对占比比较大，占比均值在 30% 左右，有 1/5 的人占比达到 50%，而房地产投资几乎是财富拥有者们无一例外的稳定性持有资产之一，基本所持有房产价值在 500 万元以上，平均价值 2000 万元，而收藏品平均投资额占比则较低，平均投资额仅为 300 多万元，占比也只有 6% 左右。

从财富来源来看，《白皮书》显示，其主要来源是企业财产、分红和个人收入。同时，夫妻共同财产，房地产投资和股市的投资这三项占比差不多。而且大多数财产都是来自于一代的创造而不是继承。这也显示了，当前这一传承的特殊转型期，家族财富管理的迫切性。

值得关注的是，《白皮书》的联合作者、中欧国际工商学院芮萌教授现场对白皮书进行了深入解读，他指出，本年度的白皮书得出以下结论：首先，中国民营企业家的资产配置不够多元化，持有成本欠考虑；其次，这类人群的投资习惯依赖个人经验，投资回报预期尚缺理性；再次，在理财过程中，企业家喜欢亲力亲为，依赖个人判断和自身人脉关系网，对专业机构信任度不高；最后，企业家的慈善认知有待拓展，且应当关注子女家庭教育。

（二）全球资产配置成新"风口"

事实上，随着中国财富人群的迅速扩张，日益强劲的国民资产跨境投资趋势和财富管理行业整体有服务能力出现短板的现状，并成为亟待解决的问题。

据芮萌教授介绍，当前在国内的家族财富管理市场上，可谓进入"战国时代"。私人银行、信托、保险、券商以及大型的第三方理财机构均涉足于此，并展开了竞争。不过他也指出，调查显示，中国的富裕人群在投资过程中缺乏一张完整的家庭资产负债表，这导致了其在财富管理过程中，其境内外资产配置缺少优化的组合。

而值得注意的是，近年来高净值人群的海外投资需求也呈上升趋势。高净值人群境外投资目的已从此前的"分散风险"向"主动寻求海外投资收益"转变。根据国际货币基金组织（IMF）估计，未来3～5年人民币可以自由兑换后，相当于15%～25%的中国GDP，即超过10万亿元人民币资产，会离境购买境外资产。

在诺亚集团执行总裁林国沣看来，全球华人高净值客户财富管理的需求正在不断深化，从初级阶段简单提供产品，发展到更注重趋势研究、产品研究的资产配置服务，并最终升级到满足客户个性化资产配置方案的全权委托服务。

从诺亚财富最新披露的业务数据上，也可以明显感受到中国高净值客户海外资产配置需求之迫切及汹涌。但是，对于大多数的财富拥有者而言，中欧的白皮书却显示其更倾向于通过国有的理财机构来打理其资产。虽然这类人群中的43%也选择了两个或两个以上的专业机构，但因为多家机构的投资组合趋同，导致其投资风险并没有因此降低。同时，由于目前境内资产管理的主要问题是政策法规的变动比较大，以及理财机构不够成熟和专业，使家族财富管理业务中仍有短板待补。而在海外资产配置的时候，高净值人群遇到的问题主要是三方面：其一，海外资产管理的安全性，其二，税务问题和投资回报率的问题，其三，法律不成熟和信息不对称的问题。

二、家族财富管理的具体需求分析

财富是一把典型的"双刃剑"，既是成就和荣耀，也是负担和麻烦。比如，因传统制造业、房地产发家的财富家族如何破解企业转型难题，防止因转型失败而使家族企业毁于一旦？又如，如何安排财富才能既保障后代的生活与成长，又防止败家行为的发生？消除家族财富的烦恼，犹如行走在荆棘路上，一不小心就被财富的负能量所吞噬。

减缓乃至消除财富的烦恼，就产生了对家族财富进行管理的需求。无论家族财富管理的具体需求点有多少，从需求结构上来看，家族财富管理主要可以分为四大需求：一是防范意外风险，确保家族成员正常生活的家族保障需求；二是避免经济下行风险，实现家族财富保值增值的家族理财需求；三是优化家族企业的投融资基础，摆脱家族企业投融资困境的家族投行需求；四是规避家族财富代际交接风险，筹划家族财富平稳过渡的家族传承需求。

（一）家族保障需求

一般而言，高净值人群因其财力雄厚，相较于普通人群，有着更强的抗风险能力，但这只是就一般性风险而言。事实上，以企业家为主体的高净值人群，无论是财务风险还是非财务风险均远高于普通人群，属于典型的"高风险人群"。就财务风险而言，高净值人群经营的企业和投资面临着远高于常人的政策风险、法律风险、税务变化风险、金融市场风险、企业经营风险等。就非财务风险而言，高净值人群面临的家庭婚姻风险、个人健康风险、人身意外风险等也远高于普通人群。这些风险无一不对家族财富的安全和家族成员的生活构成巨大威胁。如果没有未雨绸缪的家族保障措施，一旦发生上述风险，家族成员乃至整个家族的生活都会受到重大影响。可以说，防范意外风险，保障家族成员的正常或品质生活，已经成为家族财富管理的一个核心需求。

对高净值人群而言，家族保障主要分为两部分：其一，保障自身的生活舒适、便捷、愉悦及高品质；其二，希望保障配偶、子女、其他家族成员乃至尚未出生的后代的生活、教育及事业需要，尤其是当自身或其他家庭成员遭遇意外事件或者突发情况时，能够有足够的实力化解困难，平安、顺利渡过危机。

（二）家族理财需求

家族保障是以合理规划和使用家族财富的方式，来保障家族成员的需要。而这一需求实现的前提，在于有相当数量的家族财富，且在家族存续期间，这笔财富能够保值增值，不至于因经济变化或社会动荡而减损或灭失。进入守富阶段之后，出于多重因素的考虑，投资理财已经取代资本的原始积累，成为高净值人群及其家族保有财富的重要方式。

第一，理财是规避通货膨胀的重要途径。对个人而言，通货膨胀通常表现为物价上涨或利率上升等形式，从而使实物资产或金融资产贬值，造成现有财富的大大缩水。而采取恰当的资产配置于投资理财措施，则能够有效地规避通货膨胀的不利后果。

第二，理财是财富保值增值的重要手段。从货币的时间价值来看，当前拥有的货币之所以比未来同样金额的货币具有更大的价值，在于当前拥有的货币可以进行投资、创造新的价值，通过恰当的投资理财渠道，能够产生更多的货币。反之，如果不进行投资理财，而是简单地持有，则货币不仅不会增多，反而会随着时间流逝而不断贬值。

第三，理财是应对我国经济转型、增速放缓、风险增大等形势的明智选择。现阶段，我国经济处于"三期叠加"的结构转型之中，会在较长时期内处于"L"形的底部。如何避免经济下行风险并在经济"新常态"中实现财产的保值增值，是高净值人群普遍关注的问题。这一问题的实质是如何有效地进行家族财富管理。

（三）家族投行需求

家族的发展离不开家族企业的发展和家族成员的再创业，而这两者都离不开资金的支持。解决家族发展的融资活动，就是家族投行。

在融资渠道上，我国的高净值人群目前主要倚重外部的银行与资本市场。一方面，对于家族企业和家族成员而言，因其个人资产有限、担保不足、风险较高等天然的不足，通过银行或资本市场融资困难；另一方面，长期以来，我国一直处于金融抑制状态，金融市场发育程度有待大大提高，无论是以银行信贷为主的间接融资，还是以资本市场为主的直接融资，都具有较高的门槛，对于民营的家族企业融资更有各种各样的限制与约束。因此，除少数超级财富家族外，绝大多数家族企业均有着不同程度的融资难问题。

在融资难的大背景下，外求式的家族投行显然难以满足家族发展的资金需要，而海外已经运行比较成熟的内求式家族投行却被我国的财富家族忽略了。内求式的家族投行是通过一定的机制安排，将家族财富投资于家族成员本身或其创设的企业之中，以解决家族成员及企业的融资困难，同时增加家族财富总体收益，因此也被称为家族银行。家族银行的实质是家族内部的资金融通行为，即将有限的资金贷款给有资金需求的家族成员或家族企业，从而实现家族财富的杠杆化。设计恰当的家族银行制度，有助于家族成员充分、全面的发展，有利于培养成员的家族归属感和荣誉感，同时也是对家族成员的重要金融教育，避免其日后的财务决策失误，而家族势力的壮大及家族总财富的增量，也是自然而然的收获。

（四）家族传承需求

1. 民营企业家代际交接高潮到来

经过改革开放四十年的创富，我国第一代创业者在享受事业成功与巨大财富的同时，也已步入老年，其生命周期已经到了向第二代传承交接的时候。从年龄结构来看，各种统计、调研和分析报告均表明，未来 10 ~ 20 年，我国高净值人群将迎来子女接班的高峰。中国民营经济研究会家族企业委员会 2015 年发布的《中国家族企业发展》预计，在 2020 ~ 2025 年，中国第一代民营企业家逐渐到了退休年龄，我国家族企业将迎来历史上规模最大的一次家族传承高潮，有超过 300 万家私营企业将需要处理接班人的问题，预计传承的财富价值为 4 万亿 ~ 7 万亿元人民币。

2. 精神财富传承是核心

一个家族的财富主要由有形的物质财富与无形的精神财富构成。通常，家族传承不仅是指现金、股权等有形物质财富传承，还涉及不同代际人口的智力资本、价值观、文化观等无形精神财富的延续。在分量上，后者往往重于前者。如果没有精神财富的传承，下一代一般难以理解和正确运用家族财富，反倒可能滋生挥霍浪费、好吃懒做等恶习，不利于家族财富的延续。大部分的高净值人群认为，精神财富是最重要的家族财富，其次才是物质财富、社会资源和人力资源。

事实上，精神财富的传承对于家族企业主这一高净值人群而言更为重要。家族企业的股权是企业主的主要财富形态，在激烈无情的市场竞争中，家族企业面临各种风险和机遇，要求接班人具备较高的能力和学历，尤其是第一代创业者的言传身教乃至"手把手教"，才能培育胜任的合格接班人，实现企业传承的平稳过渡。

三、家族财富管理对系
统的构建需求

（一）构建家族财富管理的认知系统

1.构建家族财富管理的认知系统

　　财富是一把双刃剑，它有正能量，但负能量也十足。财富不仅是权利和权力，也是一份沉甸甸的责任，需要通过管理发挥正能量，削减负能量。而关于这一点，应该说多数企业家是缺乏系统认知的。

　　财富传承也是一个系统工程，也需要花时间去认知，去学习、去掌握基本技能。要做好家族财富管理，无论是财富家族还是服务机构，必须认识到家族财富管理其实是一个复杂的系统工程。它需要委托人树立正确的财富观。

　　财富家族的财富观，从目标层次上来说，应该由从低到高的五个层次目标构成。①合理保障。保障目标主要是风险防控，这里涉及许多考量因素、包括保障的范围、保障的程度、保障的条件等，核心是既要实现保障又要防止过度保障的负面影响。比如购买高端人寿保险，能够在一定程度上实现风险防范，把钱传给受益人，并提供对未成年人的保障。但是通过保险是否真的能够实现保障的需求，这些都要根据目标来认真的考虑。②稳健增值。任何一个财富家族，资产的结构大致有两类：一类是经营性的企业资产，另一类是非经营性的理财资产。这两类资产追求的都是家族财产的增值问题。简单的、短期的投资回报对于传承来说意义何在？基于传承思考下的财富增值将面临一个很长的周期，长期、稳健才是核心。无论是企业经营还是家族理财，都会因基于传承规划而发生重大变化。③和谐分配。关于传承，每个人的想法都不一样，但最基本的目标就是希望传承是和谐的。不要把创富时的英雄神话，到传承的时候演变为一场狗血剧来收场，引发整个家族的财产纷争。和谐传承是每一个财富家族都希望的。④家业长青。有的企业家可能并不满足于和谐传承，还想进一步追求家业长青，希望实现家族事业的久远相传，家族企业的永续经营。即打破"富不过三代"的魔咒，这样的企业家情怀更高远些，付出的责任要多一点、规划的时间要长一点、专业度也要深一点。⑤家族繁荣。还有的企业家可能对家业长青仍不满足，希望实现第五个目标，即家族繁荣。家族繁荣超越家业长青，是让家族财富和家族文化促进后代成员发展，实现自我的最高成就。家族后代除了数字财富外，是否能够"江山代有人才出"？又能产生多少个科学家、艺术家、政治家，甚至于银行家、金融家？做到这些就是一个有使命感的企业家。

2.构建完整的财富管理内容

　　不同的财富目标意味着认识、情怀、责任和使命是不一样的，相应的管理系统的复杂程度和专业程度也是完全不一样的。

要按照以上五大目标来安排家族财富管理，仅管理物质意义上的金融资本是不够的，完整的管理内容应该是家族资产负债表。家族资产负债表和企业资产负债表有交叉的地方，也有不同。什么应纳入家族资产呢？金融资本只是数字意义上的财富，家族财富的增长同样需要家族人力资本、社会资本的支撑。

如果把家族资产看成是一棵树，这棵树的树冠和树叶属于金融资本，它长成参天大树是由埋在泥土下面的根系决定的，这个根系是家族人力资本和社会资本。所以家族资产应包含硬财富（金融资本）和软财富（人力资本和社会资本）两方面，是家族财富创造、保有和成长的根基。

至于家族负债和家族权益，负债应该涵盖整个家族的各种风险，评估家族权益，则不应仅仅针对数字意义上的财富增长多少，而应涵盖金融资本、人力资本、社会资本在内，以及家族凝聚力是否增强、家族成员是否幸福成长、家族治理是否有效这些要素。

3. 有系统的家族财富管理工具

目标和内容明确了，就要开始梳理工具。梳理家族财富管理的工具箱最少包括七个工具：家族保险、家族理财、家族信托、家族融资、家族慈善、家族治理和家族教育。而家族信托是这七个工具中的基础性工具，在家族财富管理的五大目标和家族资产负债表的内容管理上，信托都是必备的常用基础性工具。

（二）构建家族财富管理实施系统

关于家族财富管理存在一个很大的认识误区：财富家族通常会认为，服务机构都是很专业的，规划完就去办。其实这是不可能的，因为要实现家族财富管理目标，必须在家族内部建立匹配的治理组织。没有家族治理组织的配合，光靠外面的服务机构是实现不了这些目标的。再强大的服务机构，如果不与家族组织进行互动，家族财富管理目标也是难以实现的。因此，解决家族财富管理落地难的问题，不仅需要构建完整的认知系统，还需要财富家族和服务机构共同构建开放的实施系统。

从服务机构的角度来看，任何一家机构想提供闭环的系统服务都是非常难的。所谓难，并不是说在某个点上赚不了钱，成就不了商业模式，而是说做家族财富管理需要完全站在客户的角度，以客户为中心，任何一家机构均满足不了财富家族财富管理的系统性需求，无法协助财富家族、企业家构建家族财富管理的系统。

从目前情况来看，家族财富管理要落地，需要构建"六位一体"的服务实施生态系统。"六位"是指信托公司、商业银行、保险公司、资管机构、家族办公室和专业辅助机构（包括律师事务所、会计师事务所、税务师事务所，甚至医疗、移民、慈善、教育等机构）六类服务机构。

信托公司在家族财富管理实施系统中居于关键地位，这是由目前的制度安排决定的。也就是说到目前为止，家族信托的工具掌握在信托公司的手里。从法律上来讲，民事信托做家族财富管理在法律上不是不可以，但是缺乏信任度和专业度。而从营业信托角度来看，目前的制度安排只有信托公司能经营家族信托业务，无论是银行、保险公司、家族办公室还是其他服务机构，要做家族财富管理都要和信托公司构建协作关系，但是，仅有信托公司也是无法完全提供家族财富管理服务的，还需要所有服务机构彼此之间构建一个大协同关系。比如信托公司和银行托管、结算信贷、现金管理、贵宾服务等方面建立协作关系。再如在家族财富管理中，体系性保险产品的配置是必须的，高端医疗和养老服务体系，也是必须的，这就需要保险公司的协作。又如，家族财富管理中的资产配置需要各种各样的理财产品。而银行、信托、保险等任一机构都不能全方位自主满足家族财富管理的资产配置需求，所以需要各类不同策略的资管机构协同。

另外，家族财富管理专业规划方案的设计，需要请律师、会计师、税务师、慈善组织等各种专业机构提供专业服务。银行、信托、保险等机构不可能也不需要建立这么一个强大的专业服务体系，需要和各种专业机构进行协同。总而言之，家族财富管理的落地，需要构建两轮驱动的家族财富管理生态圈。在这两个"轮子"中，一个是财富家族自身，需要系统认识并要建立家族治理体系；另一个是服务机构，需要系统认识并建立协作关系。

第三节　家族信托的起源与发展

原始的信托行为起源于古埃及的遗嘱托孤，这也是家族信托的最初起源。随着社会的发展与进步，家族信托也随之发展，目前已成为家族财富管理的重要方式。

一、家族信托的起源及发展

家族信托业的发展始于信托业务。早在公元前 510 年的罗马帝国时期（甚至更早），信托的雏形就已经出现，当时通行的《罗马法》中规定外来人以及解放自由人无财产继承权。为了避开该规定，罗马人将自己的财产托付给值得信赖的第三方，要求其为指定家属的利益代为管理财产，保证实际遗产继承权的实现。

13 世纪中期，英国虔诚的宗教信徒出于宗教信仰，自愿在死后将土地等财产捐献给教会，该行为严重损害了封建诸侯的利益。为了减少利益的损失，英国政府禁止国民在死后将土地捐献给教会，并颁布了"没收法"。教徒们一方面为了避免土地被没收，另一方面又能够实现将土地捐献给教会的目的，13 世纪中期，教徒们就将其土地转让给社会上的某人，而实质上却是委托他人管理经营土地，并将该土地所产生收益捐赠给教会。这种制度是英国信托的起源和前身。

18 世纪末 19 世纪初，美国从英国引进信托制度，并率先立法。而美国的信托业比英国的信托业发展更为迅速，美国在南北战争时期，大量发行有价证券以满足战争的需要，这一举措改变了信托财产的结构，由英国的信托以土地财产为主变成了以有价证券为主，奠定了有价证券作为美国信托业务财产的主流模式。此后，美国还发展了房地产投资信托，极大促进了信托业的发展。

从 20 世纪开始，信托业务逐渐被引入到了日本、韩国、中国香港、中国台湾等地。

从信托的起源就可以发现家族信托业务模式的雏形，而在信托业初期发展阶段，家族信托未能形成专有的信托业务类型。当美国在 20 世纪取得经济腾飞的过程中，造就了大量的富裕阶层人群，他们对巨额财富的管理和传承需求在推动信托业务中逐渐形成了家族信托这个专有业务类型，而后美国的家族信托业取得了快速的扩张，始终引领着家族信托业的发展。时至今日，美国作为世界最大的经济体，其家族信托业仍处于领先地位，是其他各国效仿和学习的典范。

在美国，家族信托出现于 19 世纪末 20 世纪初，最初是由一些富裕家庭创造的。早期的家族信托设立方式较为单一，受到的限制也非常多；随着社会和经济的发展，许多州的法律适应社会发展进行了修改，设立和运营家族信托变得更灵活，吸引越来越多的富裕家庭通过家族信托来实现其财富规划和传承的目标。例如，享誉世界的洛克菲勒家族（Rockefeller）、肯尼迪家族（Kennedy）、班克罗夫特家族（Bancroft）等，都是通过信托的方式来管理和传承家族财富，成就了家族财富的恒久基业。经过多年的发展，家族信托在国外已经发展成为非常成熟的财富管理模式，并且不再专属于顶级富豪，一般富裕家庭也可以使用家族信托规划财产传承。

美国的家族办公室业务发展水平也处于领先地位。由于独立家族办公室具有较高要求，因此美国当前的家族办公室主要以多家族共享的形式存在。尽管如此，美国依旧大约存在 3000 个家族办公室，每个办公室平均管理 5 亿美元的资产，总共管理约 1.5 万亿美元的资产。美国家族办公室的典型代表有贝西默家族办公室（Bessemer）。贝西默于 1907 年创立于美国，目前服务超过 2400 名客户，管理 1000 多亿美元的客户资产，在全球最富有家族办公室排行榜中位居前五，成为全球家族办公室的典范。贝西默家族办公室的成功主要得益于三大关键要素：综合定制的服务、专业化的团队、根深蒂固的服务文化。

二、家族信托在我国的发展情况

2018 年是我国家族信托发展历程中重要的一年，此前对于家族信托一直无统一的定义。2018 年 8 月银保监会下发《关于加强规范资产管理业务过渡期内信托监管工作的通知》（以下简称 37 号文），在 37 号文中明确指出，家族信托指的是"信托公司接受单一个人或者家庭的委托，以家庭财富的保护、传承和管理为主要信托目的，提供财产规划、风险隔离、资产配置、子女教育、家族治理、公益（慈善）事业等定制化事务管理和金融服务的信托业务。"

家族信托在我国的发展，经历了三个阶段：

（一）初期

信托制度在我国最先被引入香港以及台湾等地区，这些地区由于经济比较发达，少部分人积累了大量的财富。这部分人对于财富的传承和规划极为重视，于是家族信托成为了其财富传承管理的首选工具。大陆地区的家族信托直到最近几年才逐渐兴起，例如外贸信托、北京信托等金融机构都发行了相关家族信托产品。

香港拥有历史悠久和丰富完善的信托法律。作为前英属殖民地，香港既引用了英国成文法，也引用了英国普通法和衡平法。19 世纪的一系列立法和司法修订和改革均在香港平行适用，包括 1837 年颁布的遗嘱法、1856 年颁布的受托人救济法以及 1853 年颁布的慈善信托法。香港作为世界最重要的贸易和金融中心之一和全球最自由经济体，拥有普通法律制度下相对完善的法律体系、高效开放的金融市场、极具竞争力的商业环境。同时，香港完善的信托法也使香港在保护隐私、管理资产和降低税率方面超过大陆。

相比之下，中国内地家族信托的法律规定不够明确。大陆对信托财产的登记制度、股权资产的管理均没有做出明确规定。而涉及税费，内地规定凡涉及不动产的变动均视为交易行为从而产生高昂的税费。因此，在家族信托登录中国大陆之前，内地高净值人士大多通过离案信托运作模式来完成家族信托的运作。

（二）酝酿期

国内信托公司业务长期以"融资型"信托业务为主，受惠于房地产、地方政府融资平台等直接融资需求，2012 年以前国内信托公司发展较快，利润水平较高。而多年的房地产和政府融资平台领域的火爆扩张，也催生了众多市场乱象，伴随着国家供给侧改革和监管部门对金融业的强监管措施相继出台，由此对信托业的业务范围和盈利模式造成了极大影响，一些信托公司便开始谋划转型路线，开始布局家族信托业务。至 2013 年，平安信托、外贸信托、北京信托相继推出了家族信托产品，因此 2013 年被称为中国家族信托的元年。

（三）发展期

2013 年后，国内更多的信托公司开始推广家族信托业务。信托公司与私人银行加快探索欧美财富管理主流业务——财产管理、财产风险隔离等"事务管理型"信托业务，推出了更多的家族信托产品，并得到了国内高净值客户的认可。同时，家族办公室、全权委托资产管理等财富管理模式也开始兴起，针对中国投资者的财富管理工具日益成熟。

随着中国经济的蓬勃发展以及金融领域与世界发达国家的对接融合，近年中国投资者的财富管理观念趋向成熟。在"创富、保富、传富、享富"需求特征日趋显现的同时，中国投资者对于财富管理的方式、态度也变得更为多样化与专业化。家族信托作为实现财富保值增值、代代传承的重要方式，逐渐被中国第一代创富者和财富的新所有者所欣赏，部分高净值人群开始尝试了家族信托服务。

经过多年的快速发展，我国家族信托业已形成一定规模。根据北京银行《中国家族信托行业发展报告（2016）》提供的数据显示，中国国内的家族信托规模约为441.84 亿元，涉及 14 家银行和 21 家信托机构。虽然规模仍然不大，难以全面满足国内高净值人士的需求，但从发展态势来看，仍处在快速发展的时期。

信托公司是家族信托的主要参与主体。信托公司除了为家族信托提供不可或缺的合规核心架构安排以外，还作为家族信托业务的重要开发者和行业推动者参与市场。家族信托市场主要的参与者包括信托公司、商业银行的私人银行、家族办公室、律师事务所和财富管理机构等，家族信托业务参与者主要包括金融专家、会计专家、税务专家、法律专家等。

自 2012 年第一支家族信托产品诞生以来，截至 2018 年底，共有 36 家信托公司开展了家族信托业务，占全部信托公司总数的一半以上，其中中信信托、建信信托、外贸信托、平安信托等是行业中开展家族信托较早、规模较大的公司。从各家信托公司具体的业务安排来看，大部分信托公司设置了专业的家族信托团队，管理家族信托产品规模在几亿元到几百亿元之间。从家族信托的业务门槛来看，绝大部分信托公司的家族信托要求 1000 万元资产以上，少部分信托公司从 500 万元起步；从家族信托的设置时限上来看，信托合同设置在 10 ~ 30 年的占 60% 以上，30 年以上合同期限占 30% 左右，10 年以下占 10% 左右。从收费模式来看，一般家族信托按照整体的信托资产规模收取固定管理费，比例大致在 0.3% ~ 1%。

绝大部分信托公司开展家族信托都设置了各自的品牌，如中信信托的"幸福传承"、外贸信托的"五行汇泽"、建信信托的"爱分会"、中航信托的"六合鲲鹏"等，见表 1-1。目前大部分信托公司开展的家族信托属于资金信托，少部分信托公司开展了保险金家族信托、商业地产家族信托、股权家族信托，但规模较小。

建信信托财富管理业务起步于 2012 年，2015 ~ 2018 年建信信托的家族信托业务实现了跨越式发展。2018 年公司机构改革，成立财富管理事业部，专职负责超高净值家族客户的财富管理及家族信托服务。同时部门进行了前、中、后台专业化划分，提高了业务的专业性与管理的集约性，提升了营销效率。截至 2018 年底，建信信托家族信托及保险金信托各系列家族信托近千单，管理的家族信托资产规模近 280 亿元，指标均居行业前列。同时荣获了《银行家》"十佳家族信托管理创新奖"，在《亚洲银行家》2018 年全球金融与社会贡献评奖活动中荣获"中国最佳家族信托产品服务奖"等奖项。建信的家族信托业务起步早，基础较好，已形成了较大体量的客户群体和资产管理规模，在市场具备一定的品牌影响力。同时，公司管理层高度重视家族财富业务发展，始终秉承"以客户为中心"的理念，不断加强业务创新和服务能力。

中信信托于 2014 年布局家族信托业务，截至 2018 年 12 月底，家族信托客户超过 1300 位（含直销渠道客户约 158 位，代销渠道客户约 500 位以及保险金信托客户约 650 位），受托资产规模超 180 亿元（含直销渠道约 37 亿元，代销渠道客户约 120 亿元以及保险金信托 25 亿元）。

普益标准 2018 年 7 月发布的一份报告显示，2017 年底，有近 30 家信托公司开展家族信托业务，存量规模合计超 500 亿元，存量产品数近 3000 单。

用益信托数据显示，2018 年家族信托产品落地增长幅度与 2017 年相当，存量规模超过 500 亿元，存量产品数接近 3000 单。截至 2019 年 3 月底，规模已超过 800 亿元，存量产品接近 4500 单，发展势头可谓迅猛。

表 1-1　信托业内主要家族信托品牌及类型

信托公司	家族信托品牌	类型
建信信托	家族 PE 基金、保险金信托、婚前财产信托、家族成员保障信托、子女教育信托、慈善信托等八个产品系列	定制
中信信托	"传世"系列、"信诚·托富未来"	定制/标准化
中航信托		定制/标准化
平安信托	"鸿承世家"	定制
外贸信托	"财富传承"系列	定制
上海信托	"信睿"系列	定制
北京信托	"家业恒昌"	定制
长安信托	"长安家风"	定制/标准化
中融信托	"承裔泽业"	定制/标准化
华宝信托	"世家华传""基业宝承"	定制/标准化
万向信托	"大盈世家"	定制

第四节　我国家族信托现状与趋势

随着改革开放的推进，我国高净值人群数量逐步增长，尤其是 2013 年以后，我国家族信托发展较快。

一、我国家族信托现状分析

根据建信信托 2018 年发布的《中国家族信托白皮书（2017）》表明，家族信托业务的发展已达社会财富积累的临界点，井喷在即，至 2017 年底，我国个人持有的可投资资产总体规模近 200 万亿元，在个人总资产超过 5 亿元以上的超高净值人群中，七成以上面临家族传承问题。

家族传承面临的问题，集中于企业平稳过渡、子女接班意愿、子女接班能力和抉择、家训延续、接班人与职业经理人关系、人脉关系、资产分配等多个方面。其中，企业平稳过渡与子女接班意愿，是超高净值人群面临的最大问题。

经过几年的精耕细作，家族信托业务在这一新生市场不断生根发芽，已经具备进一步提速发展的基础，正处在大规模发展的前夜，可以预计，未来十年家族信托将如过去十年信托行业高速发展一样高歌猛进。

（一）国内家族信托的发展已到了群雄并起的时代

除了律师事务所之外，国内的诸多信托公司、银行、第三方理财甚至保险机构都高调或低调地介入了这个领域。从分工角度来看，银行的私人银行部门掌握了诸多的高净值客户及他们的基本需求信息，具有一定的客户来源，但是没有自己的信托牌照，无法直接完成家族信托的落地，因此只能提供家族信托咨询与服务。

信托公司从监管与法律关系角度来看，是唯一能为客户直接服务的机构，特别是信托公司通过其财富中心、直营客户，能够独立获得客户资源并全程为客户服务。

在家族信托业务中，银信合作，只要能找到一个利益的平衡点，对双方都是一个新的利润增长点，也是未来业务纵深拓展的新方向。

另外，保险公司的介入——通过保险金信托这一业务，即通过将未来的人寿保险金置入信托，将人寿保险的杠杆放大功能与信托的持续管理能力合二为一，也对高净值客户具有一定的吸引力。

（二）开展家族信托的四条信托路径

已开办家族信托业务的信托公司，都在积极探索适合本公司业务开展的路径。但并非任何信托公司都有能力或有机会将家族信托业务持续开展下去直至形成规模效应。

目前开办家族信托业务的信托公司可分为如下几类：

第一类是具有大型商业银行股东背景的信托公司，如建信信托。该类公司与商业银行有集团与股权上的联系，银行可以放心的将自己积累的高净值客户交给作为子公司的信托公司共同开发、共同受益，而不必担心客户外流。信托公司因为获得了充足的客户资源，有机会将家族信托业务做成规模从而长期发展。

第二类是自身客户积累充裕也已积极开办家族信托业务的信托公司。

第三类是已与大型商业银行的私人银行建立合作关系且业务已有一定规模和经验积累的信托公司。

第四类是有意愿开展并已进行一定程度尝试的信托公司，通过服务、低费率等吸引合作伙伴。

应该说，现阶段国内家族信托业务还处于蓬勃发展阶段，尚未形成特别强的单一品牌效应，也远未进入纵深服务客户的阶段。因此，即使是后起之秀，也有弯道超车的机会。充分的竞争，对整个行业的服务水平、专业水平的快速提升，都是有百利而无一害的。

（三）我国家族信托的基本结构

从目前信托公司开展的家族信托来看，各公司在客户来源、组织架构、家族信托产品方案设计等方面各有特色，形成了各自的业务模式。但纳入家族信托的资产类型还是以现金为主，在日后条件成熟的时候，可以纳入债券、股权等金融资产，未来还有可能将未上市企业股权、房地产等纳入家族信托。总体上来看，国内家族信托的结构如图 1-6 所示。

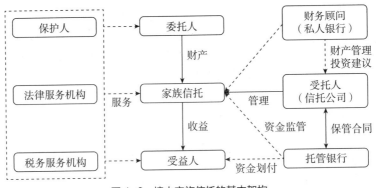

图 1-6　境内家族信托的基本架构

总体上来看，信托公司多采取与私人银行、律师事务所等机构合作的方式，在许多项目中信托公司实际上只是充当通道的角色；并且多数家族信托产品的信托财产仅仅是资金，并且投资标的也多是信托公司自己的信托产品，信托公司做家族信托的目的也是可以获得稳定的、长期的、低成本的资金来源。因此，目前实践中开展的家族信托产品实际上只是相当于增加了一些个性化条款的单一资金信托，与真正意义上的以财富传承和保护为目的的家族信托还有一定的差距。

二、我国家族信托发展
过程中存在的问题

由于我国家族信托业务还没有形成规范化的行业，在现行法律和市场的大环境下，家族信托的发展还存在很大的局限性。

（一）家族信托的社会认可度有较大提升空间

"信托"作为一种以金融为基础的制度安排在普通民众中的认知程度还不高，家族信托作为近几年才发展起来的新兴事物，民众的整体关注度还较低。作为一种家族财富管理和传承的选择，家族信托的委托人更是需要对信托安排中的重要角色——受托人，无论是在专业性还是职业精神上都要有比较高的信任度。未来跨越几十年的服务关系更是需要客户对信托公司充分信任，而信任关系的建立需要整个社会、行业、信托从业者共同努力才能逐步达到。

（二）对委托人存在相关制约因素

首先，国内的一些高净值人士还没有形成通过设立家族信托方式来处置家族财产的意识。信托制度由英国的USE制度演变而来，是封建社会君主与教徒、教会斗争的产物，最初是英国法律、教徒遵循和信奉的原则，但是在我国，由于"亲缘"文化盛行，"受托人"的概念没有形成。我国的信托业务一般只涉及金融业务，并且涉及的金融业务在2017年已经超过26万亿元，可见其发展的速度之快。但是除了金融业务，其他的信托业务比如制度安排、功能发挥等，比较少见。因此整体来看，我国的家族信托业务发展尚处在初级阶段。

其次，家族信托委托人传统观念强，仍然以信托的理财能力强弱选择信托业务。但是家族信托的三大业务都是同等重要的，而理财能力的强弱只是家族信托中财富增值的一个方面；另外，财富的保值与传承对于委托人也是非常重要的项目。因此发挥家族信托的功能需要不断提高委托人的财富传承、保值意识。

最后，家族信托业务缺乏对家族事务的管理规划。不少委托人只注重财富管理，没有意识到家族事务管理的重要性，其实与财富管理相比，事务管理更重要。事务管理一般涉及财富传承、财富分配、子女教育发展等关系到家族兴衰的方面。相对国外的家族信托业务，我国的家族信托以财富管理为主，而国外的家族信托，财富管理只有25%。

（三）对受托人存在相关制约因素

首先，我国的家族信托业务涉及方面较窄。目前，国内家族信托产品抵御风险能力较差，个性化服务不健全，主要就是以满足客户资金信托需求为最终目标，没有建立完善的信托服务系统，很难满足不同高净值客户的业务需求。但是现阶段家族信托委托人逐渐意识到财富保值、家族事务管理的重要性，受托人提供的服务越来越难以满足实际的需要。

其次，家族信托服务不够专业，创新能力差。虽然信托行业已取得了快速的发展，但是在事务管理、创新信托产品方面离委托人还存在很大的差距，产品主要构成还是以金融管理为主。同时，家族信托缺乏外部监督。比如欧美国家为了保护委托人的财富安全与保障预期目标的实现，专门设立了信托监察制度，从而依托制度监督约束受托人。为了保障委托人的正当利益，根据《信托法》设立了监察人，但这只局限于公益信托业务中，对家族信托则没有。由于我国相关法律与制度没有涉及家族信托的监察人制度，因此委托人在与信托公司签订合同时，应特别注重增加第三方监察人约定，从而能够保障自身权益不受侵犯。对于委托企业而言，设立监察人也能表现自身诚意。

（四）家族信托环境不完善

家族信托环境的不完善主要表现在以下几点：

第一，信托登记活动由于信托登记制度没有建立变得难以操作。根据《信托法》的规定，进行信托应当依据相关法律法规办理登记手续，没有办理手续，应当补办。如果没有补办，信托就失去法律保护。例如，房产、股权等进行家族信托时，需要办理信托登记才能进行信托，但是我国的信托登记制度没有建立、完善，以信托为由进行过户登记变得不具有可操作性。所以，办理过户手续一定会阻碍需要办理财产登记的家族信托，这就严重阻碍了家族信托业务的正常发展。因此，我国的信托法律效力受到很大的影响，家族信托业务开展也难以顺利进行。

第二，家族信托由于遗产税尚未实施，优势难以发挥。由于国外的遗产税税率较高，家族信托的产生就是为了帮助委托者减轻过多的遗产税负担。但是我国税收制度还不够完善，没能帮助家族信托较好实现税务筹划的功能。此外，我国的税收体制容易在信托设立过程中产生重复征税的问题。因此，高净值人群由于较高的税收，取消了家族信托的计划。

第三，家族信托的信息容易泄露，客户设立家族信托的积极性受到打击。

但是我国信托法的原则是登记生效，没有办理登记手续的信托财产不受法律保护，信托的法律效力也很低。这是因为，信托的有效性需要以公开为前提，以免该信托侵犯到其他人的正当利益。在某种程度上，信托成立之前就需要公布计划。最终信托的公开性决定了高净值人群难以掩盖信托的隐秘性，因此他们难以积极成立家族信托。

第四，我国严格的外汇管理制度影响了信托财产运用。随着我国经济和社会的快速发展，高净值人群的数量在不断增长。而且部分还拥有海内外巨额资产。这就造成了高净值人群成立统一的家族信托管理海内外资产难以进行。现阶段，国内的家族信托仅仅能够涉足客户的境内资产，如果涉足信托境外资产，就需要成立新的信托。因而，对在全球布局资产的高净值人士而言，在国内设立家族信托存在一定的不便，这也对我国的家族信托业务发展造成了较大困难。

（五）监察人制度空白

信托监察人的功能定位属于信托监督人，虽然不是信托当事人，但是却起着重要的作用。因为家族信托基于委托人对受托人的高度信赖，需要对受托人进行约束和监督，提高委托人对托付财富的安全感和信托目的的实现，在实践中需要设立监察人。一方面是为了维护委托人的利益，重视委托人的知情权，损失救济权，为信托加一层保护，另一方面在家族代际传承中，信托期限很长，那么委托人在这期间可能离世，在委托人缺失时，监督人就可以起到一个接替的作用，并以此平衡家族信托法律关系。此外，有的时候委托人缺乏时间和精力行使监督权，也会考虑设置监察人，来制约受托人。但是《信托法》只规定了在公益信托中设立监察人，并没有对家族信托做出相关规定，那么即使在信托文件中设置了监察人，也会因为监察人这一制度没有法律明确规定而形同虚设，在实务中得不到实际运用，监察人的权利也得不到保护，是否会予以承认也会有质疑。关于监察人制度的空白使家族信托的健康发展受到一定阻碍，亟需根据我国实际进行梳理分析完善。

（六）中国式家族信托需要"去伪存真"

家族信托知识经过一段时间的普及，很多高净值客户意识到了设立家族信托对其财富管理和家族传承的重要性，国内上千万元的"单一资金信托"理财计划设立，并被冠以"家族信托"的名义。由于国内家族信托市场刚刚起步、从业机构良莠不齐、信托文化有待构建、设立家族信托缺乏严格的程序保障等原因，目前设立的一些"家族信托"功能非常初级，甚至隐含了较大的法律风险，业界称为"伪家族信托"。

"伪家族信托"并不是一个严格的法律概念，一般将实质上为营业信托的理财计划，或者不符合信托法以及判例原理，设立程序上存在瑕疵，家族信托面临被穿透、无效和被撤销的风险信托皆称为"伪家族信托"。

1. 大部分家族信托为"理财计划"，而非本源的信托

受限于国内信托登记的配套法律法规，业内操作的家族信托在信托财产初始状态上绝大部分是资金受托管理业务，将原来信托公司自益的"单一资金信托"业务转变为他益业务，实质上属于营业信托产品中的"理财计划"。这些"理财计划"虽是符合监管机构要求的有效信托，但其难以实现高净值客户财富管理和家族传承的复合需求，加之有"合格投资者"及上千万元投资门槛的要求，一般的家庭还难以通过信托这个工具实现财富管理与传承的目的。因此，监管机构应该改变当前对家族信托按照营业信托的监管模式，还家族信托为"民事信托"的真面目，将目前简单的"理财计划"升级为符合家族财富管理与传承需求的"财富管理与传承规划"，同时降低委托人进入的门槛与成本，真正让信托普惠广大民众。

2. 委托人"虚托"

经过长期发展，英美法系形成了"受托人中心主义"的信托法原则。信托财产被认为是委托人送给受益人的礼物，信托一旦设立，信托事务及信托财产就交于受托人进行管理，委托人除了知情权，一般不再保留更多的权利。在英美法中，依据"受托人中心主义"，委托人保留过度控制权的信托被认为是"虚假信托"，通常情况下，虚假信托被视为无效，即使侥幸不被认定无效，信托财产也可以被用于偿还委托人的债务。

3. 信托成"通道"

由于受民法中委托代理的影响，《信托法》是大陆法系中赋予委托人权利最大的立法之一，委托人除了知情权以外，还有要求受托人调整信托财产管理方法的权利、对不当信托行为的撤销权、选任新受托人的优先权以及解除信托的权利。委托人拥有上述权利，在英美法系将面临信托被法院穿透判决的风险，这也是造成我国信托和代理很难区分的重要原因，也造成了将来信托法律关系极其不稳定的状态。更有甚者，一些信托公司人员出于营销便利，将家族信托委托人直接进行财产管理作为营销"家族信托"理财产品的手段，使信托成为

委托人的"通道"。

真正的家族信托需要委托人规划好信托目的、选好受托人、设计好信托架构中监督制约机制，而不是自己赤膊上阵。同时也需要受益人尊重信托契约，知晓自己的法律地位、权利，不做超越受益人权利的事情。

三、我国家族信托的发展趋势

鉴于国内分业的原因，在国内设立家族信托一般通过与持牌的信托公司合作来落地。未来，随着法律法规和税收制度的不断完善、信托登记制度的配套推出以及客户的认识不断加深，家族信托呈现从业人员专业化、服务内容丰富化的发展趋势。

（一）趋势一——从业机构和人员将进一步划分

家族信托并不是一个产品，而是基于高净值客户家族财富保护和传承的综合规划服务，是各类财富风险管理的工具。从业机构是短期增量的类标准化理财产品思维，还是着眼于帮客户做好长期财富风险管理、助力家业长青等个性化服务的战略定位，都会在市场和客户的选择检验中优胜劣汰。我们有理由相信，坚持做真正意义的家族信托、有效搭建家族财富管理综合服务体系的机构将走得更远，更深层次地推动行业良性发展，也更符合监管机构"探索家族财富管理"的指导方向。另外，家族信托作为高净值客户名下所有财富的顶层设计，集各类财产的保护、管理和传承于一体，融合法律、税务、保险、投资、公司架构、基金会、慈善、财富管理和资产管理等多领域的综合知识，普遍被称为私人银行塔尖的服务，对从业人员的专业性、工作经验和阅历等要求很高。真正以匠人精神孜孜以求、精雕细琢为客户构建个性化家族信托的专业人士，将更容易获得高净值客户的信任。

（二）趋势二——从单一财产信托到多元财产信托

家族信托的受托财产已经从单一的现金类财产演变成现在的以现金为主，兼有保单、股权、不动产、艺术品等多元化的受托财产。但因信托登记制度缺失，以股权、不动产等非现金类资产设立家族信托仅能采取交易过户，成本较高。目前，各家机构也是在部分客户能接受税费成本的情况下去尝试推进，但无论是已经落地的股权信托还是不动产信托仅是个案，有其特殊性，尚不具备大规模推广复制的条件。但很多高净值客户的资产主要集中在股权和不动产上，随着信托登记制度和税收制度的不断完善，股权信托和不动产信托将是一片蓝海，尤其是境内上市公司股权信托。监管部门如能参考海外做法，允许在上市前的股权结构中搭好大股东的家族信托结构，将会有助于上市公司股权稳定，避免上市公司大股东因婚姻问题、继承问题和家族纷争等引起的股权分割和股价下跌等情形。而保险金信托利用保费和保额之间的杠杆作用，极大程度地降低家族信托的门槛，可以覆盖更大面积的高净值客户。在解决估值和保管的前提下，高净值客户收藏的艺术品传承需求也将通过合理的信托结构设计得到满足。对于部分客户提出的知识产权的传承需求，也将结合创新实践的知识产权类家族信托来落地。

（三）趋势三——从生前信托到遗嘱信托

目前国内家族信托均是生前信托，即客户生前将财产交付给信托，并约定好传承分配安排。根据《信托法》的规定，他益信托的信托财产在我国不是遗产，可按信托约定的分配方式进行定向传承。部分高净值客户由于生前对财产的控制欲较强以及考虑过户成本等因素，也希望设立遗嘱信托。在海外，部分高净值客户确有通过遗嘱信托的方式将部分财产在身后放入信托进行传承。虽然《信托法》第十三条规定"设立遗嘱信托，应当遵守继承法关于遗嘱的规定"，但在实践中，由于通过遗嘱来办理财产过户到信托存在很大不确定性，并且在委托人去世时，遗嘱内财产是否按遗产处理均存在一定的争议，因此目前国内还没有真正落地的遗嘱信托。未来相关配套政策支持到位后，家族信托可分为生前信托和遗嘱信托，以满足客户不同的传承需求。

（四）趋势四——从家族信托延伸到家族慈善

随着 2016 年《中华人民共和国慈善法》（以下简称《慈善法》）和 2017 年《慈善信托管理办法》的出台，慈善信托受到越来越多的关注，而我国高净值客户在完成企业交接之后，也更愿意参与慈善事业以回馈社会。除了单独设立慈善信托以外，将家族信托中融入慈善需求也会是未来的一个趋势，即将慈善信托设置为家族信托的受益人之一，用部分收益捐赠，保障捐赠资金的持续性。同时，可设置由家族成员受益人组成的决策委员会，既能提高受益人的慈善参与度、增强家族成员凝聚力，传承家族精神财富；又能在家族信托中设置限制条款，对子女在参与慈善过程中的表现予以激励和约束。此外，慈善信托和基金会两个财富规划工具的有效组合，满足客户各类慈善规划的需求，也将成为未来家族慈善的一个发展趋势。如慈善信托受托人主要作为信托财产的管理方，基金会主要作为慈善项目的管理方和执行方，同时通过基金会的法人资格为慈善捐赠开出税前抵扣的相关发票等。总之，家族慈善也需要专业的规划。

（五）趋势五——从家族信托服务衍生升级为家族办公室服务

我国的超高净值客户绝大部分都是民营企业家，除了高净值客户个人的财富规划和传承以外，还有家族企业的传承、治理、投融资需求以及家族事务管理需求。因此，基于家族信托衍生升级的家族办公室服务将更好地满足这些客户。包括以家族信托为主的家族财富管理和财富传承服务，以家族投行业务为主的家族企业投融资、上市、股权结构梳理、传承等服务，以家族使命、家族精神和价值观、家族治理和家族事务管理决策为主的家族宪章等配套体系的规划服务，以家族信托、慈善信托、基金会等工具结合的家族慈善规划服务等。家族办公室服务将更加紧密全方位的关联客户，增强客户黏性，也为金融机构和客户之间提供多方面的触点。

>> **第二章**

家族信托的特征

《信托法》规定，信托是指委托人基于对受托人的信任，把其财产权委托给受托人，由受托人按委托人的意愿以自身的名义，为受益人的利益或者其他特定目的对委托人的财产进行管理或者处分的行为。而家族信托是指信托公司接受单一个人或者家庭的委托，以家庭财富的保护、传承和管理为主要信托目的，提供财产规划、风险隔离、资产配置、子女教育、家族治理、公益（慈善）事业等定制化事务管理和金融服务的信托业务。

家族信托在债务隔离保全、合理税务筹划、财产隐私保护、子女激励约束、隔代继承、防范婚姻风险等诸多方面都具有天然优势。除了不具备重大疾病赔付功能外，家族信托几乎涵盖了高净值客户所有的需求，因此，家族信托也成为世界家族财富传承领域最完美的工具，逐渐被境内外高净值客户所青睐。

第一节　家族信托的主要内容

一般所说的家族信托，其受托人通常是信托公司，在我国，信托公司是专营信托业务的持牌金融机构，与银行业务及证券业务分业经营、分业管理。家族信托属于信托公司的本源业务，信托公司依据相关规定，依法合规、尽忠职守为委托人提供财富管理服务。

一、信托机构概述

信托机构是指以盈利为目的而经营信托业务的企业组织。信托机构的名称因各国金融体制不同而有所差异，实行金融混业经营的国家，如英国和美国，信托机构可以是银行（具体为银行的信托部），也可以是信托公司，在日本则叫"信托银行"。我国由于实行金融分业经营体制，信托机构统称为"信托公司"。信托机构从事的信托业务因属于营业行为，以连续营利即收取信托报酬为目的，故称为营业信托，所以，简单来说，信托机构就是营业信托的经营机构。与此相对应，受托人不作为营业行为和不以连续营利为目的而从事的信托活动，称为民事信托，民事信托的受托人可以是机构，也可以是信托公司。民事信托的受托人依照信托文件的规定，虽然也可以收取信托报酬，但该项行为不属于其营业行为，因此，民事信托的受托人不属于信托机构的范畴。

（一）信托机构的基本特点

现代信托机构具有以下基本特点：

1. 信托机构属于一种营业组织

信托机构从事的信托活动属于其营业活动，以连续营利为目的，在这点上与其他的营业组织并无不同之处，但与个人受托人的活动相区别，个人受托人从事的信托活动不属于其营业行为，不以营利为目的。

2. 信托机构以信托业务的经营为业务内容

即以接受、管理和处分委托人的信托财产为主要业务活动。这一特征使信托机构区别于其他的营业组织。其他营业组织多以自身财产为基础开展营业活动，不以受托他人财产管理为业务内容。

3. 信托机构以企业组织的形式充当受托人

信托机构一般均以有限责任公司或者股份有限公司的组织形式充当受托人。《信托公司管理办法》第六条明确规定："设立信托公司，应当采取有限责任公司或者股份有限公司的形式。"这使信托机构与自然人受托人不同，后者是以个人充当受托人。

4. 信托机构属于金融机构，受到金融监管

由于信托机构通过信托财产的管理运用和处分，日益发挥着巨大的金融功能，因此，现代信托机构均采取特许制度，并被纳入金融业范畴加以监管。在我国，信托公司应当接受中国银保监会的监督管理。

（二）信托公司提供综合服务

我国信托公司属于综合信托机构，可以经营全部符合《信托法》定义的信

托业务。信托公司信托业务的综合性，主要体现如下：

1.设立方式的综合性

信托公司的信托业务可以采取法律许可的所有方式设立，既可以通过合同设立，也可以通过遗嘱设立，还可以通过法律允许的其他方式设立。

2.受托财产的综合性

信托公司可以接受各种财产的信托，包括资金、动产、不动产、有价证券、其他财产和财产权。只要不违背法律的禁止性规定，信托公司可以接受的信托财产的类型并无限制。

3.运用方式的综合性

信托公司可以依照信托文件的约定，采取综合的方式，管理运用或者处分信托财产。只要信托文件没有限制，信托公司可以采取投资、出售、存放同业、买入返售、租赁、贷款等多种方式，对信托财产加以灵活运用。换言之，信托公司可以跨市场配置信托资产，即可以在货币市场、资本市场、金融衍生品市场以及实业市场、实物市场等广泛的市场上运用信托财产。

4.信托功能的综合性

信托公司可以经营各种功能的信托业务。信托公司既可以经营私益信托业务，也可以经营公益信托业务；既可以经营自益信托业务，也可以经营他益信托业务；既可以经营单纯财产转移的信托业务，也可以经营单纯财产管理的信托业务，还可以经营融合财产转移和财产管理功能于一身的信托业务。

二、家族信托的受托人选择

家族信托的受托人选择非常重要，将决定家族信托后续的效果。从理论上来讲，对于家族信托的受托人并没有限制，但选择信托公司作为受托人是绝大部分家族信托委托人的最终选择。

（一）法人机构更适合担任受托人

从法律上讲，担任家族信托的受托人并不限于信托公司。家族可以选择其信任的家族成员或者其他亲朋好友担任受托人，也可以选择可以信赖的法人组织担任受托人。对此，《信托法》并没有限制。但选择个人作为受托人，显然不适合家族信托。个人会因为身体健康状况而无法胜任受托人职责，也会因自然死亡或者意外死亡而导致受托人缺位，还会因能力局限而无法妥善管理信托事务，甚至会因缺乏监管而出现侵害信托财产、损害受益人利益的道德风险。个人受托人出现上述任何一种情形，都会使家族信托的管理服务陷入僵局，影响其目标的实现。

显而易见，家族信托的受托人更适合由法人机构担任。相比个人受托人，法人机构不存在健康和死亡问题，可以永续存在，避免受托人缺位；法人机构更有条件组织资源建立与家族受托人匹配的管理服务能力，通过法人的治理结构也更容易防范受托人的道德风险。

（二）选择信托公司作为受托人的优势

法人机构不局限于信托公司，但信托公司比起其他法人机构担任家族信托的受托人，提供家族信托的管理服务，更有制度保障和管理服务方面的优势。

一方面，信托公司是法定的营业受托人，更具有制度保障优势。我国目前对于信托业务的经营实行专营制度，除了信托公司以外，银行业、证券业、保险业等其他金融机构不得经营信托业务，其他法人机构非经法律特许也不得经营信托业务。信托公司以外的法人机构只能担任非营业的受托人，不能以提供受托人服务作为其营利活动，这既影响了其对受托人责任的全面理解，也限制了其对受托人能力的专业化投入，更不能像信托公司那样纳入国家的金融监管之中。

另一方面，信托公司作为营业受托人，更具有管理服务优势。提供受托人的管理服务，是信托公司的主营业务，全面提升其作为受托人的管理服务能力是其核心竞争力，信托公司更有动力去打造与家族信托相匹配的专业化服务团队和服务体系。在现实中，信托公司资本实力普遍雄厚，也更有资源去建立家族信托的组织服务系统与专业人才队伍，不断提升受托人的管理服务能力，并更有财务基础去承担受让人责任。

综上所述，相比个人和其他法人机构，信托公司担任家族信托的受托人具有以下优势，家族应当通过自己或者家族顾问选择合适的信托公司担任家族受托人。

其一，信托公司作为企业法人，可以持续经营，不存在个人受托人因健康和死亡而影响信托运行的情形。

其二，信托公司作为法定的营业受托人，比个人受托人和非营业的法人受托人，对受托人职责的理解更加深入、全面，受托人服务更加专业。

其三，信托公司作为营业受托人，资本实力雄厚，更加有动力也有资源去建立和提升与家族信托相匹配的受托人服务体系。

其四，信托公司作为金融机构，可以运用包括债权投资、股权投资、实物投资等多种信托财产管理方式，为家族信托提供多元化的资产配置服务。

其五，信托公司作为金融机构，内部治理机制要求更高，外部受到中国银保监会的监督管理，更加有利于受托人职责履行和受益人利益保护。

三、家族信托中受托人提供的服务内容

我国信托公司开展的信托业务类型，从功能上可以区分为理财信托和服务信托。理财信托是信托公司以满足委托人的投资理财需要为目的而设立的信托，主要表现为信托公司以受托人身份主动创设并管理的各类集合信托理财产品，以实现一定的投资回报。服务信托是信托公司以满足委托人的个性化财富管理需求为目的，主要表现为信托公司以受托人身份设立并管理的各类单一信托，以实现委托人诸如风险隔离、保护财产、分配财产、传承财富、资产配置、慈善公益、引导子女等方面的特定需求，其典型就是家族信托。从实践来看，我国信托公司过去主要开展的是理财信托业务，服务信托业务特别是家族信托业务是近年来随着家族财富保护和传承需求的出现才刚刚兴起，多数信托公司尚处于探索阶段。

家族信托是应用于家族财富管理领域的信托行为，信托目的在于家族财富的保护、分配和传承，受托人须按照委托人设定的家族目标，为受益人或特定目的管理或者处分信托财产，受益人主要为家族成员。信托公司家族信托业务中提供的最主要服务是受托人服务。

家族财富管理离不开家族信托这一基础工具，正是有了家族信托，家族才能灵活规划财富，以实现不同的家族目标。而要设立家族信托，则离不开受托人。受托人不仅是家族共同财富的持有人，还是信托财产的管理人，更是信托目的的执行人，受托人在信托文件的约束下，通过持有、管理信托财产并分配信托利益等一系列服务，为家族目标的实现保驾护航。

（一）家族资产配置服务

家族除了需要家族信托的受托人服务外，满足家族目标的资产配置服务也是其核心需求，不仅家族信托内的财产需要配置服务，家族信托外的财产同样需要配置服务。

信托公司作为主营信托业务的金融机构，可以通过设立集合资金信托计划，

创设满足家族资产配置需求的各类理财产品。信托公司创设的理财产品，具有跨市场进行灵活配置的制度优势，不仅可以采取存款、同业拆放、贷款、融资租赁、标准化和非标准化资产的买入返售等债权性投资方式，还可以采取股权投资、证券投资、实物投资以及各类财产权利投资等权益性投资方式；不仅可以在金融市场上配置标准化的金融工具和非标准化的金融理财产品，还可以在金融市场之外的产业市场和实体经济进行形式多样的资产配置；不仅可以进行国内资产配置，还可以通过合格境内机构投资者（QDII）以及合格境内投资实体（QDIE）等模式申请相应额度，进行海外资产配置。

因此，信托公司开展家族信托业务，还需要继续提升基于以客户为中心的个性化资产配置能力，并创设多种策略驱动的、满足客户资产配置需求的理财产品。

（二）家族投行服务

家族企业及成员在创业、守业经营过程中具有多元化、多层次的融资需求，而传统的融资渠道，例如银行贷款，受制于实效性与规模额度限制，很难满足企业的灵活融资需求。信托公司可以通过自身的融资产品或者整合外部的融资资源，开展家族投行业务，既能提升对家族客户的服务，又能增加自身的营利，可谓"一举两得"。

对于家族信托客户，一方面，信托公司可以利用其受托人地位帮助家族建立内部的家族银行，通过持续的家族自由现金流的归集和管理，满足家族企业和家族成员的融资需求；另一方面，信托公司基于对家族客户的全面了解，可以帮助家族发现和创造信用价值，通过信托公司的固有资金和投融资理财产品，满足家族企业的融资需求。此外，信托公司还有机会在家族信托客户圈子内部进行资源整合，撮合客户圈子内部的融资、投资、并购、资产出售等需求，通过圈子约束，既降低参与各方的交易成本，又推动信托公司家族投行业务的发展。

（三）家族增值服务

从家族服务机构的角度来看，任何一家机构想提供闭环的家族财富管理系统都是非常难的。所谓难，并不是说在某个点上赚不了钱，成就不了商业模式，而是说做家族财富管理需要完全站在客户的角度，以客户为中心，任何一家服务机构实际上均满足不了家族财富管理的系统性需求。

因此，信托公司通常会建立与外部其他家族服务机构的良好合作关系，如包括信托公司、商业银行、保险公司、资产管理机构、家族办公室和专业服务机构（如律师事务所、会计师事务所、税务师事务所、医疗机构、移民机构、慈善机构、教育机构等）在内的"六位一体"的服务生态圈，以不断提升对家族客户的增值服务。

例如，信托公司可以与商业银行在信托财产保管与结算、信贷便利、银行理财、贵宾服务等方面建立协作关系，协助客户更好地获得银行服务；可以与保险机构在保险产品配置、理赔服务、高端医疗和养老服务等方面建立协作关系，协助客户更方便地获得保险服务；可以与各类资产管理机构在大类资产配置产品方面建立协作关系，协助客户在家族资产配置时有更多的产品选择；还可以与律师、会计师、税务师、移民、教育、慈善组织等专业机构建立专业协作关系，既使自身能更好地规划家族财富管理方案，又方便客户在需要时能够及时获得相关的专业服务。

四、设立家族信托的财产分析

总体来看，大部分的财产都能作为家族信托的委托标的。但是，须注意以下几方面问题：

（一）委托财产的合法性

信托是委托人将财产或者财产权利委托给受托人进行管理或者处分的行为，因此，委托人对该财产或者财产权利必须具有合法的所有权，只有这样，委托人才有权对该财产或者财产权利设定信托。同时，信托财产的合法性原则，要求信托财产必须符合《信托法》的有关规定，比如法律、行政法规禁止流通的财产，不得作为信托财产。法律、行政法规限制流通的财产，依法经有关主管部门批准，可以作为信托财产。

因此，委托人设立家族信托的财产必须是其合法持有的财产，而不是非法获取的财产，否则会存在家族信托无效或者被撤销的法律风险。

（二）不能设立家族信托的财产

根据《信托法》要求，以下财产不能设立家族信托。

1.非法的财产

委托人以非法财产或者《信托法》规定不得设立信托的财产设立家族信托的，该信托无效。例如走私、盗窃、抢劫获得的非法财产以及其他非法侵占的公私财产，他人的财产包括夫妻另外一方的财产等，都属于上述情况。

2. 不存在的财产

不存在的财产，包括尚未存在的财产和已经不存在的财产。委托人将来可能取得的财产或权利、已经依法转让给他人的财产或权利、已经失效的权利等，均不得以此设立家族信托。

3. 权属不清的财产

在家族信托设立过程中，受托人应当对设立家族信托的财产进行核实，包括对委托人拟设立信托财产的质量、数量、权利凭证等进行审查，不得接受存在权利瑕疵的财产。

4. 未经批准的限制流通的财产

未经批准的限制流通的财产，不能作为信托财产。

（三）保障家族信托财产合法的程序

依照《信托法》中的谨慎原则，受托人及律师需要对信托财产的合法性进行认真仔细的审核，以保证信托设立的有效性。未来中国信托业协会和律师协会等组织可以制定一些从程序上保障信托财产合法性的尽责指引规范。

1. 现金类资产

对于现金类资产，委托人要出具收入证明以及取得该现金类资产的其他证明以及完税证明。

2. 不动产

对于不动产，委托人要出具不动产权属证书；对于动产，委托人要出具购买证明或者取得动产的证明。以限制流通的财产（权利）设立家族信托的，例如金银、文物等，在信托设立前，只有在依法经有关主管部门批准取得该项财产（权利）的授权后，才可以作为信托财产。对于以上两种情况，律师可以提供法律见证或者由公证处出具公证。

3. 股权信托

对于股权信托，可以参照上市公司的一些要求，由注册会计师对其进行审计和评估并出具相应报告，由律师对其财产合法性出具法律意见书。

五、家族信托的合同形式

《信托法》规定，设立信托要采取书面形式，虽然遗嘱也属于《信托法》允许的一种设立信托的书面形式，但是在实践中引发的问题较多，其原因如下：

第一，遗嘱往往属于委托人一方的意思表示，受托人是否接受委托还是一个未知数，遗嘱信托往往处在效力未定的状态。

第二，即使受托人同意接受委托，也存在相关利害关系人的抗辩使遗嘱信托无效的风险，如委托人在神智不清的状态下设立了遗嘱，有数份内容矛盾的遗嘱等。

第三，遗嘱需要在委托人身故后才发生效力，但由于信托登记不明的原因使该信托难以生效。如甲某自书遗嘱设立遗嘱信托，将其名下的不动产信托给其朋友乙，按照《信托法》，该房产必须过户到乙的名下并且办理信托登记才能生效，但在现有的法律环境下，自然人受托人办理不动产信托登记很难操作。而信托合同是委托人与受托人经过反复推敲、协商一致订立的，具有稳定性与权威性，避免了遗嘱信托存在以上的问题，应该成为设立家族信托的主要书面形式。

六、家族信托的登记

（一）我国关于家族信托登记的相关规定

《信托法》第十条规定，设立信托，对于信托财产，有关法律、行政法规规定应当办理登记手续的，应当依法办理信托登记。未依照前款规定办理信托登记的，应当补办登记手续；不补办的，该信托不产生效力。

该条规定确认了我国信托登记实施双重登记制度，包括财产转让登记和信托登记。但双重登记制度给我国民事信托特别是家族信托的有效设立出了一个很大的难题：在该制度没有被立法改变之前，如何操作才能设立有效的信托？

有学者对《信托法》第十条进行解释，认为依法需要办理登记手续且能产生权利转移效力的，才需要办理信托登记。股权特别是非上市公司股权属于不登记不得对抗第三人的财产，依据该主张可以不必办理信托登记。

即使需要办理股权信托登记，由于信托公司开展股权信托业务已有先例，无论工商行政管理部门还是证券登记结算部门都容易接受这种登记方式。因此，除资金信托外，可以将不动产等有关法律、行政法规规定应当办理登记手续的财产装入公司中，形成委托人的股权，委托人再以股权方式设立家族信托。

（二）我国家族信托登记存在的问题

前银监会主导在上海建立信托登记中心，这种全国统一的信托登记制度无疑对提高信托产品的公示效率，增加信托产品交易的安全性具有重要意义。但对家族信托来讲，尚存在以下问题：

第一，《信托法》规定的信托登记制度是强制性法定登记制度，上海信托登记中心的登记活动属于自愿的产品登记，虽具有一定的证明效力，并无法律上的对抗和公示效果，也不能解决《信托法》第十条的信托生效问题。

第二，建立全国性的信托登记中心与我国现行的属地登记原则相悖。

第三，银监会颁布的规范性文件属于部门规章，一旦与在上海信托登记中心进行登记的信托发生效力问题争议，司法机关是否支持其效力也是一个未知数。因此，对该信托登记的尝试属于过渡性措施，在我国建立统一的信托登记制度任重而道远。

第四，作为过渡，信托登记可以考虑在采用属地登记原则的同时，以全国统一备案的形式进行公示。我国目前权属登记以属地登记为原则，将信托登记机构与权属登记机构合二为一更为适宜，既与我国现行权属登记制度相协调，又避免了重复登记现象的产生；既维护了交易安全，又给当事人提供了便利。

按照《信托法》依法设立的家族信托，受法律保护，除非违反了《信托法》规定的相关情形，否则信托财产不能被强制执行。根据审慎原则，信托的无效和被撤销也要遵循严格的司法管辖与除斥期间的要求，只有法院才有权裁决信托的无效和做出信托被撤销的判决，其他任何机构都无权认定信托的无效，也无权撤销已经生效的信托。

撤销家族信托的申请权要严格按照《信托法》规定的一年除斥期间进行。在缺乏相关法律规定的前提下，为保障家族信托的有效性，一方面需要实务界总结出有效设立家族信托的规程和方法；另一方面也有赖于司法机关及时做出相应判例，为业界提供可供遵循的先例。

第二节 家族信托的主要特点

作为一项以家族财产为核心进行有效管理和传承安排的信托业务方式，与目前市场上普遍存在的信托业务相比，家族信托呈现出特有的特征。

一、信托财产的混合性

信托财产是受托人因承诺信托而取得的财产，是受托人按照委托人的意愿加以管理或者处分的对象。根据《信托法》相关规定，信托财产应满足两个基本条件：一是合法性，该财产是委托人拥有的合法财产或财产权；二是确定性，在大陆法系下通常通过财产的可移转性原则来对确定性进行衡量，《信托法》要求信托财产的转让应不属于法律法规禁止的范围。在此基础上充分体现了信托财产的包容性和多样性。

从目前我国信托业务实践来看，信托财产多以现金资产为主，且信托产品下财产类型较为单一，一定程度上也是为了变通突破信托财产登记制度缺失的障碍。

由于家族信托涉及整体家族或家庭财富的综合性安排，而这些财富构成中除现金资产以外，大量资产体现为股权、不动产，同时可能还持有大量动产、金融产品投资份额，以及获得的专利、版权、商标等知识产权等。

总体来看，相较于一般的资金信托，家族信托财产类型较为复杂、多样，呈现混合性、综合性特征。

二、信托受托人的多元性

根据《信托法》规定，受托人应当是具有完全民事行为能力的自然人、法人。从业务实践上划分有民事信托与营业信托，依据《国务院办公厅关于〈中华人民共和国信托法〉公布执行后有关问题的通知》的规定，目前我国大陆法律、法规禁止非营业性受托人从事营业信托，而未禁止营业性受托人从事民事信托，因此家族信托性质决定了受托人的类型和范围。

关于营业信托与民事信托的划分，理论界和实务界观点一直不同。

第一种是，根据信托活动中受托人是否收取报酬为界限来界定。即收取报酬的为营业信托，不收取报酬的为民事信托。

第二种是，根据受托人是否属于营业性的受托人，即委托营业性受托人的信托一般为营业信托，委托非营业性受托人的信托一般为民事信托。

第三种是，根据信托财产的管理目的来区分。卞耀武在主编的《中华人民共和国信托法释义》中说明，"民事信托，是以完成一般的民事法律行为为内容的信托，通常是以个人财产为抚养、赡养、继承等目的而设立的信托"，该类信托在运用信托财产的时候不是以信托财产的增值保值为终极目的，而是通过运用信托财产来实现诸如抚养后代、赡养长辈、特定安排、慈善公益等目的。

民事信托中受托人的管理、处分信托资产的权利非常有限，很少涉及进行投资运作等。而在营业信托中，委托人委以受托人财产时，主要希望受托人将信托财产进行积极投资，参与资本市场或实业项目，实现信托财产价值增值的目的。在受托人尽责到位情况下，信托财产投资带来的风险或收益都由委托人承担。

综上所述，第三种观点更具实操价值。家族信托由于存续时间较长，委托人的信托目的十分丰富和多元化，既有投资理财，侧重于保值增值；也有侧重于财产保护和传承，进行税收策划、财产隔离和规划，满足财富的风险隔离和传承需求；还有实现公益目的、回馈社会等需求。因此将家族信托简单地分为营业信托或民事信托并不容易，在实践中担任家族信托的受托人主体也就不可能局限于营业性信托机构，还可能包括委托人信任的亲朋好友、律师事务所、会计师事务所、第三方理财机构，等等。

三、信托设立的意定性

根据信托设立是否需要委托人的意思表示，可将信托分为意定信托和非意定信托。意定信托分为生前信托（合同信托和宣言信托）和遗嘱信托。非意定信托主要有法定信托、推定信托等种类。英美信托法对意定信托和非意定信托都予以承认。我国信托法目前只承认意定信托，原则上不承认非意定信托。根据《信托法》规定，设立信托，应当采取书面形式。书面形式包括信托合同、遗嘱或者法律、行政法规规定的其他书面文件等。家族信托涉及对家族财产和家族事宜具体规划，对受益权的分配和受益人的指定、受托人选任和法律适用等问题，需要通过信托文件的明确约定，合同条款完全根据委托人意愿而订立，因此，家族信托设立必须有委托人明确的意思表示，且通过信托合同文件等书面形式确立下来。

四、信托利益的他益性

根据信托利益是否为委托人来区分，可以将信托分为自益信托和他益信托。自益信托指由委托人本人作为受益人享受信托利益的信托。目前信托公司开展的集合资金信托计划业务，根据《信托公司集合资金信托计划管理办法》明确规定，委托人与受益人须为同一人，即信托计划都属于自益信托。他益信托是指委托人指定自身以外的其他人作为受益人，享受信托利益的信托。

家族信托设立的目的主要是为了家族和家族成员利益，受益人一般为家庭成员，根据需要还可能将未出生的后代纳入受益人范围，还有部分家族信托的设立并非仅仅出于私益目的，而是用于发展慈善公益事业，此时家族信托的受益人并不确定。总之，家族信托在信托利益分配时更强调将委托人以外的其他人群作为受益全体，具有较强的他益特征。

由于家族信托主要涉及跨代财产的传承、转移安排，信托设立后原始委托人可能因身故等原因退出，因此如何监督受托人行为，确保按照信托目的和文件约定，真实有效地为受益人利益服务，监督以及相应的救济保护安排就显得尤为重要。

五、信托管理的复合性

家族信托是以事务管理为主要特色的财富管理服务。在家族信托中，受托人不仅包括对家族财产的管理、处分，还包括对家族事务的管理，包括股权和不动产等财产管理、家族治理、子女教育、家族文化传承等。从英美等国家情况来看，家族事务管理是设立家族信托的重要原因，通过信托实现家族财富的保全、传承，也成为家族信托这一业务的独特价值所在。但在我国仍处于经济快速增长和财富积累时期，现阶段家族信托设立时往往对于财产的保值增值目的提出了更多考量。因此，信托机构投资管理运作能力方面的优势在很大程度上成为委托人关注的重点，家族信托管理呈现出兼具财产管理和事务管理的特征，无论是营业性的信托机构，还是律师事务所、第三方理财等民事信托受托机构，都需要能够提供信托管理的综合化服务。

第三节　家族信托的功能与作用

家族信托被誉为家族财富管理的"皇冠"和"明珠"，是家族财富管理的基石工具。将家族财产置于信托的法律架构下，可以进行灵活的规划与管理，并由信托的四大法律机制（权利与利益分离、信托目的自由性、信托财产独立性、信托连续性）保驾护航，使家族信托成为唯一的既能系统防范家族财产暴露于各种风险之下，又能按自己的意愿对家族财产进行灵活安排和管理的金融工具和法律工具。它既可以解决兄弟反目、婚姻变故、继承事件等引发的纷争，又可以在发生人事意外风险、家庭变故风险、企业经营风险时，产生强大的风险隔离效果，成为风险降临时一道巨大的"防火墙"，还可以避免家产因离婚、死亡、债务被反复分割、继承、清偿，达到家族财富连续管理、久远传承的目的。

一、企业经营风险隔离

在企业做大做强、再融资过程中，企业主往往会和银行签订一些连带责任担保协议。表面上企业是有限责任公司，但是因为签订了类似的担保协议，家庭财产恐怕将承担"无限"责任。运用家族信托在企业和家族之间构筑一道盾牌，成为越来越多企业家的选择。

"家企不分"是中国家族企业存在的普遍情况，一旦企业经营出现问题，家庭财产也会承担连带风险。无限连带责任意味着如果企业经营出现问题，债权人可向连带人追债，一旦出现这种情况，家庭资产也会用于偿还债务，幸福的家庭生活将被蒙上阴影。企业家可通过设立家族信托，在企业经营和家庭生活中筑起一道风险隔离墙，风险隔离功能是信托制度具有的一项独特的功能，其核心是信托财产的独立性，可设立不可撤销信托，全权委托管理，将子女设为受益人，保障家庭生活无忧。

依信托法基本原理，设立家族信托后，信托计划内的信托财产具有独立性，无论委托人离婚或破产、死亡，家族信托计划内的财产都将独立存在。一般在家族信托中，委托人是企业主，受益人为其配偶或子女等。委托人将财产托付给信托机构，同时也失去了财产的所有权，也正符合信托最显著的特点——破产隔离：当委托人破产之后，委托人的债权人无权追偿信托财产，受益人的债权人也无权追偿信托财产。这就在家族成员及家族企业之间建立了一道防火墙，间接保证了家族企业财产完整性。如果以夫妻双方共同财产设立的信托，在其离婚时不作为共同财产，也无须进行分割。

2-1　台湾富商郭正利破产案

2016年11月10日，著名富豪郭正利去世，一代传奇落幕。十几年时间里，郭正利从一个穷小子，变为身价40亿元的超级富豪。但是，从几十亿元身价到欠债十几亿元，他却只用了短短三四年时间。郭正利以旅游业发家，创办了著名的旅行社天喜，个人财富也随之水涨船高，但也许是被胜利冲昏了头脑，也许是想要再拼搏一把，他花巨资投资房地产，最后严重亏损，这时候他吸毒、性取向不明的传闻也随之四起，随后天喜破产，他欠债15亿元新台币。他从巨富到欠下巨债仅仅用了几年时间，妻子也离他而去，连个人生活都没法保障。郭正利为了维持生计，沦落到街头做油麻鸡。

二、资产代持风险规避

在中国的高净值人群中，资产代持现象极具普遍性，不少人将自己的重要资产甚至主要资产委托他人代持，置于代持人的名下。代持安排往往是财产所有权人出于对资产保护、法律规避或隐私维护等方面的考虑，将资产放置或登记在另一位可信任的代持人名下，看似保护资产，但往往适得其反，引发巨大风险。代持的主要资产包括股权、房产甚至金融资产。如果由一般的自然人代持则存在一定风险，但通过设立信托代持则可以较好地解决这些问题。

（一）交由自然人代持资产存在风险

资产代持造成了模糊的产权关系，存在巨大的权属隐患。资产代持是通过他人代为持有自己的财产，代持人一般都是自己信任的朋友或亲属，由于受到传统观念的影响，许多人通过他人代持资产并不签署书面的法律文书，司法实践中因各类资产代持而引发争议纠纷的案例屡见不鲜，最常见的代持风险是道德风险和法律风险。

资产代持面临巨大的道德风险。通常，资产代持都是"君子协定"，没有系统的法律加以规范，也没有完备的法律文件加以约束，而且资产代持通常都有难以启齿的原因，因此，如果代持人背信弃义，很容易将代持资产据为己有或者损害实际出资人的利益。由于资产代持在我国法律上并没有明确的规定，出资人和代持人之间的权利、义务和责任极其不明确，因此代持资产会面临一系列的法律风险，具体包括代持人的婚姻风险、继承风险、债务风险、税收风险及操作风险等。

（二）设立信托代持资产是最佳法律选择

基于特定的目的和需要，进行资产代持或其他产权安排本无可厚非甚至十分必要，但是如何选择代持的法律机构以期最大限度地避免产权模糊的风险，是需要认真深思的问题。无疑，信托这一古老的财产转移与财产管理的法律制度，是替代传统资产代持的最佳法律选择。一旦运用了信托方式，原先资产代持关系下的道德风险和法律风险，就可以得到有效规避，这源于信托的风险管理功能。

首先，信托设立的书面方式可以防范代持的道德风险。依据《信托法》的规定，设立信托，必须以书面的信托文件方式进行。这意味着，不可能再以原先广泛使用的口头"君子约定"方式，建立信托式的代持关系，从而可以有效防范因取证困难而引发代持人或者配偶、继承人将代持财产据为己有的道德风险。

其次，信托财产的独立性可以防范代持的法律风险。信托财产具有独立性，完全独立于受托人自己的固有财产。《信托法》明确规定，信托财产不属于受托人的固有财产，受托人死亡时，不属于其遗产，受托人破产时，不属于其清算财产。《信托法》还规定，受托人对于信托财产和固有财产必须加以分别管理，不能与自己的固有财产混同。信托的这些法律特点，能够有效防范原来因代持人离婚、死亡和债务问题而引发的代持财产被其配偶分割、继承人继承和债权人追偿的法律风险。

2-2　小马奔腾"姑嫂宫斗"案

2014年1月2日，年仅47岁的小马奔腾原董事长李明突发心肌梗塞身亡，其遗孀金燕随即被推举担任公司董事长兼总经理。然而，10月31日，金燕突然发表声明称被"夺权"。因为在股权方面，李明的部分股权由姐姐李莉、妹妹李萍代持。李明去世后，金燕一直未拿到丈夫的遗产清单及代持股份，受制于李明在股权结构中所持股份不多的局限，董事长金燕的话语权较弱，很多业务无法顺利开展。由于法律依据不足，金燕想要"翻盘"夺回控制权，顺利接管丈夫的公司及遗产困难重重。由于不明晰的产权关系引发的家族内斗极大地损害了家族事业的元气。

三、继承替代及财富保护

数千年来，中国家长的心声是"一切为了下一代"，这是他们最朴实的愿望也是最原始的动力。很多高净值人士考虑实现财富的代际传承，但往往事与愿违，如果缺乏有效的筹划，留下的家产有可能很快被挥霍一空。而当家长意外和自然死亡以及夫妻离婚等家庭变故事件发生时，除了可能引发家产纷争外，往往会改变相关家庭成员特别是未成年家庭成员的既有生活和成长轨迹。当夫妻一方死亡或者夫妻离婚时，未成年子女的监护人就会改变，尤其是当一方再婚时，随再婚方生活的未成年子女就会进入新的家庭，改变原来的生活和成长轨迹，变数也由此而生。通常，财富家族在发生家庭变故时，都会给未成年子女留下足够的财富以保障其生活和成长，但因为子女未成年，所以其财产将置于监护人的监控之下，很容易发生监护人侵吞未成年子女财产的风险；特别是监护人再婚后，如果新的配偶心术不正，就更容易引发这样的风险。这只是财产方面的，更堪忧的是管理方面的。当未成年子女因家庭变故而进入新的家庭后，由于各种原因，极有可能降低原来的生活标准和教育标准，甚至发生家庭暴力等侵害行为，严重影响未成年家族成员的成长。

对于财富家族而言，给子女留下大额的现金不一定是最好的疼爱方式，提前为子女做好财富规划才是更优选择。设立家族信托，避免家族财富所有者因意外离世导致家族内的财产争夺，确保按照财富所有者的生前意愿分配家族财产，不仅可以为孩子提供安全、持续、终身的保障，还可以让其按照父母的意愿去践行积极、健康的生活方式。家族信托中可以嵌入行为引导机制，将信托利益的取得与家族成员的正面行为引导相挂钩，比如与学业完成、学术与艺术成就、组建家庭、承担家庭责任、进行家族慈善、进行家族创业等因素挂钩，以促进家族成员的健康成长。

通过婚前合理筹划、设立家族信托还可以有效解决子女婚前财产保护的问题。父母设立家族信托，明确子女为受益人，根据《信托法》规定，信托受益权为受益人个人财产，不属于夫妻共同财产，可以避免因子女婚姻失败而导致家族财富外流。同时，还可以灵活定制分配方式，让父母的爱如同一棵大树庇护孩子的成长，不仅有效防止子女挥霍，还可防止他人恶意侵占。

家族信托因具有身后有效的法律特点，能够让人们无论生前还是身后，都能按照自己的意愿管理和传承财产。通过设立家族信托，可将财富传承至后辈，信托受益安排充分考虑受益人的人生节点和生病等突发状况，比如重点对第三代成长费用进行测算并制定信托利益支付计划。可设立监察人，监督信托运行以保证受益人利益；信托利益支付计划的修改权只由委托人掌控，多管齐下保证第三代享受祖辈的关怀。

案例分析

2-3　戴安娜王妃的遗嘱信托

在 1993 年，戴安娜王妃立下遗嘱，自己一旦去世，要求将她 1/4 的动产平分给自己的 17 名教子，而另外 3/4 财产则留给威廉和哈里王子，但必须要等到他们 25 周岁时才能予以继承。1997 年 12 月，戴安娜遗嘱执行人向高等法院申请了遗嘱修改令，为了保护两位王子，修改了部分条款的细节，将他们支取各自 650 万英镑信托基金的年龄提高到 30 岁，到年满 25 岁时能支配全部投资收益，而在 25 岁之前只能支取一小部分，并且要获得遗产受托人的许可。戴妃 1997 年猝然离世后，留下了 2100 多万英镑的巨额遗产，在扣除掉850万英镑的遗产税后，还有1296.6万英镑的净额。经过遗产受托人多年的成功运作，信托基金收益估计已达1000万英镑。戴安娜香消玉殒后，交付信托机构的遗产经过专业的运作，实现了资产的大幅增值，并保证受益人每年都有丰厚回报。戴安娜设立家族信托的远见卓识使母爱不仅荫蔽两个儿子，还惠及儿媳和后人。

四、富裕人士婚前财产保护

随着离婚率上升，富豪们走出婚姻的围城除了情感上的烦恼，可能还要经历财富上难以承受之"重"。我国婚姻法在夫妻共同财产分割上，以平均分割为原则。只要是在夫妻关系存续期间取得的财产，都要进行平均分割，其中包括各种收入、股权、房产、汽车等，婚前财产在婚后取得的收益也包括其中。通过在婚前设立家族信托，将有效保护委托人的婚前个人财富。

富裕人士可将婚前财产装入信托，通过设立家族信托界定婚前财产，且该信托的设立无需未婚妻/夫知悉和签字。设立家族信托，股权控制不受影响，现金亦可以投资增值，实现和谐生活。

2-4 默多克的家族信托

世界传媒大亨默多克通过GCM信托公司设立并运作家族信托，默多克家族持有新闻集团近40%的拥有投票权的股票，其中超过38.4%的股票由默多克家族信托基金持有，受益权人是默多克的六个子女。默多克与前两任妻子的四个子女是这个信托的监管人，拥有对新闻集团的投票权；而默多克与第三任妻子邓文迪的两个女儿仅享有受益权而无投票权。这样新闻集团的控制权，就牢牢掌握在默多克家族的手中。在默多克与邓文迪离婚案中，邓文迪只分得2000万美元资产，与默多克134亿美元总资产相比简直就是九牛一毛，离婚之事丝毫未影响新闻集团的资产和运营。

五、健康养老

人口老龄化是全球面临的共同挑战，相较而言，中国的老龄化趋势更为严峻，表现出"未富先老"和"未备先老"的特点。从目前我国政府管理的养老基金的情况来看，政府作为养老基金的管理人是不太理想的，一是因为政府在资金管理上存在监管不严、容易滋生腐败的问题；二是政府在投资方面态度谨慎，不如金融机构专业，财富增值能力低。颐养天年需要的是长期、稳定、安全的现金流，设立家族信托，将为安享晚年提供新的解决路径。

信托公司作为重要的金融机构，在管理养老资产上具有天然的优势。信托具有制度方面的优越性，信托财产所有权与受益权相分离有利于养老目的的实现；同时，信托财产的独立性能有效确保养老金的安全，而信托管理的承继性又符合养老金稳定的特征。通过设立家族信托可以实现资产的投资增值，还可以灵活实现养老保障需求，并引导后代积极健康生活。

六、家业传承

在家族传承的诸多难题中，家族企业的传承是难中之难，调研数据显示，超高净值人群家族传承面临的问题，集中于企业平稳过渡、子女接班意愿、子女接班能力和抉择、家训延续、接班人与职业经理人关系、人脉关系、资产分配等方面。其中，企业平稳过渡和子女接班意愿是超高净值人群面临的最大问题，成为当前中国财富家族的传承困境。

家族企业无法得到继承或者控制权旁落，导致财富传承存在很大的不确定性，在很大程度上影响了家族企业经营的延续性。通过设立家族企业股权信托，确保家族企业所有权不因继承、子女出生等原因分散，并保持家族对企业的管理控制权，以实现家族企业的永续经营。而通过家族信托的形式，也可以为子女或其他家族成员提供奖学金、助学金、生活补助及创业基金，引导家族成员健康成长，保护在家族传承中没有直接持有股权的家族成员的利益。

案例分析

2-5 沃尔玛家族管理权的内外结合

从一个小小的杂货铺，发展成为庞大的零售帝国，山姆·沃尔顿创造了沃尔玛的奇迹。山姆去世后，在严密的家族信托基金的保障下，沃尔顿家族至今依然是世界上最富有的家族之一。沃尔玛是一个典型的家族企业，山姆最初也有意让自己的子女接掌沃尔玛，但经过深思熟虑后，山姆意识到子女的能力并不足以延续沃尔玛的辉煌，而子女的人生志趣也并不在家族事业上。最终，山姆选择了职业经理人大卫·格拉斯作为下一任舵手，其子罗布森·沃尔顿则出任公司董事长，代表沃尔顿家族和沃尔玛的联系。

七、全市场资产配置与管理

家族财富的增值目标与家族基业长青密切相关。家族财富的保有和传承是一个动态增值而非静态守财的过程，只有当家族财富始终处于增值和再创造的过程中，它才可能逃脱"创造—停滞—消逝"的命运，从而实现效应最大化和代际递延。

从现实情况来看，我国高净值家族普遍存在经营性资产与理财型资产的结构失衡，主观上重经营性资产、轻理财型资产，数量上经营性资产多、理财型资产少，由此埋下了巨大的风险隐患。绝大部分企业家都是倾心关注企业的经营性资产，把所有的资源全用在企业上，而没有构建一个以现金流等非经营性资产为核心的投资性理财板块。这样的企业家是没有什么现金流储备的，自由现金流更少。

家族非经营性资产主要面向消费、保值、增值等对家族的服务功能，实质是家族理财资金，其功能主要体现在三个方面：一是助力家族成员的品质生活，提升消费品质；二是及时把握稀缺投资机会，合理而适当的家族理财资产储备一方面可以作为对冲机制抵御主营产业的周期性风险，另一方面可以作为寻找周期性投资机会的探路石，适度拓展新细分市场和机遇；三是为家族企业发展提供金融支持，作为经营性资产的重要补充，起到未雨绸缪的规划作用，构成家族企业经营性资产的"护城河"。

信托公司作为具有专业投资能力的金融机构，可以发挥全市场投资优势，在家族信托存续期间，按照信托合同约定对信托财产进行投资管理，实现财富的保值增值。家族信托作为一种集成性的法律架构和金融工具，可以装入各类资产，包括现金、股权、房产、金融产品、艺术品等各类资产，已成为家族财富管理和传承的主流模式之一。信托是唯一可以横跨货币市场、资本市场、实业三大领域的金融工具。对于现金资产部分，信托公司可以为客户从全市场甄选产品，进行资产配置服务。管理复杂资产需要掌握跨领域的金融投资知识，信托公司可以充分运用专业领域知识和资源优势，帮助委托人实现省心财富管理和定制传承。

八、移民规划

移民，本质上是准备改变一个家族成员的司法管辖地，因其通常持有账户、股权、不动产等资产，身份改变将极大影响财产关系的法律适用。因此，在家族财富管理中应当首先考虑身份规划问题，由于移民涉及居民身份、司法管辖、法律冲突等国际法问题，一旦没有妥善规划，将会产生难以预料和挽回的影响，需要慎重对待。

移民之前，对境内外的资产进行规划，分别设立境内家族信托和离岸家族信托，统筹管理家族的境内外资产，防止跨国税务与跨国继承等方面的风险。

九、保险与信托的双重保障

保险和信托都具有保障的功能，但两者的运作机理并不相同。家族保险主要基于大数法则，前期具有强杠杆效应，而家族信托主要通过管理运作信托财产以灵活实现信托目的。两者都有各自的优势，财富人士可以综合运用家族保险和家族信托从而达到全面的保障功效。

委托人在保单中将受益人设定为信托公司，解决保险赔偿金的后期管理问题，以防年幼或者过于年长的受益人无法妥善处理与使用保险赔偿金，即通常所说的保险金信托。保险金信托结合了保险与家族信托的双重优势，既承载了保险的保障功能，又嫁接了信托的资产隔离功效，能够充分满足客户生前及身后对家族财富的管理和安排，实现1+1>2的效果。在保险金信托下，财富能够有计划的流进，有规划的流出，全面升级了高净值客户的资产传承规划，具有强大的功能。

相较于单纯的保险，保险金信托可以突破保险受益人的限制，如将尚未出生的后代作为受益人；可以灵活安排受益金给付，委托人可以根据自身情况选择个性化的财产分配时间和分配方式；也可以实现风险隔离及正向激励，避免受益人对财富的任意挥霍，确保财富的保值增值。

相较于单纯的信托，保险金信托由于保费与保额之间往往存在杠杆，所以只要保额能够达到家族信托的门槛即可，这样就变相降低了家族信托的设立门槛，对高净值人士具有极强的吸引力。

十、家族慈善

巴菲特曾经说过："慈善已经不仅是慈善，也是一种管理财富的方法。财富管理方法不仅是方法，也体现对财富的理解和智慧。"除了关注慈善，将家族财富运用到慈善领域的家族也关注善款的妥善管理。慈善与商业的合作正成为新的发展趋势，高净值人士未来的主要选择将是以市场模式运营家族的慈善事业，以保证家族慈善事业的持续发展。

家族企业每一次参与社会慈善、社会公益都是一次企业良好形象的展示，都有利于加强公众对企业的认识，长期的慈善行为会持续提升企业的知名度、美誉度和无形资产，进而全方位提升家族的社会影响力。同时，家族慈善还有利于企业价值观的塑造，从境内外的实践来看，家族企业安排一定比例的企业收入做慈善，不仅可以提高家族成员之间的凝聚力，还可以提高企业员工的荣誉感和对企业的归属感，对家族的企业文化塑造大有裨益。

慈善信托作为家族财富管理的一部分，也是管理家族财富实现代际传承的重要选择之一，慈善信托丰富多样的信托目的、灵活便利的交易结构和角色机制、创新的信托财产类型和运用，在我国的慈善事业中展示着强大的活力。通过设立家族慈善信托，可以灵活安排家族慈善活动，配置家族社会资本；可以将家族成员团结起来共同致力于慈善事业，有利于传承精神财富，提高家族的凝聚力。

2-6 何享健系列慈善信托

在 2017 年 7 月 25 日的捐赠仪式上，美的集团创始人何享健发布了总额 60 亿元人民币的捐赠计划，包含股权捐赠和现金捐赠两个部分。何享健捐出其持有的 1 亿股美的集团股票，现金捐赠总额 20 亿元人民币。对于 1 亿股美的集团股权捐赠，何享健计划设立一个永续的慈善信托"何的慈善信托"，慈善信托财产及收益将全部用于支持公益慈善事业的发展。现金捐赠的 20 亿元人民币，其中 5 亿元现金设立"顺德社区慈善信托"，用于支持顺德地区的发展，该慈善信托于 2017 年 5 月 27 日在广东省民政厅完成备案。另外 15 亿元现金涵盖精准扶贫、教育、医疗、养老、创新创业、文化传承及支持公益慈善事业发展等多个领域，推动了两家新型慈善基金会——广东省德胜社区慈善基金会、顺德区创新创业公益基金会的成立，并设立了四只专项基金，向省、市、区、镇等 5 个慈善会进行了捐赠。

十一、保密性

信托成立不需要经过行政机关的审批注册，只需要当事人根据信托文件达成协议即可。我国《信托公司管理办法》第二十七条更是明确提出，信托公司对委托人、受益人以及所处理信托事务的情况和资料负有依法保密的义务，但法律法规另有规定或者信托文件另有约定的除外。

信托财产的管理和运用都将以受托人的名义进行，一般情况下，受托人不会向外界披露信托财产的相关情况。也就是说，通过信托安排，信托委托人和受益人都隐藏在信托背后，以使外界对于家族信托财产以及各个受益人之间的分配方案无从知晓，甚至在信托内部各个受益人之间也可以做到不知道彼此的受益方案。

2-7　中国香港庞鼎文家族信托

在庞鼎文诉香港遗产税署一案中，因为诉讼的需要，庞鼎文生前所设立的家族信托相关信息才得以披露。庞鼎文是一个成功的香港商人，他在20世纪80年代末，通过一家控股公司经营香港最大的钢铁公司。1997年香港回归，由于担心家族生意前景和中国政治、经济风险的不确定性，庞鼎文有意将公司迁出香港，同时采取设立家族信托为家庭和子女保护财产。通过家族信托运作，庞鼎文的巨额财产全部转移进多个复杂的信托计划中。通过这个计划，庞鼎文实现了将财产隐蔽低调地转移出香港、从而规避各类风险以达到保护财产的目的。

十二、税务筹划

随着我国税收制度的不断完善，税负是摆在所有人面前无法逃避的问题，尤其是对于高净值人群，他们的所得和财产可能很大一部分要因为税收原因而在传承过程中有所减损，并因税收问题降低家族财富的盈利能力，而遗产税和赠与税更会限制与削弱财富的传承与转移，引发家族财富大规模的缩水。当前，我国高净值家族最应当关注的税收风险是遗产税风险和全球税收风险。

对财富家族的赠与和遗产征收高额的赠与税和遗产税，是主要发达国家和地区的通常做法。我国台湾地区曾经发生过关于遗产税的真实案例。台湾北部的新北市，一名黄姓当地人在过世后留下了大量土地遗产，然而其继承人却没有按照规定申报及缴纳遗产税。台湾税务部门在七年后发现了这一事实，并核定这些资产总价值为2.4亿元，黄家继承人在补缴遗产税，缴纳罚金、滞纳金以及利息之外，还需缴纳增值税，最后继承的财产竟然只有61元！中国大陆虽然目前尚未开征赠与税和遗产税，但在2010年有关部门就起草了《遗产税暂行条例草案》，研究开征遗产税问题。尽管短期内难以推出遗产税，但未来极有可能开征。这意味着未来在发生财产继承的时候，继承人需先缴纳接近50%的遗产税才能完成资产的过户转移，导致财富大幅缩水。

而在家族企业发展全球化和家族资产配置国际化的背景下，家族财富的全球税收风险也日益加大。例如，在境外购房，许多国家征收的遗产税可以直接让财富缩水50%以上，这往往是中国的富豪在一掷千金的时候"万万没想到"的。虽然中国的遗产税仍在论证阶段，但是如果中国的个人在美国、日本、我国台湾地区等地购房，身故之后该房产就会产生遗产税（除非进行了必要的筹划）。如果中国的民营企业家经常居住在美国，身故后根据美国当地的州法律被认定为该州的居民，那么其个人遗产还可能被要求缴纳该州的遗产税。

　　家族信托的税务筹划主要体现在家族信托能实现合理避税，信托资产所有权已经转移给受托人，在法律上已经不归属委托人所有，因此不用缴纳遗产税；在节税方面，由于受益人所收到的信托利益的增值，在法律规定上不属于投资交易产生的收益，所以不存在增值税、营业税和所得税等问题。而如果要设立境外信托，那么就不得不将境内的资产（例如公司股权、房地产）转移到海外的"红筹"架构中，这就必然带来转股产生的巨大税负，如果没有专业人士帮助设计合法的方案并进行高效的税务筹划，就会导致信托架构无法搭建而被搁浅。

2-8　蔡万霖家族通过家族信托规避遗产税

　　2004 年，台湾首富蔡万霖因突发心肌梗死去世，留下了 46 亿美元的遗产。台湾媒体估算，按台湾遗产法律，若蔡万霖生前不做任何财产安排，上述资产需要缴纳高达 23 亿美元的遗产税。可是，其家族最终只交了 5 亿元新台币遗产税。台湾国泰人寿是蔡万霖旗下企业，台湾媒体估计，以寿险、信托业务起家的蔡万霖或购买了数十亿元新台币的巨额寿险保单，这些大额保单被放置在家族信托中，是蔡万霖将资产逐渐转移出自己名下的方式之一，最终起到节税及保护资产的目的。

第三章

家族信托与其他财富管理工具

第一节 家族财富管理的主要方法和工具

在财富管理的 2.0 时代，客户对于财富管理有更多的需求。虽然财富的保值增值仍是家族财富管理的重要目标，金融产品仍是家族财富管理的重要工具，但是家族财富管理的多样化目标，使各种法律工具日益发挥重要作用。家族信托不仅致力于财富的保值、增值，也用于家族治理、子女教育、财富传承等方面，带有浓厚的法律制度安排的色彩。

家族财富的管理主要有七大工具：家族信托、家族保险、理财工具、家族办公室、家族治理、家族慈善和家族教育。

一、家族信托

家族信托起源于 11 世纪的英国，当时许多教徒都热衷于在自己去世后将土地捐赠给教会以表现自己对宗教的虔诚信仰，但这种行为极大地损害了封建诸侯的利益。因此，封建诸侯颁布了"没收法"，禁止人民死后将土地捐赠给教会。教徒们为了达成自己目的，表面上将土地转让给某个信任的人，实际上却是委托该信任的人对其土地进行管理，并将所得的收益分配给教会，这就是家族信托最原始的形态，也是国内外信托公司的本源业务。

随着时代的演变，如今的家族信托就是超高净值人士作为委托人，将家族资产转移给受托人，受托人作为家族资产法律上的所有权人对该家族资产进行管理，并按照与委托人签订的《信托合同》的约定，将家族资产及其收益分配给受益人的一种法律行为。

国内家族信托委托人以企业家居多。随着改革开放四十年来的快速发展，国内第一批企业家们积累了相当规模的财富，资产类型包括资金、不动产、知识产权、珠宝、高端艺术品等各种形态，同时，这些企业家们的年龄也已经到了财富管理和传承需求集中爆发的阶段,因此,国内的家族信托从 2013 年开始,就进入了快速发展的时期。

随着资管新规的落地,"去杠杆""去通道""去嵌套"等词汇不断出现,银信合作等业务受到大幅影响,对国内多家大型信托公司都提出了"转型"的要求,因此,家族信托几乎成为了各大信托公司"回归信托本源"的代名词。

家族信托主要有以下的作用或优点:①保证资产有序传承;②防范婚姻变动风险;③分配规则灵活;④实现资产隔离保护;⑤完成资产税收筹划;⑥进行高效的资产管理;⑦推动慈善事业发展。

二、家族保险

随着保险业的转型发展和金融创新的步伐加快,保险服务的内容也正由传统的基本保障功能延伸到财富管理领域。

保险产品从纯粹的风险管理工具发展成为集财富增值、传承、税债筹划功能于一体的财富管理工具,这也正迎合了高净值人群的需求。

这种作为综合财富管理工具的保险通常被称为"高端保险",由于其主要应用于家族财富管理领域,也被称为家族保险。

相比较于"类型化"和"标准化"的普通保险产品,家族保险具有"定制化"特征,保险公司可以根据客户资产传承、资产配置、资产保全、资产独立和节税等多重需求进行"私人定制"。与普通家庭相比,高净值人群更倾向于将家族保险视为战略行为。

家族保险的保费以及投保金额也较为昂贵,通常最低投保金额在 100 万元以上,在保险业内被俗称为"富人险"。

提供家族保险服务的保险公司也通常会发行专门的家族保险产品,并且配合以专业的保险经营团队,为家族保险客户提供全方位的服务。

从家族财富和家族成员两个维度,家族保险从类型上可以进一步细分为财产保险、人寿保险、健康保险和养老保险四个子类别,从不同角度实现对家族财富安全与家族成员健康的保障。

三、理财工具

根据发达国家过去 200 年的发展经验,工业化完成之后,产业资本的初步积累完成,财富管理行业就会呈爆发式增长,成为部分产业资本转型金融资本时的重要中介。

（一）银行储蓄

西南财经大学信托与理财研究所曾总结了金融产品投资类别。在投资手段越来越多元化的今天，储蓄仍然在投资里占有最大的一席之地，它至今是最大众、最保险的投资方式。在数理金融界，学者们都将储蓄利率直接定义为"无风险利率"，"储蓄"的安全性由此可见。近年来，简单的储蓄逐渐被预期收益固定的理财产品所替代，但其仍然在高净值客户的投资渠道中占据非常重要的位置，并鉴于它难以被取代的"安全性、灵活性"的特点，将继续成为高净值客户进行其人生阶段性规划，如"子女上学、住房养老"所必备的资金准备方式。

在各种储蓄形式中，高净值客户一般对活期储蓄、定期存本取息、教育储蓄这三种形式投入资金比较大。

（二）购买信托产品

家族信托无疑是最契合家族财富管理需求的工具，但是在家族信托兴起之前，信托公司通过提供各种信托产品，为家族财富的保值、增值提供助力。

信托业务按照信托活动形式、法规适用范围、具体业务属性三个层次，划分为"资金信托"（资金融通信托、资金配置信托）、"服务信托"（证券投资运营服务信托、资产证券化信托、家族信托、其他服务信托）、"公益信托"（公益／慈善信托）三大业务板块，七大业务类型。

目前信托公司向个人投资者提供的产品主要是集合资金信托计划产品，按照最新的分类分为资金融通信托和资金配置信托。

资金融通信托属于投行业务，也是信托公司的传统业务，是信托公司根据融资方需要设计信托产品，并通过自有渠道或第三方渠道销售产品。投资者的收益主要来自于信托资金所投资产业的经营现金流或者资产处置的回款。

资金配置信托是信托公司募集资金，根据客户需求制定投资策略，进行资产配置或组合管理，提高投资收益。与资金融通信托相比，资金配置信托更注重在投后通过对投资组合进行择时调整、对所投物业进行运营改造等方式，提升资产回报率，核心能力包括投研能力、投后管理能力等。信托公司按照管理资产规模收取管理费，并对超过业绩基准的部分收益提取一定比例的业绩报酬。

资金配置信托的核心是信托公司积极管理信托资产，承担主动管理职责。在投资环节，信托公司代表委托人的利益自主开展投资分析，审慎做出投资决策。在投后环节，信托公司通过积极调整投资组合，进行运营提升等方式，为投资者提高投资回报率。

图 3-1 统计了 2010 ~ 2017 年信托公司向投资者分配的信托收益情况。2010 ~ 2017 年，信托业累计向投资者分配信托收益 48603 亿元，为投资者创造了较丰厚的投资回报。

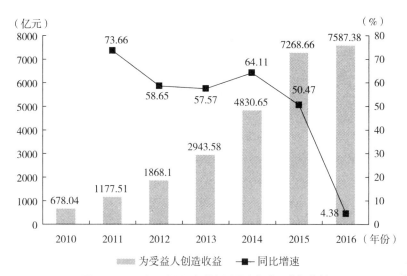

图 3-1　2010 ~ 2017 年信托公司当年分配信托收益

资料来源：中国信托业协会。

（三）交由证券公司进行资产管理

与商业银行相比，证券公司进入家族财富管理时间较晚，但是在进行家族财富管理之前，证券公司也通过投放各种证券产品，满足不同家庭和家族财富保值、增值的目的。

证券是多种经济权益凭证的统称，也指专门的种类产品，是用来证明券票持有人享有的某种特定权益的法律凭证。它主要包括资本证券、货币证券和商品证券等。狭义上的证券主要是指证券市场中的证券产品，其中包括产权市场产品如股票，债权市场产品如债券，衍生市场产品如股票期货、期权、利率期货等。

一方面，国内超高净值客户的投资资产配置，目前仍较单一，进行股权投资的比例较低。另一方面，随着佣金费率的快速降低，券商传统的经纪业务面临巨大的压力，向财富管理转型已经成为共识。证券公司积极探索利用自身贴近资本市场的优势，为客户找到好资产，实现家族财富的保值增值。

优质资产的获取是家族财富保值、增值的关键，券商在前端要获取优质项目，辅以保荐、承销、尽职调查，增加高净值客户获得参与资本市场前端的投资机会。

（四）交由第三方财富管理机构进行资产管理

第三方财富管理机构是指独立于银行、保险、证券等金融机构之外，代表客户利益，根据客户需求，独立、客观、公正地为客户进行金融资产配置和理财产品筛选的专业财富管理机构。作为财富管理市场的新秀，第三方财富管理机构呈现出了较为迅猛的发展态势，也吸引了大量的高净值客户。中国的第三方财富管理机构已有上百家，但是真正能在市场上立足的却为数不多，影响较大的有诺亚财富、展恒理财、恒天财富等，市场份额仍然较小。

第三方财富管理机构的优势在于较为灵活，不仅可以直接参与市场其他机构所提供的家族财富管理产品，还可以通过设立家族办公室这一高端形式来参与家族财富管理，其对于家族办公室的理解和处理更接近境外的成熟经验。

第三方财富管理机构模式与私人银行业务模式的相同之处是为高净值客户提供咨询顾问服务和资产配置，但不同的是第三方财富管理机构缺少自有产品，在与私人银行竞争时更能保持独立性，不会以自有产品销售为主。

美国证券交易委员会（SEC）认为，设立家族办公室，Family Office（FO）的家族可投资金融资产至少要在1亿美元以上。而通常设一个单一家族办公室（Single FO），其可投资资产规模约为5亿美元。

（一）家族办公室的主要作用

家族办公室的主要作用如下：①密切关注家族的资产负债表；②通过成立独立的机构，聘用投资经理、自行管理家族资产组合；③帮助家族成员减少利益冲突，并更好地完成财富管理目标；④实现家族治理和传承、守护家族的理念。

一个家族整体的资产负债表不但包含其狭义资产，即金融资本，也包含其广义资产，即家族资本、人力资本、社会资本。家族办公室则是协助家族成员对这四大资本进行管理的决策与执行机构，而如何在家族成员间分配则为家族办公室最重要的议题。

（二）家族办公室功能

家族办公室的功能具体来说，即对金融资本、家族资本、人力资本和社会资本的管理：

1. 金融资本

家族办公室一般会将分布于多家银行、证券公司、保险公司、信托公司的家族金融资产汇集到一张家族财务报表中，通过遴选及监督投资经理，实行有效的投资绩效考核，实现家族资产的优化配置。

家族财务的风险管理、税务筹划、信贷管理、外汇管理等日常需求也是家族办公室处理的内容。

2. 家族资本

家族办公室需要起草家族宪法，准备家族大会，并组织筹办包括家族旅行以及各类婚丧嫁娶仪式活动。例如档案管理、礼宾服务、管家服务、安保服务等日常家族事务都应包括在内。

另外，家族成员的衣食住行都有赖于家族办公室进行有效管理：选拔及管理训练有素、值得信赖的贴身工作人员，例如管家、司机、厨师、勤务人员、保镖，也同样在家族办公室的职责范围内。

3. 人力资本

一般而言，培养和传承规划是家族办公室的工作重点，因而通过对战略目标、家族结构、产业特征、地域布局等因素进行具有前瞻性的传承设计，并有针对性地为不同年龄段家族成员安排持续教育，即为家族办公室在人力资本管理上最重要的工作。

4. 社会资本

家族办公室在社会资本上的管理当然包括安排各类家族社交活动，维护提升家族声誉以及进行家族慈善资金的规划与慈善活动安排管理。

五、家族治理

在构建家族治理的准备阶段以及实施家族治理的早期，财富家族可以聘请家族企业咨询师、心理咨询师、律师等外部专业人士负责家族与企业关系的梳理、家庭成员的动员以及家族文件的起草、家族会议的召开等，以弥补家族在治理经验与程序等方面的不足。

（一）定期召开家族会议

家族会议是实施家族治理的主要组织形式。一旦开始实施家族治理，就意味着家长开始约束自己的行为，自愿放弃完全专制的决策方式，鼓励家族成员以相对平等的方式沟通家族事务，吸收家庭成员的集体智慧。

家族会议应该制定议程，落实家族宪法或家族协议中明确的相关家族企业政策。家族宪法对于家族企业政策的规定是原则性的，需要家族会议制定具体可实施的标准。

如家族宪法规定家族实行严格的家族雇员政策，家族会议就要制定家族雇员的准入细则，对家族成员进入家族企业的条件、薪酬、晋升、考核等制定详细的标准，使每个家族成员都能够清楚家族的雇佣政策，以决定是否在家族企业工作以及如何达到家族企业的要求，也可避免因家族成员感觉被不公平对待而引发家族矛盾。

对于一些家族重大的问题，如家族接班人的选择，即使还没有到必须做出决策的时候，也可提交家族会议讨论，但不必急于做出决策，而是可以反复进行讨论，充分了解每个家族成员的意见，通过相互说服和妥协，以求能达成最大限度的共识与认同。

除了正式讨论家族政策外，家族会议也承担组织家族聚会、增强家族成员之间感情的重要功能，这种类型的家族会议不限定时间、地点、主题等，形式灵活、氛围轻松，让每个家族成员感受到家族的团结与亲情的温暖，例如可以旅游、祭祖等方式举行。

如李锦记家族宪法规定：李锦记家族会议每3个月召开一次，每次4天。家族会议前三天由家族委员会核心成员参加，后一天家族成员全部参加。家族会议设主持人一名，由委员会核心成员轮流担任。这样的家族会议既考虑了家族事务的类型，也考虑了家族成员参与的重要价值。

（二）组织家族教育

家族教育是维系家族凝聚力、增强家族认同感、培养家族人力资本、保障家族持续为家族企业提供支持的重要方式。不同于其他家族治理的实施，家族教育能够从根本上引导家族后代的行为，因而家族教育的成功是一个财富家族软实力的体现。

对于三代以内一般规模的家族而言，由家族会议或家族理事会负责实施家族教育。而对于家族规模已经超过三代，家族成员有强烈意愿参与企业管理的家族，可以在家族理事会下设置专门的家族教育委员会，作为专业机构负责家族成员的教育。家族会议或家族理事会应该为家族教育的开展提供专项的资金与人员，必要时聘请专业的教师辅助家族教育。

家族教育不同于学校等提供的专业教育，这是由家族教育的目的决定的。家族教育主要包括家族认同教育与家族技能教育。家族教育委员会应根据家族情况制定家族教育课程，包括家风、家训、家族创业历史的讲解以及家族企业管理、财务知识的培训。家族教育的对象既包括家族后代，也包括因婚姻关系成为家族成员的儿媳和女婿等人员。

（三）设立家族基金

家族基金是为了实现家族成员的发展或家族展开特定活动而设立的专项资金。从功能上而言，家族基金可以包括家族治理基金、家族保障基金、家族教育基金、家族创业基金（家族银行）、家族慈善基金、家族股权回购基金等。设立家族基金能够一定程度上在家族与家族企业之间设置防火墙，使家族有独立的资金从事特定的家族活动，减少家族成员对家族企业资产的侵占。此外，家族基金能够通过满足家族成员不同类型的资金需求而缓和家族成员的利益冲突。

不同的家族基金需要有不同的组织形式，如家族慈善基金需要设立专门的慈善信托或慈善基金会，而类似于家族创业基金等非正式的家族基金，则在家族内部设立专项的家族信托基金即可。就家族基金的运作而言，可由家族理事会决定设立家族基金委员会，制定家族基金委员会章程，确定资金来源与人员组成。家族基金主要来源于家族财富的投资增值或者家族企业的分红，家族基金的人员一般由家族成员、家族企业人员以及外部专业人士组成。

家族基金会根据基金的类型，制定家族其他机构以及家族成员的申请条件与程序，进行持续的监督与考核。以家族创业基金的申请与考核为例，一般应包括以下程序与步骤：

（1）家族申请人应向家族基金委员会提交创业计划书，计划书应明确商业想法与资金用途等。

（2）家族基金委员会负责审核计划书，关联的家族成员应该回避。

（3）家族基金委员会可根据情况采取债权投资、股权投资等多种投资组合。

（4）家族基金委员会可视情况要求家族申请人以自己在家族中的未来收益

做"担保"。

（5）家族基金委员会应要求家族申请人定期汇报，并且监督资金使用情况。

（6）建立家族成员的信用档案，对项目完成情况实施评估。

（四）家族治理的定期评估

家族治理是一个动态过程，也是财富家族随着家族与企业发展不断探索与完善的过程。对于那些才面临财富传承、尚不熟悉家族治理的企业家而言尤其如此。因此，对家族治理的实施效果应该进行定期的评估，总结经验，巩固成熟的治理实践，对治理过程中出现的问题进行讨论。家族治理的评估主要包括两方面的内容：一个是治理框架的评估，另一个是具体政策与行为的评估。治理框架的评估包括家族协议与家族组织是否适应当下家族的需要，而具体政策与行为的评估包括家族对企业的政策是否合适，家族成员是否遵循家族治理规范等。家族治理的评估较为复杂，必要时可以由全程观察与参与家族治理的专业规划师辅助进行，制定详细的评估报告，供财富家族在将来的家族治理中参考。

六、家族慈善

家族慈善多从实用主义考虑，无论是从免税方面，还是从更便于家庭管理方面等。从财富方面的考量只是慈善事业的部分原因而已，一般家庭从事慈善的热忱，可能是我们平常所不能够想象到的。

家族慈善的真正驱动力来自于很多方面，比如延续家族的价值观来增强家族的凝聚力。我们会发现，"富不过三代"实际上是因为"善不过三代"，我们会发现为什么创业者能获得财富，因为他身上有过人的品质，无论是勤劳或坚韧不拔，或是与人为善的品格。但是财产是能够继承的，这种品行如何继承下去？如果要富过三代就必须善过三代，通过慈善让上一辈树立乐善好施的楷模，让下一代有同情心、责任感和价值观。家族慈善可以增强家族内部的凝聚力，某种程度上还提升了家族企业本身的内部治理。

目前财富家族从事家族慈善采取的组织方式主要分为以下三种：直接捐赠、成立家族慈善基金会、设立慈善信托。

（一）直接捐赠

直接捐赠是对救助者或者慈善机构进行资金帮助，是从事慈善活动的重要方式。中国社科院社会政策研究中心发布的《慈善蓝皮书：中国慈善发展报告（2017）》指出，2016 年社会捐赠总量预期将达 1346 亿元，但是，科学慈善的支持者往往怀着这样的一种担忧：直接施与型的慈善可能反而更强化其试图消灭的情景，甚至会让受助者"被贫穷"。财富的"双刃剑"属性造就了巨额财富天生具有巨大的负能量，无规划的家族慈善会产生滥行布施等负面社会效应。

因此，目前不少财富家族改变了对最终受益人的直接捐赠方式，而是把财产捐赠给正规的慈善机构或者运营优良的慈善信托，通过基金会或者慈善信托间接开展慈善。

（二）成立家族慈善基金会

家族慈善基金会不仅是一个慈善救助的实体机构，还是一个家族精神文化寄托、家族传承的重要载体以及家族践行社会责任的有效工具，更是家族教育的舞台。从财富家族拥有财富的体量来看，我们建议资产规模巨大的财富家族设立法人型的家族慈善基金会，因为家族基金会能为家族成员提供较高的参与度。

此外，家族慈善基金会和家族事业结合起来，可以增加家族与社会间的互动，增强家族成员的凝聚力，锻造家族成员的荣誉感；借助基金会的平台，可以锻炼家族成员对于复杂事务的管理，培养专业的财产管理和事务管理能力；基金会还可以设定自己的家族慈善目标，与财富家族的价值观相呼应。因此，慈善基金会是资产规模巨大的财富家族从事慈善事业的首选。

（三）设立慈善信托

慈善信托和普通的信托类似，通过委托人和受托人签订信托合同的方式设立，委托人把信托财产转移给受托人，由受托人按委托人的意愿，遵循慈善目的管理或者处分信托财产。慈善信托受到慈善事业监督部门——民政部门和金融监管机构——银监部门的双重监管，是一种安全、透明和高效的从事慈善事业的制度工具。

目前，我国已开展的慈善信托主要有以下四种模式：一是慈善组织为委托人，信托公司为受托人；二是信托公司为受托人，慈善组织为项目执行人或公益顾问；三是慈善组织与信托公司共同担任双受托人；四是慈善组织担任受托人，独立开展慈善活动。

七、家族教育

家族教育是财富家族为了培育家族人力资本，以实现家族财富有效传承为目标，而在家族内部构建并实施的教育系统。家族成员拥有再多的金融资本，在岁月的侵蚀下，都可能消耗殆尽。家族要想长期保有和传承财富，必须凝聚和教育家族成员，培育充沛而合格的家族人力资本，促进每一代家族成员对家族财富的创造激情与创造能力，而这一切都有赖于家族教育系统的构建与实施。

（一）家族教育与学校教育的区别

将家族成员作为家族财富传承的有效参与者而开展的家族教育，与我们通常所说的家庭教育和学校教育有着重大区别，主要表现为：

1. 教育目标的差别

家庭教育的目标是培养身心健康，具备良好的道德品质和行为规范以及良好生活与学习习惯的家庭成员；学校教育则偏重文化知识和专业技能的获得；而家族教育的目标则是培育、支撑家族传承所需要的家族人力资本和文化资本，其内容比家庭教育和学校教育更复杂。

2. 教育对象不同

家庭教育主要针对未成年的家庭成员而展开，学校教育主要针对不同年龄结构的学生而展开，而家族教育的对象和参与者则是财富家族的全体家族成员，不论男女老少，只要属于家族的一员，都是家族教育的对象，而且，家族教育一旦开始，并无人生阶段的限制，需要终生进行。

3. 教育实现方式不同

家庭教育主要依靠家庭成员的互动和言传身教等非正式方式来实现，学校教育则是由政府及社会教育体系内的专门机构和专业人员组织实施，家族教育的实现方式虽然类似于家庭教育，是在家族内部完成的，但参与人员更多、涉及内容更复杂，需要在家族内部构建更正式、更系统的组织来推动实施。

（二）家族教育的重要性

在家族传承目标下，家族教育的重要性是由财富家族的特殊性决定的。

1. 家族人力资本决定家族传承的成败

家族的每一位成员是一个家族最重要的资产，无论从财富创造还是财富保有的角度，家族人力资本以及依附于其上的家族文化资本和社会资本都是财富传承的关键因素，没有人力资本支撑的数字意义上的财富难以实现成功传承，而人力资本及依附于人力资本的文化资本和社会资本的培育和传承，离不开家族正式和非正式的家族教育。

2. 家族人力资本具有空前的复杂性

从家族企业动态发展的角度来看，家族成员在家族、企业及所有权的不同发展阶段所扮演的角色也会随之呈现出动态的多样性。因此，财富家族的成员在沟通、协作及面临重大决策时将遭遇比普通家庭更大的挑战，而要应对这些挑战，也需要完善的家族教育作为润滑剂和黏合剂。

3. 财富对人力资本具有负面作用

财富是一把"双刃剑"，企业家创造了大量的财富，但如果不对财富进行有效的管理，反而会对家族成员造成无情的伤害。财富家族因财富分配而引发的内部纷争与争斗、财富由荣誉变成丑闻的事件屡见不鲜。虽然以偏概全有失公允，但是却在一定程度上体现了财富对家族后代的侵蚀。显而易见，要使家族成员避免陷入财富的阴暗地带，从小开始的家族教育是必不可少的一环。

百年家族之所以能枝繁叶茂，核心因素是由家族人力资本驱动的家族精神与文化的传承。如果一个家族创造并实践的具有代表性的治理体系建立在一系列共同的文化和价值观基础之上，这些共同的文化和价值观体现了该家族的"不同之处"，那么它就可以成功地保有财富超过 100 年。而家族文化的延续并不会是一个自然过程，需要家族教育发挥承上启下的纽带作用。

第二节　家族信托与保险

一、家族保险与家族信托

（一）家族保险

随着保险业的转型发展和金融创新的步伐加快，保险服务的内容也正由传统的基本保障功能延伸到财富管理领域。

保险产品从纯粹的风险管理工具发展成为集财富增值、传承、税债筹划功能于一体的财富管理工具，这也正是迎合了高净值人群的需求。

这种作为综合财富管理工具的保险通常被称为"高端保险"，由于其主要应用于家族财富管理领域，也被称为家族保险。

相比较于"类型化"和"标准化"的普通保险产品，家族保险具有"定制化"特征，保险公司可以根据客户资产传承、资产配置、资产保全、资产独立和节税等多重需求进行"私人定制"。与普通家庭相比，高净值人群更倾向于将家族保险视为战略行为。

家族保险的保费以及投保金额也通常较为昂贵，通常最低投保金额在100万元以上，在保险业内被俗称为"富人险"。

提供家族保险服务的保险公司通常也会发行专门的家族保险产品，并且配以专业的保险经营团队，为家族保险客户提供全方位的服务。

从家族财富和家族成员两个维度，家族保险在类型上可以进一步细分为财产保险、人寿保险、健康保险和养老保险四个子类别，从不同角度实现对家族财富安全与家族成员健康的保障。

家族保险主要有以下显著的特征：

1. 人身保险的增值服务

家族保险的人身保险类别由传统保险发展而来，在医疗、养老、意外、子女教育等基础险别上进一步优化，体现综合服务的品质增值，比较典型的包括高端医疗保险以及养老社区保险等。

（1）高端医疗保险。具有保障额度高、保障责任广、无医院限制、不区分社保目录和非社保目录、直接赔付和更高标准的服务等特点，比一般医疗保险具有更加强大、全面的保障功能。

（2）养老社区保险。则是一种保险、地产、养老融合的产品，将保险保障与养老服务结合，通过提供文化、健身、医疗服务，建设综合性的养老社区，更好地满足养老保障的精神文化和物质条件需求。

2. 财产保险的资产配置延展功能

就财产保险的资产配置延展功能而言，家族保险作为一类新兴金融服务，能够在一定程度上实现家族财富的保值增值功能，满足家族财富的传承需求。

在实务应用中，家族保险实现财富保值增值的功能通常依托巨额寿险实现，主要基于人寿保险的特殊保障功能。

（1）寿险具有一定程度的税务筹划功能。我国虽然尚未开始征收遗产税，但是有关遗产税的立法工作由来已久。2010 年财政部出台的《中华人民共和国遗产税暂行条例草案》第五条第四款规定，被继承人投保人寿保险所取得的保险金不应计入开征税遗产总额，从而为保险节税提供了依据。除此以外，保险赔款免税、保单利息不分拆计息、分红暂不纳税、保单账户价值可不纳税、税收优惠险种、延迟交税险种，这些规定都为保险节税提供了有利条件。

（2）寿险具有较强债务筹划能力。合理的保险规划可以实现投保人个人财产与企业财产的有效隔离，避免债务追偿。《合同法》第七十三条中规定，因债务人怠于行使其到期债权，对债权人造成损害的，债权人可以向人民法院请求以自己的名义代位行使债务人的债权，但该债权专属于债务人自身的除外。而人寿保险是典型的专属于债务人自身的债权，免受第三人代位权的影响。《保险法》第二十三条规定，任何单位和个人不得非法干预保险人履行赔偿或者给付保险金的义务，也不得限制被保险人或者受益人取得保险金的权利。因此人寿保险金可以免受债务追偿。

（3）家族保险具有较强避债能力。保险不同于信托，财产本身不具备独立性，不能简单的认为，保险是绝对不会被法院执行的避债资产。但合理的保险规划可以实现投保人个人财产与企业财产的有效隔离，避免债务追偿《合同法》第七十三条中规定，因债务人怠于行使其到期债权，对债权人造成损害的，债权人可以向人民法院请求以自己的名义代位行使债务人的债权，但该债权专属于债务人自身的除外。而人寿保险是典型的专属于债务人自身的债权，免受第三人代位权的影响。《保险法》第二十三条规定，任何单位和个人不得非法干预保险人履行赔偿或者给付保险金的义务，也不得限制被保险人或者受益人取得保险金的权利。因此人寿保险金可以免受债务追偿。

（4）家族保险具备婚姻财富规划功能。大额保单的婚姻财富规划功能，也因保单不具备财产的独立性，不能一概而论。简单的购买保险，并无法实现婚前或婚后个人资产保全的功能。但是基于目前婚姻法的若干规定及司法解释，科学合理的保单配置是可以有效优化婚姻财富保全需求的。

（5）家族保险具备的财富传承功能。投保人和被保险人可以在法律规定的范围之内，灵活指定保单受益人和受益比例。而在保单赔付前，保单所载之价值归投保人所有，而且投保人和受益人可以随时进行变更。通过变更投保人以及指定和变更受益人，可以有效实现财富的低成本传承和精准传承。

（6）家族保险具备的税务规划功能。保险作为社会的稳定器，无论国内还是国外，在税务上都是得到"特殊照顾"的，所有有效的保单配置，可以帮很多客户实现节税、避税的作用。但是各国的"特殊照顾"还是有差别的，不能一概而论。所以在对保单的税务筹划方案上，要综合考量诸多因素，才能有效实现税务筹划功能，例如，保单涉及的投保人、被保险人和受益人国籍及相互关系、所投保险公司的属地、所投产品的类别及金额等。

（7）家族保险具备的资金融通功能。家族保险中常见的各类保险，因其均具有较高的现金价值，现金价值的存在且归属投保人所有，使通过保单抵押或质押的方式进行贷款成为国内外保险行业广泛应用的一项资金融通运作方式。

（8）家族保险具备的私密保护功能。家族保险的隐私保护功能主要体现在传承过程中，一般财产如果通过继承来进行传承，必须要通过继承权公证或法院判决的方式，过程中需要所有继承人参与，是难以做到信息相对保密的。但家族保险则可以通过指定受益人的方式，直接将财富通过保险赔偿金的方式传承给受益人，不需要其他任何人的认可和同意，因此可以起到相对的隐私保护功能。

（9）家族保险具备的收益锁定功能。在家族保险的各类险中，产品在设计时，通常是经过精算师根据当地人群的生命周期表和当时预计的利率水平确定一个保单的预定利率水平。这个预定利率在终身寿险、年金保险和储蓄险中都会有体现，具体体现在保证金额之中，而此项保证金额均会体现在保险公司提供给客户的保险合同中，属于受法律保护的确定利益。而这部分保证金额往往会呈现一种增值趋势，且这种增值趋势是不受未来利率波动和资本市场波动等任何投资不确定性因素的影响。根据产品类别的不同，可以帮助客户在一定程度上或完全锁定未来长期收益水平。

目前，保险监管机构对险资运用的鼓励引导态度也有利于家族保险的资产配置功能有效实现，例如保监会发布相关规则允许保险公司对保险资金灵活使用、逐步开放全球配置、联合专业化外部机构管理、适度提高混业经营能力等。

保险具有保全资产，优化税务，避免债务危机等功效。富豪购买家族保险，不但可以确保自己辛苦累积的资产能完整地传递给下一代。随着我国家庭财富水平的持续提升，家族保险规划越来越被中产阶级和高净值人士家庭所关注和重视。有效利用各类家族保险产品，可以有效提升家族财富的长期安全性和确定性，在获得长期稳健收益的同时，可低成本且便捷地实现多种家庭资产配置以及家族资产长期规划的个性化需求。

（二）家族保险和家族信托的对比

1. 保险

保险的优点是门槛较低，而且可以视作一种储蓄，这笔储蓄是被隔离的，确保在未来约定的时间返还到受益人手中。缺点是保险只能做到定期定额返还，至于如何运用、如何增值，单一的保险无法进行安排。

如果购买的是寿险，保额和保费之间会有杠杆，即投保人发生意外去世后可以得到高于保费数倍的保额赔付，并且现在国内保险公司也能做到把赔付的保险金不作一次支付，而是约定多少年分期付款。缺点依然是投保人去世才兑付，投保人在生前无法看到兑付。

如果购买的是年金险，返还时间是能约定的，投保人可以看到返还，并为受益人安排好返还资金的使用，比如绑定机构支付账户，等等。缺点是年金险没有杠杆，不会有 N 倍的赔付。

2. 家族信托

家族信托的优点是可以个性化定制，满足委托人的不同要求，比如可以根据每年的通货膨胀率来调整支付给孩子的生活费；如果孩子得病了可以额外支付医疗费；如果孩子结婚生子额外支付婚礼费用、养儿育女的费用；或者每年安排孩子出国游学、旅游、举办生日会，等等。缺点则是门槛太高，能企及者无几。

3. 保险金信托

保险金信托的优点和家族信托一样，可以提供个性化定制服务，门槛有所降低，而且可以分多年支付保险费。作为"保险 + 信托"的组合，保险金信托则有着比保险、信托单品更大的优势，如可利用保障额度放大杠杆作用。例如一款嵌套传统保险产品的保险金信托，起点门槛是保额不低于 500 万元，交纳方式分为趸交、分 3 次交清和分 10 年交清。以保费较高的 57 岁中年女性为投保人，按 3 次交款计算，总计交纳保费 300 万元，保费除以保额，杠杆约为 60%。

二、保险金信托的背景和定义

（一）保险金信托产生的背景

2015 年 12 月 1 日起正式实施的《最高人民法院关于适用〈中华人民共和国保险法〉若干问题的解释（三）》的出台，对人身保险中为给付保险金条件、保险利益、体检与如实告知义务的关系、第三人代交保险费和合同的效力等方面进行了详尽的解释，标志着防范道德风险，防止被保险人的生命健康受到侵害，上升到立法的高度。

对于信托公司而言，通道业务在 2018 年之前大行其道，信托公司忽视自身资管能力建设，背离资产管理初心。2018 年 4 月监管当局发布的《关于规范金融机构资产管理业务的指导意见》，对信托行业提出了严格限制杠杆，严格禁止业务脱实向虚，限制信托作为各类通道进行多层嵌套、规避监管等要求。这使得信托行业重新审视自身业务，回归本源，将重心调整回受人之托、代客理财的资管核心。而保险金信托属于回归信托本源的信托业务，是国内信托业务转型和创新的方向。

高净值人群财富管理传承需求递增与监管层对于金融机构回归业务本源的监管要求，使业务提供方与业务需求方不谋而合，构建了保险金信托发展的社会基础。

人寿保险信托在英美等欧洲国家，以及日本、中国台湾均已发展得较为成熟，在人寿保险信托的功能性上取得了非常好的效果。《保险法》《信托法》已经出台了十多年，对于信托的运营和管理已经日益成熟，这意味着在我国引入人寿保险信托制度在法律上是可行的，可以说，《信托法》和《保险法》为保险金信托的发展提供了法律基础。

首先，保险金信托符合《信托法》的规定。根据《信托法》第 6 条、第 7 条和第 8 条的规定，凡是具备合法的信托目的、确定的信托财产并且该信托财产必须是委托人合法所有的财产、采用书面形式三个条件的信托，都可设立。人寿保险信托具备解决利益冲突、维护社会稳定、合理安排财富管理传承的功能，委托人为其子孙后代的利益而具有设立信托的意思表示，信托目的的合法性显而易见。保险金是投保人以自己或有保险利益的亲属的生命和健康向保险公司投保的人寿保险，是在支付了相应的保险对价并满足了保险合同条款约定的条件之后才能实现的赔偿或补偿金额，这笔保险金或将来领取的保险金是《保险法》规定的合法财产权利。人寿保险信托是以签订书面合同的形式订立，满足了设立合法信托的形式要件。

其次，保险金信托也符合《保险法》的规定。我国保险公司的保险资金是不能够用于经营与证券有关的业务的，包括证券公司、信托公司、基金公司，等等。但是在人寿保险信托业务上，作为人寿保险信托的标的是已经给付或者即将给付的保险金，这并不等同于保险公司的准备金或者未决赔款等法律意义上的"保险资金"，而是作为保险合同受益人所享有或即将享有的个人资产，完全符合《信托法》第 7 条所规定的信托财产的条件。人寿保险合同中的受益人，将属于自己的个人财产转移给信托公司代为接受并管理运用，并不有悖于保险公司关于保险资金运用的法律限制。

（二）保险金信托的定义

保险金信托，也称人寿保险信托，是一项结合保险与信托的金融信托服务产品，以保险金给付作为信托财产，由委托人和信托公司签订保险金信托合同，当触发理赔或满期保险金给付发生时，保险公司将保险赔款或满期保险金交付于受托人（即信托公司），由受托人依信托合同的约定管理、运用，按照信托合同约定的方式，将信托财产分配给受益人，并于信托期间终止或到期时，交付剩余资产给信托受益人。

由此定义，可见保险金信托的安排如下：首先委托人购买的是一款高端终身寿险，该寿险以全残或死亡为给付条件，在保险理赔条件满足之前，钱都在保险公司。一旦发生理赔事故，保险理赔金额进入信托公司，信托公司根据当初与委托人签订的信托协议，履行受托义务。根据委托人的意愿，这笔信托资金的运用将成为私人定制，可用于受益人的具体安排，比如子女的生活、教育、购房、创业等多个方面。

信托公司作为受托人在上述安排中，遵循信托合同目的，按照信托合同约定的方式管理和运用该笔保险金，本着为合同受益人的最大利益保存、改良、利用该信托财产以取得收益、增加财产的价值或者维护财产，除了依照保险金信托合同的约定从该笔信托财产中取得适当报酬外，不能从信托财产中获得任何个人利益。受托人必须将信托财产按合同约定的时间和方式分配给受益人，并在信托期间到期或者终止之时，将所剩余信托财产（包括剩余保险金和以该笔资金投资所得所有收益）全部交付于信托受益人。

三、保险金信托的模式和种类

（一）保险金信托的两大模式

1. 英美模式

不可撤销是美国保险金信托的基本标志。在不可撤销保险金信托合同中，委托人将保单所具有的一切权益转移给受托人，即受托人为保单的所有者，这使受益人拥有不可撤销的、法律上已经确定的未来收益，实现了保单与被保险人的完全分离，达到了美国税法关于死亡保险金免征遗产税的规定。避税也是美国发展保险金信托最主要的目的。

美国寿险信托模式下被保险人对保单的所有权、合同的解除权、保单的转让权和保单的申请贷款权等都归信托公司拥有，被保险人不再享有变更保险合同受益人，抑或变更保险合同其他条款的权利。委托人即保险公司的被保险人需要向美国国税局申请信托账户并在银行开立信托账户；然后，委托人起草一份明确规定了保险金使用方式等条款的信托文件，并将现有的一份人寿保险单放入信托，或者是由信托公司代委托人从保险公司重新申请一份合理的寿险保单放入信托；委托人将保单的一切权益转交给信托公司，由信托公司代委托人行使对保单的一切权利。当委托人去世后，保险公司将保险金按时、足额地转移到信托账户，信托公司对其按信托契约中的规定进行安排和运营。另外，如果受托人是信托的受益人，应指定独立的共同受托人来监督任何可自由支配的支出；在保费支付方面，如果经过合理设计可以采用周期性的赠与来避免过多的税收，赠与不能超过免税金额；在保单的创立方面，委托人可以通过转移现存的保单到第三方所有者或者新成立一个保单。

英国的人寿保险信托与美国的非常相似，投保人在购买以自己为被保险人的人寿保险时，投保单上就会有是否需要人寿保险信托服务的条款，如果投保人愿意将自己的保单以信托形式保管，保险公司就会提供一份信托契约，并帮助投保人设立并注册信托计划。

中国香港的模式受到英国影响，信托受托人直接成为保险的受益人，取得保险金后按委托人意愿进行安排。

2. 东亚模式

在日本，保险金信托的发展模式主要是委托人既与保险公司签订保险合同，又与信托公司签订信托契约，保险公司和受托人之间的联系仅仅是资金的划拨。日本的《保险业法》第5条规定允许经营生命保险事业的保险公司经营信托业务，因此，日本的保险金信托受托人主要分为两种：保险公司为信托受托人和信托公司为信托受托人。

以保险公司为信托受托人是指信托委托人同时也是保险投保人，而保险公司在承保的同时又担任信托受托人的身份，在信托发生后，由保险公司按照契约管理、经营信托资产。在实际操作上，保险公司只是同时兼具了两个身份，真正的经营依然是分离的。

以信托公司为信托受托人是日本比较普遍的运营模式。当保险合同签订后，委托人将保险金债权让与信托公司，也就是在保险发生赔付后，保险金的领取权利让与了信托公司，之后信托公司按照信托契约管理、经营信托资产。目前，日本有很多信托银行都作为信托受托人进行此类型的保险信托。

中国台湾地区从日本引入保险金信托后进一步发展，在原有模式的基础上，有所创新，但总体上还是沿用日本的模式。投保人与保险人签订人寿保险合同，保险合同中的被保险人即为投保人，保险受益人为其子女，并在协议中写明明确放弃处分该份保险合同。再由子女与信托公司签订一份信托协议，指定其自身为委托人和受益人。

从海外成熟的人寿保险信托来看，英美法系倾向用保险金债权信托，大陆法系倾向用保险金信托。这两类保险金信托人寿保险信托形式各有利弊。

（二）保险金信托的主要种类

保险金信托分类的维度主要聚焦在保费和保险金的管理方式上，大体上可分为四种：

1. 被动信托

又称消极人寿保险信托。这种信托是只由信托公司代为领取保险金与代交保险金给受益人的一种信托。委托人生前将保险单的权利移转给信托公司，由其保管。如委托人去世，信托公司即向保险公司领取保险金，依据信托契约，分配保险金给受益人，款项分配完后，信托关系终止。

2. 不代付保费信托

这种信托与上述被动信托相同，只是信托公司在收到保险金赔款后，并不将此直接分配给受益人，而是妥善管理并运用，使其增值，将增值收入交与受益人。只有等到信托到期，才将本金交还给受益人，信托关系即告终止。

3. 代付保费信托

委托人生前除将保险单的权利移转给信托公司，除代保管保险单外，还将一定金额的证券或资金交存信托公司，以证券或资金的收入，委托信托公司按时交付保险费。如果委托人死亡，信托公司按信托契约接收赔款，并将委托人所存的的证券或资金，一同管理，以运用赔款以及这些证券或资金的收益交付受益人。等信托有效期限终了，再将赔款及前存的证券或资金交于受益人。

4. 累积保险信托

在上述代付保险费信托中，委托人所存放在信托公司的证券或资金的收益只够信托公司按时交付保险费。但在累积保险信托中，委托人除照例将保险单权利移转给信托公司、由信托公司代为保管外，也将一定金额的证券或资金交存信托公司，以证券或资金的收益委托信托公司代付保费。与代付保费信托不同的是，每期证券或资金的收益，比应付的保费要多。信托公司将支付保费后所剩的利润投资于较稳妥的方面，这样，所存的资金或证券会逐渐积累增多。

所以叫累积保险信托。

一旦委托人去世，信托公司即接收赔款，连同累积的证券或资金一并管理，并以运用赔款的收益按时交付给受益人。等信托期满，再将赔款及前存的证券或资金付还给受益人，信托关系即告终止。

四、保险金信托契约的主要内容

保险金信托契约的内容，随着信托种类的不同而不同。但就其基本内容来讲，应包括以下几点：

其一，关于保险单的说明。在信托契约中首先应当说明其所交存的保险单的编号、保险公司名称、保险金额等。如果委托人本身就是被保险人，且已向多家保险公司投保，则会有多张保险单；如果委托人为另外两个以上的被保险人投保寿险，也会有多张保险单。这些情况都应在信托契约中说明。

其二，信托财产的指定及说明。规定哪些财产属于信托财产，这些财产由受托人进行管理、运用。

其三，受益人的指定。这里的受益人，是指信托关系中的受益人。受益人，多数为委托人的家属，这不能不在信托契约中明确，否则就达不到信托的目的。

其四，委托人的权限。委托人在成立信托时，要在信托契约内声明有随时更换受益人及受托人的权利，并能随时收回保险单的一部分或全部，或变更管理及分配赔款的方法。还要声明所指定或转让信托关系的权利，仅是将来领受赔款的权利。

其五，受托人代付保费的责任。受托人是否有代付保费之责，这都应在信托契约中详细说明。

其六，赔款分配的方法。如果是被动人寿保险信托，信托公司在领得赔款后，即分配给各受益人。如果是其他三种信托，则要先由信托公司代管该项赔款，以运用赔款的收益分配给受益人。过一段时间（信托期满）后，才将赔款本金分还给受益人。由于受益人的数量或多或少，分配的方法也可能不同，分配收益的时间，也会随受益人的不同需要而有所差别。这些问题最好在信托契约中预先订明，以便信托公司在实施分配时有所根据。

其七，管理赔款的方法。信托公司管理赔款，或者投资于动产，或者投资于不动产，或者长期投资，或者短期运用，都应当在信托契约中订定。

其八，受托人的解职。受托人是否可以随时解职，应视委托人是否可以随时撤换受托人或终止信托而定。

五、保险金信托的优势

保险金信托人寿保险信托制度因其巨大的功能优势，特别针对保险和信托单一产品的优势极为突出。

（一）解决人寿保单的利益冲突

人身保险以人的寿命和身体为保险标的，大额人寿保单偿付的标准是被保险人死亡，受益人会因被保险人的死亡而获取一大笔巨额的死亡赔偿金，从财富隔离和传承的角度来看，大额人寿保单可以利用保险的高杠杆率，保障家人和子女后续生活的优势非常明显。

这种机制的安排并没有完全考虑投保人或被保险人的利益，而一个好的机制应该一方面保障家人的利益，另一方面也是保障投保人或被保险人的利益。

保险金信托使受托人对信托财产（死亡赔偿金）的所有权，将被保险人的死亡为给付条件的保险条款，进一步通过信托条款的设置，创设为其他与个人生命无关的取得条件，安排受益人在最需要的时刻受益。

（二）贯彻委托人关于资产分配和管理的意志

在保险金额较大的情况下，投保人则可以通过设立人寿保险信托，依照自己的规划，把保险金分配给各个受益人或是其下数代子女，从而既可以避免多个受益人之间因利益冲突而发生不必要的纠纷，又可以确保各个受益人都可以享受到信托财产的利益。

为解决人寿保单的利益冲突，人寿保险信托则在这方面消除了投保人的后顾之忧。人寿保险信托设立之后，一旦保险金赔付条件满足，保险人即会依照投保人的要求将该笔款项转移给信托合同项下的受托人。

由于信托财产的独立性，除了受托人依照最初设立的信托合同，对人寿信托保险金进行管理和运作以外，任何人都无法控制和处置。信托公司按照信托合同的约定，对委托人的家人、子女甚至家族几代人进行分配收益及延续。

（三）保障保险金的独立性

如果设立了人寿保险信托，即信托财产（死亡赔偿金）从委托人向受托人转移之后，受托人便可享有信托财产法律上的以及形式上的权利，可以管理和处置该财产。根据《信托法》第15条规定："信托财产与委托人未设立信托的其他财产相区别。设立信托后，委托人死亡或者依法解散、被依法撤销、被宣告破产时，委托人是唯一受益人的，信托终止，信托财产作为其遗产或者清算财产；委托人不是唯一受益人的，信托存续，信托财产不作为其遗产或者清算财产。"

从法理上来说，信托一旦生效，该信托项下的财产便与委托人、受托人以及受益人的自有财产相脱离，成为一项独立的财产。在非恶意的情况下，第三方当事人的债权人无法要求将信托财产与其债权互相抵消或要求法院强制执行。所以，信托制度的这一特性为人寿保险信托财产的安全提供了充分的保障。

总之，从信托业、保险业的职能来看，人寿保险信托存在保险和信托的优势互补、互动发展的关系。

（四）变相降低家族信托门槛

享受了保险的杠杆后，一个客户花两三百万元就可以购买理赔金500万元以上的保险金信托，并享受到家族信托在财富管理与传承方面的功能。相较家族信托动辄千万级的门槛而言，保险金信托大大降低了专享财富管理的门槛。

保险金信托产品的问世，在设计上将大额保单和事务性信托打通，实现了"升级版遗嘱"，将寿险理赔金的受益分配，从传统简单的对于直系亲属的一次性分配，经由与信托的合作，变成了一个具有传承财富和隔离资产作用的私人信托产品。而且，通过信托的方式，委托人得以灵活约定各项条款，包括信托期限、收益分配条件和财产处置方式。实现了金融机构从卖产品到出组合、做方案的转型。

（五）有利于扩大信托资产规模

在大资管背景下，信托公司面对着前所未有的压力，如何开拓新的业务渠道、扩大信托资产规模是摆在信托公司面前的一个难题。如果未来有更多的寿险产品能够与信托通过保险金信托实现对接，不仅增加了寿险的附加价值，无疑也会为信托公司注入一笔优质的长期资产，并且有利于信托公司进一步提高其主动管理能力。

六、保险金信托的发展现状和经典案例

（一）发展现状

20世纪90年代初业内已有了一些关于

保险金信托产品的讨论，但由于其产品受众以高净值群体为主，当时的中国还没有足够的市场跟客户基础，因而仅限于业内的讨论之中。2000 年以后，我国经济发展加速，财富日益累积，高净值客户群体日益壮大，保险和信托公司开始准备保险金信托业务，伴随着家族信托产品的问世与发展，作为家族信托分支的保险金信托才真正的落地，进入发展的快车道。2014 ～ 2017 年，保险金信托获得飞速发展，管理规模不断扩大。

据不完全统计，2017 年，有 6 家信托公司开展保险金信托业务，规模达到 24.92 亿元，业务单数到达 1023 单，这对一个新兴的业务而言是非常不错的成绩。

表 3-1　2017 年信托公司保险金信托业务开展情况

信托公司	保险金信托规模（万元）	业务单数
华能信托	2000	/
平安信托	205000	960
山东信托	/	22
外贸信托	35200	38
长安信托	2000	2
建信信托	5000	1

（二）经典案例

下面通过经典案例加深读者对保险金信托优势的理解。

3-1　家庭与企业的防火墙

夏先生白手起家创立了自己的企业，他的妻子夏太太在他创业的过程中也给了他很大的帮助。然而虽已有所成，夏先生却十分忧虑。因为他的家庭财产与公司财产联系密切，商场风云莫测，一旦企业出了问题，他的家庭财产很可能要承担连带责任。

由于中国的创业现实，家企不分在企业家中十分常见。家企不分的后果是，一旦企业家被判对公司债务承担连带责任，多年心血便可能一朝破灭，甚至影响到自己的家庭。为了避免这种风险，客户可以选择设立保险金信托。

在保险金信托下，案例中的夏先生可以将资金委托给信托公司，由信托公司来进行投保。由于信托财产是独立的，只要夏先生不是唯一的信托受益人，客户的债权人便无法就保单利益进行受偿。而当保险赔付以后，保险赔付款直接进入信托账户，债权人同样不能要求强制执行。

3-2 利用保险杠杆，实现财富传承

作为银行高管，惠先生有着较高的财富管理和传承意识。他一直非常看好家族信托，但家族信托动辄上千万的设立门槛却让他望而却步。

保险金信托将保单和信托的优势相结合，利用保险的杠杆功能，为自己的家族实现财富传承规划。家族信托的设立门槛通常在千万元以上，而保险金信托可以利用保险的杠杆作用或期缴的缴费方式有效降低门槛，在达到资产传承目的的同时减轻资金压力。

经过信托专家的推荐，惠先生订立了一份具备家族信托功能的保险金信托。惠先生年缴30万元，缴费10年，就可以保有800万元保额的身故保险，一旦风险发生，800万元的赔付金即刻进入家族信托，按照他预先的约定进行管理。通过保险较高的杠杆，惠先生使用较少的保费实现了较高的保额，妥善保障了亲人的后续生活。

3-3 防止因继承引发的兄弟阋墙

50岁的方先生事业有成，家庭和睦，膝下有两子一女。在方先生的培养下三个孩子都十分优秀，但是方先生更青睐富有创业激情的二儿子。方先生希望把一半的财产留给二儿子创业，但同时十分忧虑其他子女会对此不满，甚至在他去世后对簿公堂。

案例中，方先生的担忧十分常见。无论是遗嘱继承还是法定继承，继承人所继承的份额都是彼此相互知晓的。从普通百姓到香港豪门，生活中因为遗产分配而引起家庭矛盾的例子可谓数不胜数。父母给孩子留下财产原本是出于对孩子的爱与保护，怎能因分配不均使孩子之间互生嫌隙？其实，方先生的问题可以通过设立保险金信托来解决。

方先生可以将原有资产放入信托中，信托为其投保的同时由专业人士

进行资金管理运作，待保单赔付后继续将保险赔付金放入信托账户中。方先生在信托文件中设定好发放信托收益的条件，使每个子女只有在触发特殊情况（例如创业、结婚等）时才会得到收益分配。

例如，方先生可以在信托文件中约定二儿子在创业时可以拿到一大笔资金，而没有创业计划的其他子女则不参与这笔钱的分配；每个子女在结婚、生子时收到分配的具体数额也由方先生事先约定或临时指定，且在分配时，方先生可指令受托人对各受益人的分配金额予以保密，降低产生家庭矛盾的概率。

3-4　子女的婚姻规划和职业规划

郭律师是国内某知名律师事务所的合伙人，专注于跨国并购的高端法律业务，今年45岁，与妻子育有一个8岁的儿子。为有效做好财务规划和人身意外安排，郭律师购买了一份大额保单，指定8岁的儿子小郭为受益人。郭律师寄希望于：万一自己发生意外，赔付的保险金足够照顾小郭的今后生活，又不想让小郭因为一次性获得巨额财富导致今后不思进取、不劳而获；同时，郭律师还希望小郭今后也能像自己那样从事律师职业，希望妻子能精心培养小郭成长，希望小郭成年后早日成家立业，多子多福。

第一，进行学业激励。如果小郭考取国内重点大学法学院，给予一次性奖励10万元；考取国外著名大学法学院，提取20万元作为激励；顺利考取法学硕士和法学博士，还可以分别获得30万元和50万元的奖励。

第二，职业发展激励。小郭结束学业后进入法律行业全职工作并累计满5年，给予50万元职业发展奖励。

第三，给予创业激励。小郭年满35岁，如果有创业意愿开设律师事务所，核验相关证明后给予60万元创业支持。

第四，婚姻生育激励。小郭30岁前结婚，给予30万元婚姻礼金；儿媳妇生育一胎给予20万元生育金，此后每生育一胎给予30万元奖励等。

第五，防范婚姻变动稀释家族财富。可与信托公司约定，受益人在达到分配条件时不领取，防范领取后成为婚内财产导致财富稀释。

第六，遗产税金准备。今后遗产税正式开征后，保险金信托受益人在继承遗产时，可获得300万元的遗产税金资助，弥补继承遗产时遗产税金缴付的缺口。

第七，惩罚性约束条款。委托人身故后，妻子在孩子成年前不改嫁，认真抚养孩子，每季度从保险金信托领取生活费 10 万元，孩子成年后一次性获得 30 万元；妻子在孩子成年前改嫁的，取消妻子享受保险金信托权益。

七、保险金信托当前存在的问题及解决方法

尽管保险金信托有诸多优势，但市场发展却比较缓慢，作者认为原因是多方面的。

（一）信托和保险的特性导致保险金信托存在结构性问题

保险金信托，要等保险金实现后，信托才启动，法理要求信托财产确定和保单的不确定性之间的矛盾导致保险金信托存在结构性问题。

一个信托产品，存在两种关系，一种是信托合同关系，另一种是信托关系。这两种关系的区别，类似于会计中的权责发生制和收付实现制。信托合同关系在信托合同缔结之后成立，确立了委托人、受托人和受益人的权利与义务，由于这种合同首先是为了委托人的利益，在信托财产转移到受托人之前，该合同是可以撤销的。就像平日投资者认购信托产品，签署合同之后，信托合同生效，但是投资者的款项到位之后信托产品才正式成立，而在产品正式成立之前，投资者是可以取消投资的。

因此，信托合同缔结之后，受托人有权根据一个已经成立的合同请求委托人转移信托财产使信托关系得以成立，但是，该请求不得被强制执行。

对于保险金信托来讲，合同的设立规定了投保人、保险公司和信托公司的权利和义务，但是信托关系的成立，根据《信托法》规定，必须有确定的信托财产，并且该信托财产必须是委托人合法所有的财产。

签订信托合同通常有两种方式，一种是委托人以保险金请求权签订财产权信托，另一种是保险受益人就保险金与信托公司签订资金信托。在我国，保险金信托产品一般采用前一种方式。

根据《信托法》，信托财产包括财产权利，问题在于保险事故发生前，保险金请求权尚属期待权，具有人身属性，不是纯粹、确定的财产权利。为避免影响交易安全，此种保险金请求权不能成为信托合同标的，除非投保人愿意放弃变更保险受益人的权利。投保人一旦放弃该权利，将失去了对保单的控制权，无法对受益人产生牵制作用，从而可能引发一系列的社会问题。

因此，在《信托法》下，为保障保险金请求权可以作为合法的信托财产，应该在保险事故发生后，以确定的保险金请求权设立信托。然而分析其中的法律关系，亦会产生问题。根据《保险法》，受益人享有保险金请求权，此时信托公司已作为保险金受益人，享有保险金请求权，此时委托人无论是以投保

人身份还是被保险人身份来看，都不享有保险金请求权，其无权就该财产权利设定信托。因此在法理上，我国现行的保险金信托产品设计存在缺陷。

这也是英美法系和大陆法系分歧的体现。委托人不享有保险金请求权，符合英美法系国家的法律精神，英美法系未将委托人视为信托关系利害关系人之一，未直接授予委托人任何权利，仅允许委托人在信托关系中保留某些权利。

大陆法系国家认为，信托关系毕竟是由委托人设立的，而受托人也是由委托人选择的，同时信托设立的目的也是为了实现委托人的意志，因此大陆法系国家通过信托立法直接授予委托人一系列与其身份和地位相当的权利，比如信托的执行和受托人的更换等。

我国目前的保险法体系对投保人的权利主动性较大，在民事信托还不成熟、广大居民对信托业务的认识还很不足的环境下，如果装入信托的人寿保险会让投保人失去对保单的控制权，这让很多投保人难以接受。

（二）财富管理能力的缺乏使保险金信托缺乏内生动力

在代付保费信托模式下，保险与家族信托均成立后，投保人、受益人均变更为信托公司，由信托公司利用信托财产继续缴纳保费。信托公司同时作为投保人和身故保险金受益人，受托为被保险人投保并支付保险费和管理分配保险金。投保人委托信托购买保险，投保人委托给信托公司用于购买保险的资金成为信托财产，保单的现金价值，也可被视作信托财产。

但是代付保费保险金信托仍然面临保险合同失效的问题，如果合同中途失效，整个保险金信托将会夭折。保险金信托合同中途失效，各种意外情况只是表象，问题根源在于前期家族财富管理规划不到位，以至于没有将各种意外风险覆盖。

美国大都会保险等公司，在拟定理财规划之前，都会充分了解客户的需求和风险点，而非单纯推销自家公司的产品。比如大都会保险在推介寿险产品之前，会给客户一个认购保险费用占总收入比的区间，建议客户在满足基本生活和其他重要投资之后再进行保险的认购，这样在很大程度上降低了退保的风险。

但是，目前很多信托公司和保险公司仍然把"做金融"和"卖产品"等同起来。例如某证券公司的员工对于信托公司设立研究发展部非常诧异，认为一个"卖产品的"公司，有研究的必要吗？这在一定程度上反映了现实——保险公司业务员对信托不熟悉，信托公司销售人员对保险的理解也浮于表面，甚至很多销售人员连自家的产品都弄不明白，更别提什么基于生命周期理论对客户的家族财富风险作出评价并提出家族财富管理的规划。

（三）相对于其他业务不经济

信托公司对保险金信托业务积极性不高。信托公司只能在订立合同时收取一笔设立费，然后就需要很长时间甚至几十年后方能开始真正的信托事务，并不能马上带来信托资金，对公司当期业务的增长帮助有限。即使有生存保险金信托，但由于给付的生存年金有限，在信托公司看来，亦难以构成直接的推动力。如果要提高年金给付，则意味着所交保费也会非常高，此时，直接设立家族信托，优势可能会更明显。

保险金信托有设立费和管理费，以国内某大型保险公司的保险金信托为例，其收费标准如表 3-2 所示。

表 3-2　某保险公司保险金信托收费简表

产品 费用	标准产品		定制产品
	保费 100 万元 ~ 500 万元	保费 500 万元 ~ 1000 万元	保费超 1000 万元
设立费	1.5 万元 受益人 3 人以上每增加一人加收 5000 元	3 万元 受益人 4 人以上每增加一人加收 5000 元	1%
管理费	1%（赔付后开始）	1%（赔付后开始）	1%（赔付后开始）

设立费对于信托公司来讲，扣除相关成本费用之后能带来的收益微乎其微，而管理费要等到赔付后才收取，如果中途保险合同失效，管理费用是无法收取的，而且存在沉没成本。

对于客户来讲，设立费虽然并不高，但不同的客户对于这部分收费的敏感性不同，对于机会成本很高的客户，例如李嘉诚这种巨富，设立保险金信托，可以节约他大量的时间，对于设立费并不在意。但是对于净资产只有数百万的中小客户来说，要为一个几十年后的服务现在买单，极有可能会对决策造成一定的障碍。

（四）部分传统文化与保险金信托结合产生不良社会影响

上文提到的许多保险金信托，设置了诸多强制条款（家族行为引导条款）以限制受益人的行为，这些条款不少带有浓厚的封建家长制色彩，如——必须子承父业、必须结婚生子（而且有时间和数量的限制）、只准丧偶不准离婚等。

在现代社会，个人的自由发展是基本要求，在不损害他人和社会利益的前提下，择业自由、择偶自由、性取向自由、生育自由是天赋人权，通过契约安排限制这四项基本权利，虽然不直接违反法律，但是和现代社会的发展趋势相悖。

陈志武教授在《金融的逻辑》一书中讲道："东西或证券的价值取决于它能否让个人的效用提高，包括消费效用、财富效用、主观幸福或满足感。"金融创新在满足人的不断发展的需求同时，也推进了人的自由个性的发展。

也就是说，金融创新最终要增加金融消费者的福祉，方能称作成功的金融创新。但是如果这种金融创新是以封建糟粕的沉渣泛起为副产品，以受益人的幸福体验为代价，这种创新在整个社会发展的角度上就是开倒车——不利于现代生活理念的推广，同时也不利于良好金融文化的形成。

不过，在当前保险金信托刚刚起步的情况下，对投保人（委托人）进行一定的限制并不利于该类业务的推广，对优秀金融文化的追求可以放在次要的位置。但是随着保险金信托的不断推广，保险公司和信托公司可以积极引导投保人（委托人），秉承现代社会的理念设置条款。更为重要的是，需要立法机关、监管机构出台相关法律、规定，限制保险金信托合同中歧视性条款的应用。

八、适合我国的人寿保险信托形式和路径

（一）可以采取保险金他益信托的模式

根据受托人与受益人是否为同一人分为自益信托和他益信托，自益信托是指享受信托利益的受益人是委托人本人的信托，也就是说自益信托关系当事人只有委托人和受托人。他益信托是指由委托人以外的人来享受信托利益的信托。

中国台湾的保险金信托产品是一种典型的自益信托，投保人先向保险公司购买一份以自己为被保险人的人寿保险，并以保险金为信托财产，为了避免缴纳赠与税，以未成年子女为信托契约的委托人和受益人，与银行签订一份自益信托契约，契约中银行会要求投保人放弃受益人的处分权，这是为了保证信托合同可以生效。信托受益人必须在信托银行开设专门的账户，一旦保险事故发生，保险公司会将保险金划拨到这个专门的信托账户中。如果投保人与受益人的关系恶化，投保人因没有信托契约的控制权，无法变更受益人，而且存在着被保险人的子女可以解除信托契约的弊端。

我国目前还未开征赠与税，因此我国的保险金信托产品可以采用他益信托的模式，更有效地实现保险信托产品设立的初衷。具体操作模式：投保人首先需要同保险公司签订一份以投保人为被保险人的保险合同，并将受益人设定为自己的子女。然后，投保人与信托受托人签订信托合同，以自己为委托人，保

险受益人为信托受益人，信托财产为保险金。当投保人去世后，当受益人向保险公司申请给付保险金后，保险公司将给付的保险金汇入信托账户中，此时信托合同正式开始履行，信托公司应按照信托合同的规定管理和运用信托财产。这种方式下，信托委托人有权修改受益人或是撤销原有受益人，委托人对保单控制权强，更容易被客户接受。

（二）外部监督机制的安排，完善信托监察人制度

由于法律制度及监管制度的相对不足，我国金融市场也不十分规范。监管机关对信托公司信托财产投资运用的监督管理是一方面，另一方面我们可以效仿公益信托设立监察人的做法，设立人寿保险信托监察人，协助受益人行使其权利，防止受托人滥用权限，进而损害社会交易之安全。考虑到人寿保险信托属于私益信托，基于私法自治原则应当以当事人的意思为优先考量，故采用自由设立原则，也就是说选任人寿保险信托监察人并非设立人寿保险信托的必要条件。委托人若在订立人寿保险信托合同时选定信托监察人，既可以帮助受益人行使其权利，又可以帮助监督受托人，是对信任安全性的又一保障。

被选定的监察人，其地位应是独立于信托受托人和人寿保险信托受益人的监护人。具有完全民事行为能力是选任人寿保险信托监察人之必要条件。依委托人个人意愿考量决定，可以选任亲友、律师、注册会计师、专业投资者等。

第三节 家族信托与慈善信托

慈善需求是高净值人群在家族财富传承中的一个重要方面，主要体现在两个方面：一是维系家族稳定的需求：家族财富在家族传承过程中，主要以追逐私人利益目的为主，追逐私利的心理难免会导致企业股权的分散，损害家族利益，家族慈善信托融入到家族财富管理中，可以对家族股权传承起到稳定的固定作用；慈善信托的受益人属于不特定社会公众，家族财富继承人不享有此受益权，将公司部分股权做成慈善信托模式，即使家族继承人针对遗产有纠纷，但慈善信托这部分的股权依旧不能撼动。二是延续慈善精神的需求：慈善精神传承是家族财富传承的最高境界，它是一种创业精神的传承，是一种人生观、价值观的延续，对于家族事业的开展和传承具有重要意义，这种对后代慈善理念的培养，对民族、社会带来的正效益，是物质财富无法实现的。

一、慈善信托的法律基础

2016 年 3 月 16 日,《慈善法》由中华人民共和国第十二届全国人民代表大会第四次会议审议通过,自2016年9月1日起施行。《慈善法》全面系统地确立了国家慈善事业发展所需要的现代规范,依据我国实际并借鉴国际经验,《慈善法》对各级政府的管理行为,社会组织的运行管理以及每位公民的慈善方式都进行了规范。《慈善法》的出台为规范慈善活动有序运行,促进慈善事业健康发展提供根本的法治保障。

随着 2016 年的《慈善法》的出台,我国对慈善组织、慈善募捐、慈善捐赠、慈善信托等方面作出了全面规定,标志着我国扶危济困等慈善活动走上法治轨道,至此,我国慈善信托设立和运营已经不存在实质性的障碍。《慈善法》共十二章一百一十二条,单设一章慈善信托,以《信托法》为一般法,对慈善信托的运行管理做出特别规定,建立了慈善信托的基本法律框架,奠定了我国开展慈善信托的法律基础。

《慈善法》第五十四条对“慈善信托”的定义为:“慈善信托属于公益信托,是指委托人基于慈善目的,依法将其财产委托给受托人,由受托人按照委托人意愿以受托人名义进行管理和处分,开展慈善活动的行为。”

《慈善法》明确了慈善信托属于公益信托。《信托法》第六十条对公益信托范围进行了界定。公益信托由于关系到社会公共利益,故对公益信托必须有严格的判定标准。根据《信托法释义》,公益信托的成立必须具备三个要件:公益目的、公共利益和绝对的公益性。而根据《慈善法》第五十四条,慈善信托属于公益信托,那么慈善信托也应当满足公益目的、公共利益和绝对的公益性。此外,《信托法释义》还列举了多项规定,信托目的只有符合规定的,才属于公益信托。包括救济贫困,救助灾民,扶助残疾人,发展教育、科技、文化、艺术、体育事业,发展医疗卫生事业,发展环境保护事业,发展其他社会公益事业等。

《慈善法》第五章对慈善信托的具体规定,有了许多突破,也更加明确和具体,主要内容如下:

其一,明确慈善信托受托人。《慈善法》第四十六条明确了慈善信托的受托人:由委托人确定其信赖的慈善组织或者信托公司担任。这一条款具有一定的排他性,在法律层面保证了信托公司的优势地位。

其二,明确了慈善信托监管部门。《慈善法》明确规定了由县级以上的人民政府、民政部门对于慈善信托进行监督与检查,这可以避免各机构之间相互推诿或者争夺监管权的可能。

《信托法》中只规定了“公益信托的设立和确立其信托人,应当经有关公益事业的管理机构批准。"但在实践中，公益信托可能会涉及科教文卫等多个部门，在没有更明确法律规定的情况下，许多公益信托由于找不到明确的管理部门而导致设立困难。在明确了慈善信托的监管部门后，可以解决部分审批困难、设立困难等问题。

其三，明确是否设立信托监察人。《慈善法》规定慈善信托的委托人可以根据需要确定信托监察人。也就是说，是否设立监察人，由委托人自由选择，而不是强制必须设立。

其四，简化了慈善信托的审批流程。《慈善法》明确规定，慈善信托的设立只需要备案即可，不再需要经过审批。同时，还规定慈善信托的受托人只需要将信托事务处理情况及财务状况向其备案的民政部门报告即可，极大地简化了慈善信托的流程。

其五，明确了慈善信托的信息披露规则。《慈善法》第七十二条规定，慈善组织应当每年向社会公开其年度工作报告，包括财务会计报告、年度开展募捐和接受捐赠情况、慈善财产的管理使用情况、开展慈善项目情况，以及慈善组织工作人员的工资福利情况。民政部门也要配合信息公开。《慈善法草案》第九十五条规定：县级以上人民政府民政部门应当建立慈善组织及其负责人信用记录制度，并向社会公布。民政部门应当建立慈善组织评估制度。鼓励和支持第三方机构对慈善组织进行评估，并向社会公布评估结果。

其六，《慈善法》首次提到了慈善信托的税收优惠问题，落实了国家鼓励慈善信托发展的具体举措。作为促进慈善事业发展的重要激励手段，税收优惠在慈善法中尤其受到瞩目。相关内容参阅慈善法第七十九条规定、第八十条规定以及第八十一条规定，而对于外界关注的"税收优惠细化"问题，全国人大相关负责人及业内专家表示：税收优惠的条件、税种、税率等具体规定，宜由专门税收法律跟进。

《慈善法》的落实，将慈善信托推向了信托发展的浪潮。至 2018 年底，《慈善法》实施两年多来，国内 43 家信托公司纷纷设立慈善信托，慈善信托的发展脚步越来越快。在中国慈善信息平台上，《家族办公室》记者查阅到，2018 年底已经有 155 条慈善信托备案数据，财产总规模共 24 亿元。同时，随着社会财富的聚集，家族慈善信托更引起了中国私人财富充足者利用慈善信托进行家族财富的传承。

二、慈善信托在家族慈善中的地位

慈善信托和慈善基金会是家族慈善两种主要的组织模式，受到财富家族的青睐，是慈善事业生生不息、可持续发展的有效路径。通过对比发现，慈善信托与慈善基金会在以下几个方面存在较大差异：

（一）设立成本

慈善信托不需要专门进行内部机构设置，可以大大节约设立成本。

（二）设立门槛

设立慈善基金会需要业务主管单位同意，存在一定的门槛；而设立慈善信托采取备案制，不需要主管部门的许可。

（三）财产运用限制

慈善基金会所募集资金的支出和运用受到很多限制，一般不得动用本金，而慈善信托则没有这样的要求。

（四）设立人的控制力

基金会的设立人可以通过成为基金会理事甚至理事长来保持对基金会的影响力；而在慈善信托中，除非保留一定的权利，原则上不能对信托事务进行干涉，其控制力相对较弱。

（五）管理人责任

信托的受托人在管理信托事务过程中对外承担义务／责任的，原则上要承担个人责任而非有限责任。而以基金会等慈善法人从事慈善活动的，其管理人除非有过错，否则，不对外承担责任。

（六）解散

慈善基金会法人成立之后不得任意解散，以维持其永续性；信托则较为灵活，既可以永续存在，也可以约定终止的条件和存续的期间。

慈善信托与基金会有着相同的慈善公益属性，但相比而言，资金规模体量大的财富家族和超高净值人群比较适合设立独立的慈善基金会。该基金会可以自己从事慈善事业，还可以担任慈善信托的受托人；而中小型的财富家族和高净值人群比较适合设立慈善信托，慈善信托没有最低财产的要求，具有高度的灵活性，尤其对于无精力从事慈善事业的财富家族而言具有很强的吸引力。

当然，很多家族同时设立慈善信托和家族慈善基金会，依托慈善信托管理信托财产，并将信托财产的收益部分支持家族慈善基金会慈善事业的发展，两者相辅相成，实现家族传承、承担社会责任的目的。

三、慈善信托与家族信托结合的可能性和模式

近年来，随着我国高净值客户财富的日益增多，家族财富传承的意识愈发强烈。同时，高净值人群的慈善需求也在保持高速增长，在关注高净值客户的社会慈善需求的同时，设计出家族信托与慈善信托相结合的新方案，为高净值客户群体提供综合性的财富服务，为财富传承打开一片新的业务蓝海备受关注。

（一）慈善信托与家族信托结合的可能性和意义

1. 慈善信托与家族信托结合的可能性

慈善信托与家族信托存在结合的可能性，是因为两者之间的目标存在共同点，如表3-3所示。

表3-3　慈善信托和家族信托目标分析

慈善信托能够实现的目标	家族信托能够实现的目标
（1）财产的独立性更强，有效实现破产隔离 （2）委托人自行决定设定规模、种类、期限 （3）委托人可自行约定投资、保值增值方式 （4）委托人可按照自己的意愿与受托人自由约定慈善信托年度慈善支出的比例或数额以及支出进度 （5）可依法享受一定范围内的税收优惠，减轻委托人的税收负担 （6）实现家族精神财富的传承	（1）实现家族财产隔离的目标 （2）实现财富传承及隔代传承的目标 （3）实现节税的目标 （4）实现家族企业传承的目标 （5）实现家族财产稳健保值、增值的目标

家族信托与慈善信托能够实现的目标共同点：都能实现财产隔离、财产的保值增值、节税省税以及家族财富传承的目标。此外，慈善具有提升家族凝聚力、建立家族文化等优势。

慈善信托的出现，使家族慈善不止停留在资金、财物捐赠层面，信托的灵活性和创造性，让家族慈善的深度拓展成为可能。有观点认为，慈善信托的慈善传承功能是家族传承最高的境界，将慈善信托融入到家族信托中，可对家族股权传承起到稳定的固定作用。

2. 慈善信托与家族信托结合的意义

家族信托属于私益信托，目的是保障家族成员的利益不受损害，而慈善信托属于公益信托，旨在实现社会价值和维护公共利益。隶属于不同领域的两种信托模式相结合，会产生新的信托服务模式。

中国高净值人群最为看重的财富目标为"财富保障"与"财富传承"，运用慈善信托的工具，可对家族财富的代际传承起到平稳过渡的作用。事实上，家族信托在家族传承过程中，其收益权还是以私人利益目的为主，追逐私利的心理难免会导致家族后代为了争夺财富收益权份额闹得不可开交。

很多高资产家族不希望百年之后自己的股权分散掉，而是希望股权资产可以长久持续下去；而单一性的只做家族信托难以保障家族股权长久不分散。

因此，有观点认为，慈善信托融入到家族信托中，可对家族股权传承起到稳定的固定作用。慈善信托的慈善收益权面向不特定的社会公众，家族财富继承人不享受此种收益权，将公司股权做成慈善信托模式，即使家族继承人针对遗产有纠纷，但慈善信托这部分的股权依旧不能撼动。

同时，创业企业家一类的高净值人群在考虑传承财富的同时，取之于民也想回馈于民，因而把慈善元素嵌入到家族信托中，在财富传承的同时实现公益目的。

有专家认为，2003 年成立的老牛基金会采用混合型信托模式，一部分交给基金会做慈善，还有一部分由信托公司做家族信托，在应用商业思维传承家族财富的同时，也对慈善精神作了代际传承。2015 年在北京成立了老牛兄妹基金会，成为开展中国二代式慈善的先行者。

另外，不单单是处于社会金字塔顶尖的高净值财产客户有家族慈善信托的需求，拥有几千万元或一两亿元的高净值客户也有做慈善的需求。《慈善法》出台之后，拥有一两亿元的高净值人士做慈善的需求可能有一定量的爆发式增长。慈善信托制度得到大力推广之后，将对慈善信托资产的投资增值起到更大的作用。

小额慈善捐赠也可延伸到慈善信托领域。小额慈善信托也可促成慈善精神的延续。目前中国台湾地区有不少小规模的慈善团体，最小的在成立之初只有10 万元人民币，这些公益慈善组织与信托公司合作，把钱捐赠到公益信托账户里，也成为家族信托传承之外，透过信托给社会大众传播慈善力量的一种有效方式。

事实上，无论是家族信托还是慈善信托，乃至发展综合性的家族信托慈善服务模式，都需要建立一个信任机制。但由于法规政策的不完善以及具体业务的落后，客户对慈善信托的信任度不够，国内推广慈善信托难度颇大。当下，随着《慈善法》落地，法律规章逐步走向正规，高净值客户更有意愿潜心投资慈善信托，信托公司也更有信心助力高净值客户实现传承财富与实现社会价值的双赢。

（二）慈善信托与家族信托结合的结合模式

家族慈善信托一般意义上系指家族信托的财产部分或全部用于慈善公益，委托人期冀在自己积累的大量财富中能有一部分用于回馈社会，从而反映自己家族承担社会责任的文化，在实现财产保值增值的同时，增强家族的凝聚力和向心力。前者可能包含其他私益目的，不能享有或者全部享有税收优惠，也无需在民政部门备案；后者设立目的是从事慈善活动，应当享有税收优惠政策。尤其应当指出的是，委托人可以成立家族慈善委员会，负责决策该信托的运作，聘任慈善组织执行项目，同时也可以聘请外部的投资顾问。其内涵的一般范式参见图 3-2。

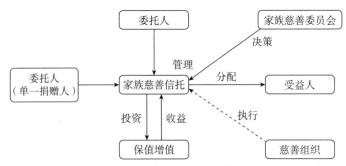

图 3-2　家族慈善信托内涵范式示意图

信托公司给家族信托类客户做慈善信托主要有以下五种业务模式：

1. 模式一："家族信托 + 慈善信托"的双信托模式

现行法律规定，慈善捐赠的财产和收益须全部用于慈善事业，但是在实践中，有些捐赠人想要保留本金，仅捐献特定收益用于公益目的。慈善信托不仅仅是一个信托产品，它还可以对信托公司转型起到引领作用：慈善可以与家族信托"嫁接"，作为家族资产配置的一种服务；也可以在为企业家做股权投融资服务时，提供慈善信托以满足其慈善需求。针对此种情况，可以同时成立一个家族信托和一个慈善信托：家族信托层面对资产予以积极管控、运营，保证财产收益；慈善信托层面负责寻找需要资助的项目，实现捐款人公益慈善的目的。换言之，当收益规模较大时，捐赠人更希望单独设立一个慈善信托。

2017 年 9 月 1 日，万向信托成立全国首个双层信托模式的慈善信托"幸福传承慈善信托"，目的是为了促进和弘扬家族传承文化发展，见图 3-3。根据该信托计划，委托人首期出资 200 万元设立慈善基金，除此以外，设立人还将部分遗产和保险金受益权置入信托基金。该信托基金由两层信托构成：第一层信托主要目的是保值增值，并将其收益全部传递至第二层信托，第二层信托则为慈善信托。这一创新设计的双层信托模式，将上层投资增值的家族信托与下层慈善信托相结合，上层信托产生的部分收益可以"反哺"家族，另一部分收益则作为慈善的资金来源。如此一来，第一层信托的管理人专心做投资，避免了因为慈善资金偏重安全性的特点而限制投资品种和投资方向的选择，可以更好地提高收益率；第二层慈善信托则从家族信托收益中持续获得资金支持，较好地解决了慈善信托资金量小、资金来源不足的问题。

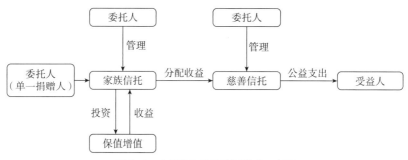

图 3-3　幸福传承慈善信托模式示意图

2. 模式二："家族慈善信托 + 基金会"的双轨制模式

企业家期冀能够设立一个家族薪火相传的慈善信托，但面临着现行法律对于基金会所需承担的税费要求较高、很难保持长期高投资收益等问题。若采用信托与基金会结合的双轨制模式，可减少基金会最低支出的压力，并保持资金流的来源，在这一模式中，信托基金与基金会两者相互独立，信托负责财产的保值增值、扩大规模，并将投资收益置于基金会；基金会负责处理公益支出，可以用于公益事业，实现慈善目的。许多国外的慈善家都选取该种模式来实现财富资产与慈善事业的世代相传。其结构如图 3-4 所示。

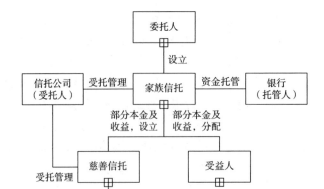

图 3-4 家族信托、慈善信托与家族基金会结合结构

在中国，牛根生家族做慈善是众所周知的事情，在多次向域外成功的慈善家探求模式、学习经验后，将境内股权用于设立老牛慈善基金，惠及环保、教育、医疗等慈善事业。同时，将境外股权通过瑞士信贷信托公司设立家族慈善信托（Hengxing 信托），受益人为老牛基金会、家族成员及慈善组织等，如图3-5 所示。Hengxing 信托的主要内容为在保护人委员会的监督下，维护信托财产，分配信托收益。老牛基金会收到所分配的收益后，积极寻找需要资助的项目，以便实现公益慈善目的。财富从无到有，又从有到无，对于牛根生家族，这种无形的精神财富应当是最为宝贵的。

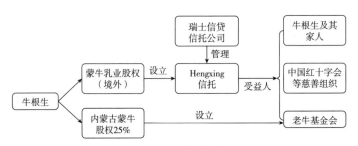

图 3-5 牛根生家族慈善信托模式示意图

3. 模式三：共同受托人的创新型模式

当前，信托公司纷纷创新信托业务新模式，不断开发家族慈善信托业务的新产品。在某些情况下，有些信托计划中信托公司或慈善组织独自作为受托人都不合适。例如，在涉及新型捐赠形式时，信托公司可能更善于规划、设计，

而慈善组织更长于了解公益慈善需求，更适合帮助委托人实现心愿。此时，信托公司与慈善组织可以合作成为共同受托人，这在相当程度上革新了信托实务，彰显了信托灵活性的特点。

目前，中信信托接受何享健慈善基金的委托，成立受托规模为 5 亿元人民币的"中信·何享健慈善基金会 2017 顺德社区慈善信托"，这是当今国内最大规模的慈善信托，如图 3-6 所示。在该信托计划中，采用的为双受托人的结构，即中信信托和广东省和的慈善基金会担任共同受托人，该信托收益的支配由广东省德胜社区慈善基金负责执行，意在建立人文性和富有吸引力的社区。本慈善信托不仅实现了对资产进行独立的、安全的隔离保护，而且家族慈善基金会也对家族的慈善计划进行了统一部署，可以保证满足不同的慈善需求。

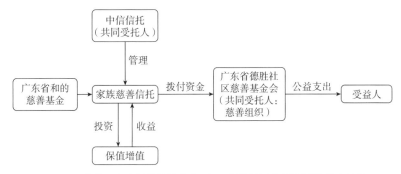

图 3-6　中信·何享健慈善基金会 2017 顺德社区慈善信托模式示意图

四、《慈善法》对慈善家族信托的推动

而对于家族信托业务而言，慈善信托一直被认为是发展的有力形式。家族企业结合公益信托，《慈善法》的作用表现如下：

（一）享受税收优惠政策

公益信托的目的是为了实现社会公益，社会公益的实现对社会发展将会产生积极影响。因此，国家对公益信托的设立和发展给予了许多优惠政策。

在英美等许多发达国家，由于公益信托的发源较早、发展时间较久、与之相匹配的法律制度也较为健全，公益信托在社会上的发展也较为成熟。从信托的起源来看，信托制度设立之初便和公益密切相关。尽管《信托法》于 2006 年才正式实施，第六十一条仅规定了对公益信托发展的态度，即国家鼓励发展公益信托，但在其他法律法规中，对公益性事业的税收优惠政策，同样可以适用到公益信托的设立之中。我国同公益信托相关的税收优惠制度主要包括以下几个方面：

其一，我国《企业所得税法》规定："企业发生的公益性捐赠支出，在年度利润总额 12% 以内的部分，准予在计算应纳税所得额时扣除。"《个人所得税法》中规定："个人将其所得对教育事业和其他公益事业捐赠的部分，按照国务院有关规定从应纳税所得中扣除。"

其二，《扶贫、慈善性捐赠物资免征进口税收暂行办法》规定："对境外捐赠人无偿向受赠人捐赠的直接用于扶贫、慈善事业的物资，免征进口关税和进口环节增值税。"《印花税暂行条例》规定，财产所有人将财产赠给政府、社会福利单位、学校所立的书据，免征印花税。

其三，最新的《慈善法》规定："慈善组织及其取得的收入依法享受税收优惠；自然人、法人或者其他组织捐赠财产用于慈善活动，依法享受税收优惠。"

尽管当前我国的相关法律法规尚无家族慈善信托税收优惠政策的具体相关规定，目前只能适用于公益信托，且散见于各个法律法规之中，但慈善信托税收优惠政策会趋于完善。

（二）确保股权、资产等财富的完整性

《慈善法》第三十六条规定，捐赠人捐赠的财产应当是其有权处分的合法财产。捐赠财产包括货币、实物、房屋、有价证券、股权、知识产权等有形和无形财产。这意味着，如果采取设立家族慈善信托的方式，可以在一定程度上确保股权、资产等财富的完整性。委托人可以根据自己的实际情况，选择分年、分批交付信托财产，对于股权等也可以选择一次性交付信托财产。

（三）传承精神财富

从家族企业领导者的角度来看，他们认为，家族精神的传承甚至比家族积累的财富传承更为重要。对中国人来说，精神的传承比物质的传递更能维持一个企业的光辉形象。慈善信托可以作为一种很好的方式，让家族企业的接班人意识到社会财富来自于社会，需要回报给社会。这也是对自己家族企业未来发展的一种投资。中国自古流传"富贵传家，不过三代"的俗语，中国学者曾对家族企业在财富传承上出现的这一现象进行过分析，一个重要的原因就是，许多传承失败的家族里，成员间家族观念一般都疏于社会责任。他们始终强调的

是对财富的占有，很少考虑社会财富的公益性。因此，通过设立慈善信托，不仅可以鼓励子女独立、降低依赖性，更有助于其成长，传承祖辈创立家族企业时艰苦奋斗的精神。

慈善信托并不仅仅是一种慈善财产的管理方式，而应更多地将其看作为一种新的慈善路径。在通过慈善信托传承家族财富的同时，应更注重家族精神的代际传承，通过延续家族的价值观来增强家族的凝聚力。而这也正是那些远见卓识的高净值人士选择设立慈善信托最核心的诉求。

第四节　家族信托与家族办公室

一、家族办公室的概念、分类和职能

随着家族财富的不断积累，其管理的复杂度也在持续增大，家族财富传承的需求进一步显现，"财富保全"逐渐成为高净值人群的首要财富目标，家族办公室的财富管理模式也因此应运而生。家族办公室（Family Office），追根溯源，始于古罗马时期的大"Domus"（家族主管）以及中世纪时期的大"Domo"（总管家）。而现代意义上的家族办公室出现于19世纪中叶，是一些抓住产业革命机会的大亨将金融专家、法律专家和财务专家集合起来，研究的核心内容是如何管理和保护自己家族的财富和广泛的商业利益。根据美国家族办公室协会（Family Office Association）的定义，家族办公室是专为超级富有的家庭提供全方位财富管理和家族服务，以使其资产的长期发展符合家族的预期和期望，并使其资产能够顺利地进行跨代传承和保值增值的机构。家族办公室除了提供广泛的金融服务，同时也能超越纯金融服务领域，提供继承人计划、家族分支或代际之间的争端调解、针对后代的投资事务指导以及各类咨询服务。

家族办公室的职能主要在于为高净值人群及其家庭提供各种专业的管理咨询和操作服务，其中包括律师、注册会计师、投资管理、股票经纪人、保险代理、银行、还有独立信托公司。此外家族"助理"的职责也被家族办公室担当起来了，包括规划家族后代教育、考虑家族安全、慈善安排、遗产规划等服务也统统属于家族办公室服务的范畴。因此家族办公室的称谓已经不仅仅是为了自己家族管理财富了，而是一个以财富管理中心为基准、帮助诸多家族管理财富的组织和服务，统称为家族办公室。

按照服务家族数的多寡，家族办公室可以分为单一家族办公室（Single

FO）和多家族办公室（Multi FO）。其中美国洛克菲勒家族于 1882 年设立的家族办公室是世界第一个家族办公室，也是最早的单一家族办公室。单一家族办公室是指仅为一个家族提供服务，当前比较流行的服务内容主要以确保家族实现最大限度的控制、安全和隐私。全部职能包括投资、风险管理、法律、税务、家族治理、家族教育、传承规划、慈善管理、艺术品收藏、安保管理、娱乐旅行、全球物业管理、管家服务等。出于家族目标、成本预算及人才聘用的考虑，在确保投资顶层设计的前提下，可能将部分资产类别的投资外包给其他专业机构，例如风险投资、PE 投资、对冲基金、另类资产等。

多家族办公室（Multi FO），则是为多个家族服务的家族办公室，主要有三类来源：第一类是由单一家族办公室接纳其他家族客户转变而来；第二类则是私人银行为了更好地服务大客户而设立；第三类是由专业人士创办。跟单一家族办公室比较起来，多家族办公室主要着眼于利润和财富增值。

二、国外家族办公室发展概况

在国际上家族办公室的设立主要出于三个动机——分离企业财富和家族财富、财产代际传承、出售家族企业获利。其一，家族办公室为了保护家族财富的独立性，拥有分离或者区别家族企业和家族财富、盈余控股的义务。其二，家族办公室可以为复杂的家族企业提供治理，设计管理结构，帮助家族避免争端。其三，则是期望通过出售家族企业获得流动性资产，以期让他们的财富在未来增值保值。自从 2008 年全球金融危机爆发以来，基于以上三个动机以及规避风险的需要，许多富裕家庭开始反思他们对传统投资的管理和应用，开始尝试更为积极的财富管理手段，全球也掀起创建家族办公室的热潮。

（一）美国家族办公室发展情况

美国是家族办公室行业的领导者。虽然确切数字难以统计，但粗略估计表明，美国有 5000 个以上单一家族办公室（SFO）。鉴于其中家族办公室成立时期较早，他们现在面临的问题是"老"办公室是否仍要继续运行，它们的成本受到更年轻、更多的家庭成员的质疑。其中一个很受欢迎的解决办法是向其他家庭敞开大门，成为多家庭办公室，希望通过共享的方式带来更高的利润。

（二）新加坡家族办公室发展情况

当美国开始成功向瑞士主要银行施加压力，要求披露拥有"秘密"银行账户的美国纳税人的姓名时，有人猜测私人财富会在新加坡找到新家。不过，根据香港科技大学的 Winnie Qian Peng 教授的说法，目前估计新加坡的单一家族办公室（SFO）数量仅为 18 个，尚处于新兴阶段。

（三）澳大利亚家族办公室发展情况

2008 年，第一届澳大利亚"家族办公室大会"在悉尼举行，约有 200 人参加。此后这项大会每年都要举办，2017 年约有 350 人参加且此后参与人数一直持续增长。根据联合创始人兼执行董事 Alan Duncan 的说法，"家族办公室大会"是一个有组织的"私人财富网络"，包括来自 180 个家庭（包括来自新西兰）的 600 多人，其中约一半人都设立单一家族办公室即 SFO。在整个澳大利亚，SFO 的估计值约为 500 亿澳元至 750 亿澳元，而且这个数字似乎还在持续增长。

（四）加拿大家族办公室发展情况

根据有关学者研究数据显示，加拿大家庭办公室的数量仍然远远少于其邻国美国，对许多人来说这仍然是一个新概念。不过，他们预计该行业在未来有爆发增长的趋势，这主要有两个原因：首先，随着企业的出售和大量财富的继承，家庭将需要家庭办公室的服务；其次，富裕人士迁往加拿大定居的趋势有望持续延续下去。

（五）印度家族办公室发展情况

2013 年，印度举办了首届印度家庭办公室峰会，之后每年会议均有 400 多人参加。组织者 Aditya Gadge 表示，"这是一段令人着迷的旅程，许多 2013 年尚处于'思考阶段'非常富有的印度家庭已经开始着手建立一个家族办公室。在过去几年，高净值家庭对建立自己的家族办公室的兴趣大增。根据最近的研究，2013 年印度已经有 75 个以上的单一家族办公室正在运作，而且这个数字每年都在显著增长。"根据 CNBC 最近的一份报告，截至 2017 年，估计有 20％的私人财富在印度由家族办公室管理。

（六）俄罗斯家族办公室发展情况

私人财富的积累在俄罗斯是一个相当新的现象，大多数财富创造者都是年轻人，更专注于继续创造财富，而不是为子孙后代的财富管理。他们关注的是期望家族办公室能在俄罗斯境外寻找更多机密性和保护措施。

三、中国家族办公室的发展现状

改革开放四十多年来，中国经济保持较快发展，中国富裕家族呈现出持续快速增长之势，随着这类人群财富意识的觉醒，寻找合适的财富管理模式已成为他们面临的最紧迫的问题。国内家族办公室主要还是以投资理财为主要目标，以增值保值为主要目的；但与此同时，越来越多的高净值群体也开始意识到财富传承的重要性。财富传承不仅要考虑当代的因素，更要考虑未来的情况，这应该是一个长期安排，财产传承更要确保财产处于长期、透明、有效的监督管理状态之下。目前，国内家庭办公室还处于初级的新兴阶段，虽然高净值人群对财富保值增值以及传承的需求与日俱增，但现有的家族办公室制度尚难以匹配此等需求。国内资管市场中名义上存在的许多家族办公室机构，实质上可能仅仅只是投资咨询机构，客户容易产生混淆，缺少甄别其状况的权威信息与数据。此外，在家族办公室建立、审批、监管机制等方面的法律及政策尚未明确，家族办公室行业自律性尚未完善，市场运行也存在良莠不齐的现象，制约了家族物质和精神财富更好、更有效向下一代传递。

四、家族办公室和私人银行的联系和区别

家族办公室是唯一与家族利益一致的家族智库与理财机构，家族办公室的独立性和盈利模式保证了它是站在家族的角度提供服务，其利益始终与家族的利益保持一致。国际上大多数家族办公室只为一个家族服务，高度专注于家族的个性化需求，即使是多家族办公室，其服务的家庭数最多不会超过 12 个。此外，家族办公室不仅仅是管理高净值人士财富的配置安全，还负责高净值人士整体资产的安全和传承，包括家族成员的退休计划、保险安排、家族文化、子女教育等。而对于私人银行的客户来说，私人银行侧重交易的促成，着眼于向一个家族或多家族提供多服务、个性化的选择。它主要涉及一些海外基金业务、海外税务筹划、外币存款、证券投资等服务。

家族办公室与私人银行的主要区别如下：

（一）门槛不同

中国的家族办公室服务起源于银行私人银行服务，传统私人银行服务针对800万元或1000万元以上金融资产个人客户，家族办公室以家族资产的长期发展和财富代际传承为目标，通过组建专业的服务团队，为超高净值家庭（通常资产在一亿元人民币以上）提供全方位的投资、法律、税务、家族事务管理等专业服务。

（二）服务宗旨不同

私人银行服务以管理资产收益率为出发点，注重客户资产的增值。由银行向客户提供家族资产管理服务，有可能在提供给客户服务选择方面，仅局限于该银行自身商品，这对客户而言就有了很大的局限性。完整的家族办公室类似高净值人士的核心幕僚群，服务的原始出发点是"资产保护"，它与家族有着共同的价值观、投资理念和利益，完全站在客户的立场对家族资产进行有效管理和满足家族的多种需求。此外，私人银行业务仅限于金融服务领域，在非金融服务部分，普通的私人银行顾问通常无法提供。而家族办公室可承担部分旅行与婚丧嫁娶等组织筹办责任，还包括档案管理、礼宾服务、管家服务、子女教育、安保服务等家族日常非金融服务。

（三）独立性与私密性不同

家族办公室是独立的，其利益与富豪家族利益一致，而大部分私人银行往往从属于商业银行，他们是站在使商业银行利益最大化的角度上提供服务，难免产生委托代理问题。

如果委托机构管理家族财产必然要披露大量的家族信息，那么家族办公室作为专业独立的机构就可以提供严格的保密措施；而对监管严格的银行等其他机构来说，家族信息并不能得到安全的保证。

五、家族办公室和家族信托的联系和区别

家族信托是资产传承当中重要的法律工具，它可以决定委托人的资产何时、何地、以怎样的方式分配给单个或几个受益人。

家族信托最基本的出发点是，避免大笔资产一次性过给到某一个自我管理能力不强的继承者，因此，把受益权和拥有权分开是设立信托的初衷。家族办公室则像

管家一样，由涉及不同领域、行业的专家组成，监督及管理整个家族的财务、健康、风险管理、教育发展等状况，以协助家族获得成功以及顺利发展为目标，同时家族办公室有着公正的意见和客观性，他们与家族的其他顾问提供的服务整合与协调，为同一个家族的几代人提供高度个性化的服务。

家族信托与家族办公室主要区别如下：

首先，结构不同。家族信托由富豪（委托人）、第三方机构（受托人）及亲属（受益人）组成，顾名思义即委托人透过第三方机构管理及规划富商的家族财产，并按照委托人的意愿，向家族成员分配企业投资的资产和物业等。家族办公室功能虽与家族信托相似，但从其组成来看却犹如一支专业团队，当中包括多个不同职责的部门，并由专业顾问领导团队运作，如投资基金、业务传承、公益团队等不同范畴，富商可按实际需求及资金成本而决定办公室规模。

其次，功能不同。成立家族办公室能有效发挥传承功能，除传承财富资产外，更包括家族企业营运、慈善安排及家族纠纷解决等功能。而家族信托一切只按照富豪委托的目标办事，一旦家族成员出现意见分歧，如抱怨为何某位家族成员获分派较多资产，受托人便会面对两难局面，难于按家族实况处理纠纷。因此，相较而言，家族办公室更着重自由度，并非仅以白纸黑字按章式运作。在设立办公室前，只需由家族的最大资产拥有人（一般为富豪本人）清楚定下所有游戏规则，家族办公室便会确保每一位家族成员均可享相应利益，减少不必要的纷争。

最后，设立成本不同。家族办公室的规模相对庞大，并涉及多个独立项目团队，较成立家族信托高出近十倍，且每年还须额外支付高额的营运资金。

六、家族办公室选择 OCIO 的核心标准

投资总监外包（Outsourced Chief Investment Officer，OCIO）是指将资产拥有者，通常是家族办公室、捐赠基金、慈善基金会和养老金等，全部或部分资产的投资决策权委托给第三方的资产管理方式。委托投资决策权可以让基金以最有效的方式利用投资公司的资源和专业能力。家族办公室在选择 OICO 时通常会考虑以下几个标准：

（一）独立性

投资总监外包（OCIO）的候选人很多，其一是投资咨询顾问的延伸，如 Mercer、Willis Towers Watson 等；其二是大型资产管理机构，如贝莱德、高盛

等，为客户提供全方位的资产管理服务；其三是担任过投资总监外包（OCIO）和从事资产配置相关工作的小团队（Boutique）。Boutique 团队的独立性最好，因为他们没有其他业务，与资产拥有者的利益一致性最为契合。大型投资管理公司的投资总监外包（OCIO）服务通常只选择内部管理策略。这种方法虽然可能充分运用 OCIO 团队对于内部其他团队的了解，但存在这家机构的集中度风险（一旦 House View 错了，多个策略可能同时遭受损失）和可能存在的利益冲突，因为这些机构既可以获得 OCIO 服务的报酬，又可以获得新的基础投资产品的管理费、业绩提成。如果平台上在某些资产类别中没有自己的投资产品，或者如果某个产品出了问题，内部没有其他选择可供替代时，OCIO 可能会选择不投资该类资产，放弃该领域的投资机会，做不到全市场的最优决策。OCIO 甚至有动力选择收费较高的产品，使整个投资管理公司层面的利益最大化。资产拥有者可以选择聘用维护开放结构的 OCIO 管理人来规避这个问题，确保 OCIO 团队的激励机制与自己的一致性来缓和潜在利益冲突。

（二）费率

投资总监外包（OCIO）模式收费方式多种多样：其一，按照 AUM 收取一定比例的 OCIO 服务费用，OCIO 可以在开放式架构下选取全市场最合适的投资策略和管理人，并支付这些子管理人的费用。其二，基金管理公司是封闭式架构，只提供自营基金或内部管理基金，收取 OCIO 服务费用和内部管理基金的相关费用。这个问题我们在独立性因素中已经提到，其可能造成集中度风险和潜在利益冲突。在大多数情况下，这些 OCIO 还会将利用内部交易团队和平台在客户投资组合内进行交易，这也为平台机构创造了收入，但会造成 OCIO 有动力在投资组合内过度交易。在评估 OCIO 的费用时，这些不透明的潜在费用特别值得重视。其三，收费方式是由 OCIO 收取一个总费用，包括可能支付给子管理人的费用。这种一次付费的方法听起来简单，但会激励 OCIO 选择被动或低费率策略来最大化自己的收入，使资产拥有者错过收费高、但费后收益更好的投资机会。资产拥有者需要的是 OCIO 能够提供最优的费后收益，特别是风险调整后收益。由于每个客户都是独一无二的，OCIO 需要提供定制化的服务。当一个新的投资机会来临时，OCIO 虽然都有一定的公平分配原则，但客户的差异化还是会让 OCIO 有一定的自由裁量权。如果费率过低，是否有可能影响到投资机会的获取，也是资产拥有者需要考虑的。能够保证 OCIO 与客户利益一致性的费率结构是最值得推荐的。

（三）过往业绩

家族办公室在选择投资经理时的重要考量因素是过往业绩，包括是否具有管理类似组合的投资经验和业绩，投资理念、投资流程是否具有可持续性，是否有过跨越市场周期的管理经验和危机应对经验，等等。选聘 OCIO 管理也是一样，需要特别注意的是，业绩基准如何确定？①所有账户实际运行的费后复合业绩（Composite）；②挑出来的某一类风险收益特征的客户账户结果还是根据客户要求设定；③投资理念和流程设计的模拟组合历史回测的结果；如果是复合业绩，不同风险收益特征的账户分布如何等。随着投资总监外包（OCIO）规模在过去几年中的大幅增长，一些新机构急于获取新的收入来源，缺乏足够的经验、人员和系统来有效地提供 OCIO 投资服务。如果这些机构没有相关投资管理经验，那么进行战术配置和及时判断投资机会时可能会非常危险。

（四）客户化资产配置能力

有些机构提供统一的模型组合或者资金池，方便投资者投资。这样做可以避免不同组合的分配不公平问题，管理成本也比较低。但是资产配置是一项非常个性化的工作，因为客户的收益目标、风险承受能力、投资期限、流动性要求等不尽相同，一个组合可能很难做到满足不同类型的投资者需要。OCIO 有能力为客户提供量身定制的资产配置并进行实施，当然这也需要有足够的团队成员和可以提升效率的系统辅助完成。

>> 第四章

家族信托产品实务

第一节 家族信托业务的基本要素和分类

家族信托作为特殊的信托类型，在基本架构上除具有一般信托关系的委托人、受托人、受益人和信托财产等基本要素外，往往还引入信托保护人（信托监察人），以及为家族信托进行财产管理、事务管理服务的法律、税务、会计等中介服务机构。基本架构如图 4-1 所示。

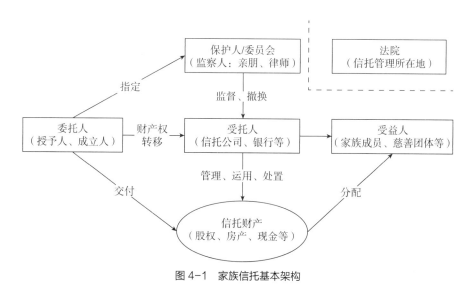

图 4-1 家族信托基本架构

如图 4-1 的基本架构所示，家族信托的基本要素除委托人、受托人、受益人、信托财产外，通常还包括了保护人、监察人和专业顾问。

一、家族信托业务的
基本要素

（一）家族信托委托人

根据《信托法》的规定，委托人应当是具有完全民事行为能力的自然人、法人或者依法成立的其他组织。营业信托委托人可以是《信托法》规定的各类合法主体，而且对于参与集合资金信托计划，还要求委托人是《信托公司集合资金信托计划管理办法》中所规定的"合格投资者"。但是，家族信托的委托人一般是自然人，即家族财产的原始所有者或所有权人，也可能是财产的共同拥有者，如妻子或丈夫。由于自然人主体特性，委托人在设立家族信托时不仅年龄上应符合完全民事行为能力人的规定，且精神认知能力正常，否则可能导致设立的信托无效。

（二）家族信托受托人

受托人应当是具有完全民事行为能力的自然人、法人。根据《信托法》规定，受托人应当遵守信托文件的规定，为受益人的最大利益处理信托事务；管理信托财产时，必须恪尽职守，履行诚实、信用、谨慎、有效管理的义务。由于家族信托可能既涉及家族事务的处理，即事务管理服务为主，具有民事信托特征；也可能涉及对信托财产的积极主动管理，达到财产保值增值的目的，具有营业信托特征，此时担任家族信托的受托人则需要符合具备开展营业信托业务的金融特许资格。家族信托这种业务性质所具有的独特复合性，使得担任受托人的主体也会因家族信托目的的差异性而呈现多样性的特点。

从目前市场实践来看，境外家族信托的受托人一般由独立的信托公司或大型银行机构的信托部门担当，规模达到一定水平的家族可以设立自己的家族办公室或私人信托公司来担任受托人。在中国大陆，信托公司、商业银行私人银行部门、律师事务所、第三方理财服务机构等都在积极开展家族信托业务，在能否满足委托人需求和实现信托目的方面，不同家族信托受托人各有优劣势，如信托公司具有营业信托业务牌照优势，但缺乏丰富的客户资源和渠道；商业银行具有客户和服务优势，但缺乏开展营业信托业务的受托资格；律师事务所拥有较强的法律专业团队，能够提供复杂、个性化的信托方案设计和财产转移安排，协助办理涉及婚姻、亲属、继承等复杂民事关系以及公司、合伙企业、金融、税收等商事事务，但缺乏营业信托业务资格和进行资产投资管理的能力；第三方理财服务机构积累了一定的客户资源，具备较强的客户服务和市场能力，但并不具备营业信托资质，在资产管理产品设计和供应方面能力欠缺，特别是信用基础相对薄弱，很难满足家族信托长期、稳定的需求。总体来看，目前国内家族信托受托人主要由信托公司担任。

（三）家族信托受益人

家族信托的受益人是由委托人指定，在信托中享有信托利益分配权利的人。根据《信托法》规定，受益人可以是自然人、法人或者依法成立的其他组织。由于家族信托具有很强的他益性特征，其受益人群体主要为委托人的家族成员。在特殊信托目的情形下，委托人可以指定家族成员以外的其他人作为信托的受益人，如将委托人的朋友、家族企业员工等与家族无血缘关系的人作为受益人，在具有公益、慈善目的安排时，受益人则是需要救助、支持的特殊人群或者特定的公益事业执行机构等。对于受益人，《信托法》赋予了与委托人相同的四项法定权利，即信托知情权，对信托财产管理方法的调整请求权，信托财产发生损害时的救济权，对受托人的解任权、辞任同意权和新受托人选任权。此外，受益人还可享有参与家族信托财产管理、家族事务处理的管理权，以及对家族信托保护人的选任权等约定权利。一般情况下，家族信托受益人并无法定义务，但通常会通过家族宪章或者信托文件等，对家族成员的行为进行规范，并以是否遵从这些家族规范作为获得受益权利益的前提条件。

（四）家族信托的信托财产

根据《信托法》第七条规定，信托财产应当"确定"且为"委托人合法所有的财产"；同时第十一条进一步规定，"法律、行政法规禁止流通的财产，不得作为信托财产。法律、行政法规限制流通的财产，依法经有关主管部门批准后，可以作为信托财产"。因此，可作为信托财产的资产范围很广泛，可以包括有形财产，如货币资金、动产、不动产等物权类资产，也包括无形财产和财产权，如各种用益物权、债权、股权、知识产权以及其他可在未来产生现金流或形成市场认可价值，且价值可评估的合法财产权利。在《信托法》第二条信托的定义中，委托人将其"财产权"委托给受托人；但是，由于财产或财产权概念源于英美法系，目前我国尚无与财产权直接相关的成文法，且缺乏信托财产登记制度，使得信托财产的确认、转移存在瑕疵，很大程度上限制了信托功能发挥空间。

（五）家族信托的保护人

家族信托保护人（Protector）是指信托文件中指定的有权力对受托人管理信托财产和处理家族事务行为进行监督、引导、限制的主体。

保护人制度主要产生于离岸信托，一方面的原因是由于信托设立地和适用的法律管辖为离岸地，与委托人居住地、主要活动地有较大差异，为规避风险，需引入熟悉离岸地相关法律环境的保护人来对受托人进行有效监督；另一方面的原因则是基于家族信托的长期性，为了能够确保受托人按照委托人意愿履行信托合同约定，实现家族信托的目的，保护受益人利益，通过保护人机制实现"坟墓里伸出的手"的效果。目前对于信托保护人的具体含义和权利义务等尚无统一规定，只是部分国家或地区在法律上明确应有保护人安排制度，如英属维京群岛、库克群岛等离岸地。

保护人的权利通常较为广泛和有弹性，主要可包括监督受托人职责履行情况，可撤换受托人并指定新受托人；知悉、监督信托管理运营情况，可在委托人授权下对信托文件的条款、设立地、准据法等进行变更，在受托人违反信托目的或信托文件约定造成信托财产损失时，有权向法院申请撤销受托人处分行为，行使对损害赔偿的请求权；约定的信托报酬请求权；变更受益人或受益规则的权利等。《信托法》中并未对保护人做出规定性安排，按照信托合同意思自治的原则，在家族信托中引入保护人安排制度时，需要通过信托文件明确约定，对保护人的主体资格，变更、辞解任，在信托中的权利与义务等进行明确规定。

（六）家族信托的监察人

在家族信托以公益或慈善目的为主时，应当按照《信托法》《慈善法》以及银保监会、民政部联合印发的《慈善信托管理办法》等相关规定，需要在信托中设置信托监察人。从制度安排上看，信托监察人主要负责对受托人的行为进行监督，依法来维护委托人、受益人的权益。在信托存续管理和信托事务执行期间，信托监察人如果发现受托人违反信托义务，或者不具备履行职责的能力等情形时，应当及时报告给委托人以及公益事业主管部门；信托监察人有权以自己的名义向人民法院提起诉讼；对受托人提交的信托清算报告进行事前认可。由此可见，与以私益为目的的家族信托中的信托保护人相比较，在家族信托以公益或慈善目的为主，并按照法律法规登记备案为慈善信托或公益信托后，信托监察人在信托中发挥着重要的主体功能，有着明确的权利与义务，与私益目的家族信托中的信托保护人具有一定相似性，但由于涉及公益目的，受益人事前并不确定，因此需要履行的职责和义务强制性程度更高。

（七）家族信托的专业顾问

家族信托的受托人在进行财产管理、家族事务处理时，可以聘请不同的专业机构来提供专业技术支持和服务，但专业顾问并非家族信托的固定参与角色。比如在家族财产的专业投资、保值增值运作方面，需要引入证券、银行、资产管理公司等专业机构；在进行财产分割、处置、交易时往往需要借助律师、会计师、税务师等专业机构和人员的服务支持；在开展慈善公益项目的筛选、管理等时，一般需要通过与基金会等慈善组织进行合作。

二、家族信托业务的分类

信托分类的维度十分丰富，从家族信托的实践角度考虑，可以从信托目的、信托财产类型、信托设立地、受托人的权限、信托的撤销权、是否为标准化产品等维度来进行分类。

表 4-1　家族信托业务的分类

分类标准	类别
信托目的	家族财富保护信托、家族财富增值信托、家族财富传承信托，以上三类信托目的的混合
信托财产类型	资金信托、动产信托、不动产信托、股权信托、艺术品信托、保险金信托、知识产权信托、债权信托，由两种以上不同类型财产组成的混合信托
信托设立地	在岸家族信托、离岸家族信托
受托人的权限	自由裁量信托、固定信托
信托的撤销权	可撤销信托、不可撤销信托
是否为标准化产品	标准化家族信托、私人定制家族信托

（一）按信托目的分类

家族信托是委托人对家族财产进行整体性、长期性规划安排的重要工具。根据委托人设立信托的目的不同，主要可分为家族财富保护信托、家族财富增值信托、家族财富传承信托，或者以上三类信托目的的混合。

家族财富保护信托就是将家族财产通过设立信托与其他财产隔离，一旦发生经营风险或其他财产发生风险，设立信托的财产能够免于被债权人追索，继续为家庭成员提供生活保障；同时在方案中也会考虑税收筹划目的，节约或减轻继承人在遗产继承时需缴纳的税额。

家族财产增值信托是委托人设立信托时，通过受托人专业化的投资管理，实现家族财产的保值增值。应该说，财产保值增值是家庭进行财产管理安排的一般性需求，而非设立家族信托的根本性需求。当前国内市场上以财产保值增值目的为主的家族信托数量较多，主要与当前经济发展和财富积累阶段紧密相关。

家族财产传承信托是委托人希望通过信托方案设计，实现其家族财产，尤其是家族企业股权、不动产等特殊性财产的平稳转移和管理，防止因个人问题而影响家族企业正常运营，或者对家庭成员间的财产分配进行妥善安排，这也是家族信托最核心的功能和优势所在。

由于家族信托目的的多样性，从目前信托公司开展家族信托业务的实践来看，家族信托分类可以扩展为家族财产传承信托、家族子女教育信托、家族财产安全信托、家族赡养信托、家族慈善信托五个类别。基于信托公司展业的角度，此种分类使信托目的简单明了，更有利于信托公司向其客户灌输信托理念，并快速开展业务。

（二）按信托财产分类

信托财产是信托关系的核心，根据委托人交付财产的类型差异，可以分为资金信托、动产信托、不动产信托、股权信托、艺术品信托、保险金信托、知识产权信托、债权信托以及由两种以上不同类型财产组成的混合信托。与国际上家族信托不同，目前国内信托公司开展的家族信托业务，其主要信托财产为现金，由于国内信托财产登记制度和信托税收制度的缺失，很大程度上制约了家族信托对其他类型财产的容纳性。

（三）按信托设立地分类

由于信托制度在法律框架下有英美法系和大陆法系两大分野，因此家族信托的设立需要综合考虑的因素较多，设立地选择和适用法律是其中尤为重要的考虑因素。如果委托人在其身份、居住所在国设立家族信托，适用本国、地区法律并由当地法院管辖，则为在岸（Onshore）家族信托。

如果委托人将其信托设立在境外，即通常说的离岸地区，受托人在境外，相关信托行为一般也发生在境外，适用离岸地区的法律并由离岸地法院管辖，则为离岸（Offshore）家族信托。离岸地区在信托法制的完备性、税收条件、保密性等方面具有优势，成为吸引家族信托客户的主要考虑因素。

（四）按受托人权限分类

根据受托人对家族信托管理权限的不同，可以分为自由裁量信托、固定信托。

所谓自由裁量信托（Discretionary Trust），亦称为全权委托信托、酌情信托，指委托人在信托文件中并不明确受益人享有的信托利益，而是授权受托人根据实际情况加以分配，包括分配给哪些受益人，分配多少等。由于受益人无法获得任何固定的信托收益，债权人以及法院就无法判定受益人在信托资产项下的权利，因此可以避免债务追偿。在有的国家和地区，委托人和受益人也可以达到规避遗产税的效果。

固定信托（Fixed Trust）是指由委托人在信托文件中确定受益人分配方案，受托人需严格按照信托文件约定遵照执行，不能任意更改。当受益人的债权人要求司法执行受益人在信托中可以获得的、未来的收益时，债权人的请求一般会得到法院的支持。

（五）按信托的撤销权分类

根据委托人在设立信托时是否保留了撤销权，可将家族信托分为可撤销信托和不可撤销信托。

可撤销信托（Revocable Trust）是指委托人为保留家族财产的控制权或调整家族信托关系，在信托文件中保留了随时可以终止信托、变更修改信托条款或随时增减信托财产的权利。由于委托人依然是信托财产的实际拥有或控制人，为保护其债权人的合法权益，该类信托可能被法院认定为债务追偿财产，无法实现破产隔离功能。

不可撤销信托（Irrevocable Trust）是指家族信托的委托人在设立信托的文件中未附有撤销条款，且不保留对于信托文件的变更权利，在信托财产上通常允许进行财产的追加，但不能减少，即信托的终止已经脱离委托人的控制，能够实现资产与委托人其他财产的破产隔离效果。

（六）按是否为标准化产品分类

按家族信托产品的标准化程度可以分为私人定制家族信托和标准化家族信托。

从海内外经验来看，"私人定制"无疑是家族信托一大特征，但结合中国客户特点和中国金融法律环境来看，境内家族信托呈现出中国式特色。比如国内家族信托在"私人定制"的本质特点上衍生出"标准化"，一方面将家族信托成立门槛降下来，另一方面较少金额资产的交付会减少客户将资产全权交给机构进行几十年管理的顾虑，进而通过标准化形式可以尽快复制运作家族信托。

私人定制家族信托允许客户个性化设计信托利益分配模板、受益人范围更广，协议文本相对复杂且数量多；在投资管理上，客户可以自己提出配置特定产品的需求，也可以完全由受托人来配置。例如，中融信托采取"定制化＋标准化"的发展策略，"中融信托—承裔泽业标准化家族信托产品"是其标准化家族信托的名称，起点金额 1000 万元，而定制化家族信托起点金额是 3000 万元。

标准化家族信托的方案采用标准化设计，适用于具有特定需求的家族信托客户，如欲以低起点金额先行试水的客户、现金传承需求不大但有多类别资产统筹管理需求的客户、有保险金信托意向的客户等。同一系列／品牌的标准化家族信托主要体现在：受益人范围的标准化、信托利益分配的标准化、协议文本的标准化及信托投资管理的标准化；如客户认可信托合同，即可快速签约设立家族信托。

第二节　家族信托的业务模式与业务流程

2012 年以来，陆续有信托公司推出家族信托创新产品，开始探索和开展家族信托业务。经过不断摸索和实践，信托公司依托各自的资源禀赋和合作机构等，初步形成了各具特色的家族信托业务模式。

一、家族信托的业务模式

从信托公司开展家族信托业务的实践角度，家族信托的业务模式主要有信托公司主导模式、信托公司合作模式两大类；并在具体的展业过程中，体现出了区分"标准化"

和"定制化"产品、以现金财产类家族信托为主、信托目的仍以财产的保值增
值为主、家族信托投向公司内部产品为主等特征。

（一）信托公司主导模式

信托公司主导模式是指在家族信托业务开展过程中，信托公司主导客户拓
展、方案设计和产品管理服务等关键环节。主要体现在以下几个维度：一是在
客户导入和开拓上，以信托公司直销客户为主，自主开发家族信托客户，与客
户沟通需求，进行客户维护等；二是在产品方案设计上，由信托公司自主进行
家族信托产品方案的设计、信托合同拟定等；三是在资产投资管理上，信托公
司有专门的投资管理团队，负责对家族信托客户所交付的信托财产进行积极管
理，涉及资产配置、投资组合、风险管理和绩效评价等；四是在家族事务处理上，
信托公司根据家族信托委托人要求和信托文件约定为主，开展多元化的财富分
配，进行公益慈善，提供家族治理等综合性事务处理。

以"平安财富·鸿承世家系列单一万全资金信托"这一业内首单家族信托
产品为例，交易结构如图 4-2 所示。产品主要特点有：一是为可撤销信托，委
托人与受托人共同管理信托财产，未放弃对信托财产的控制权，无法实现破
产隔离；二是资产配置以委托人为主，根据委托人实际情况和风险偏好来调
整资产配置方式、策略，主要投向物业、基建、证券和信托计划等基础资产；
三是信托收益分配，合同设计了一次性分配、按比例分配、非定期定量分配、

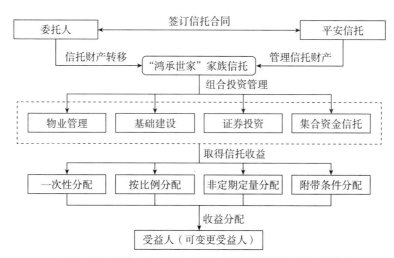

图 4-2　平安财富·鸿承世家系列单一万全资金信托产品运作模式

附带条件分配等灵活形式；四是信托报酬与资产收益挂钩，除按信托资金的1%收取固定管理费年费外，还对年信托收益率高于4.5%以上的部分，收取50%的浮动管理费，资产主动投资特性较为明显；五是信息披露比较充分，受托人会定期或不定期将信托财产运作情况与委托人/受益人沟通，重大决策前，也会充分征询委托人意愿；如委托人去世，则根据相关协议条款或法律执行信托。

（二）信托公司合作模式

信托公司通过与银行、保险公司等机构进行合作，在家族信托客户开拓和维护、产品方案设计、投资管理、资产配置、家族事务处理以及一体化综合解决方案设计、提供等方面深度合作，以充分发挥不同机构的优势资源，弥补自身的短板，为家族客户提供高质量、专业化服务。具体包括以下模式：

1. "银行 + 信托" 合作模式

银行的私人银行部门具备客户优势和渠道优势，且能够为客户提供风险评级、理财咨询、资产配置等综合化服务，但是在现有分业监管、分业经营格局下，无法为客户直接提供信托架构安排，需要引入信托公司搭建信托架构。但从整个家族信托产品运作来看，银行在前端的客户开拓、尽职调查、需求甄别和产品方案方面，都具有绝对主导地位，信托公司在此类模式中往往处于较为被动的地位，在一定程度上类似于"通道"作用。

当然，近年来信托公司已经积累和锻炼出一定的跨资本市场的运作能力和定制化设计能力，在非标资产等特定资产投资领域形成了市场领先地位，因此，在与银行合作开展的家族信托业务中，可以在提升客户信托资产的配置范围，分散投资风险，促进信托财产保值增值等方面发挥重要作用，与银行的业务合作深度和承担的角色也会不断深化。

例如，外贸信托与招商银行私人银行部合作，推出"财富传承"系列家族信托，产品交易结构如图4-3所示。该产品主要特点：一是为不可撤销信托，信托资产脱离委托人实际控制，希望达到资产隔离的效果，二是产品期限较长，通常合同约定为30～50年，受益人主要为子女，目的是实现财产的跨代传承；三是信托财产主要为现金资产，产品门槛为5000万元；四是主动投资管理，银行和信托公司对信托财产进行积极投资，除固定年费外，对超出委托人预期收益部分银行与信托公司收取部分超额管理费；五是银行起主导作用，招商银行承担财务顾问与托管角色。

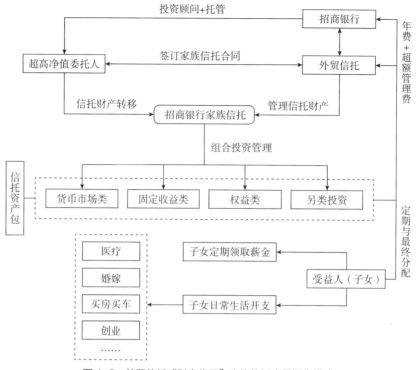

图 4-3　外贸信托"财富传承"家族信托产品运作模式

2."保险 + 信托"合作模式

最典型的合作模式就是保险金信托（也称人寿保险信托），将保险产品与信托结合，保险投保人作为信托的委托人，并与信托公司签署家族信托合同，以其持有的保单在未来获得的保险赔偿金作为信托财产，在发生保险赔付后直接进入信托账户，并由信托公司按信托合同约定进行财产的管理、运用、处分。通过投保人事前指定信托的受益人，保险金信托可以实现对财富传承的灵活安排。根据信托公司在保险金信托产品设立、存续过程中参与深度和行为的不同，大致可以分为被动保险金信托、不代付保费的保险金信托、代付保费的保险金信托和累积保险信托等。

2014 年，中信信托联手信诚人寿推出业内首单保险金信托，该产品是指投保人在签订保险合同的同时，将其在保险合同下的权益（主要是保险理赔金）设立信托；一旦发生保险理赔，中信信托将按照投保人事先对保险理赔金的处分和分配意志，长期且高效地管理这笔资金，实现对投保人意志的延续和忠实履行。2018 年,中信信托又推出了国内首个"家庭保单"保险金信托服务，该服务打破了目前市场上"单一被保险人 + 单家保险公司 + 信托"的模式，可以为客户整体统筹名下的所有保险资产,使保险金信托在延续家族掌舵人意志、传承家族财富、凝聚家族精神方面发挥更大的作用。

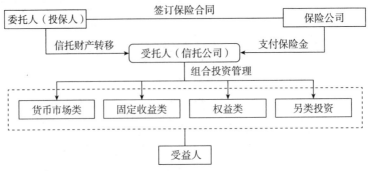

图 4-4　保险金信托基本交易结构

(三)家族信托业务展业特征

信托公司将家族信托业务作为回归本源的重要业务方向之一,近年来多家机构积极布局,并充分发挥专业受托人和跨领域资产配置的功能优势,结合市场需求和成熟程度,推出基于较低资金门槛的标准型、半标准型家族信托产品以及基于较高门槛的个性化、高端家族信托产品。综合来看,现有信托公司家族信托业务和产品呈现以下特点:

1. "标准化"和"定制化"成为主要产品

目前大多数信托公司均按照投资额度划分为不同类别的家族信托产品。对于投资额度相对较小的客户采取标准化家族信托产品,适用标准信托合同模板,设立程序相对简单、便捷、快速,同时在分配方式及投资方案上具备一定灵活性。定制化家族信托产品要求的门槛更高,但能够根据委托人需求进行个性化灵活设计。标准化和定制化产品的区分有利于满足客户差异化的需求,为高净值客户提供更有针对性的金融服务。

2. 以资金财产为主,资产形态逐步多元化

目前,国内家族信托的信托财产主要为现金类资产,其原因如下:

首先,由于国内法律环境、税收政策方面的障碍以及信托财产登记制度的缺失,造成非现金财产(尤其是股权、房产)交付产生的交易性税费成本过高,直接制约客户的需求。

其次，非现金类财产的管理或保管难度较大，对受托人的受托责任要求较高，受托机构在非现金财产的管理上未形成专业管理能力之前，客户信任度低，付费意识弱。

最后，信托财产登记制度缺乏操作性规定，缺乏既能维护交易安全，又能保护家族信托当事人隐私的登记制度操作细则。

基于上述三方面因素，目前国内主要以现金财产类家族信托为主，非货币财产的家族信托业务开展相对较少。由于高净值客户的资产主要集中在股权和不动产上，随着信托登记制度和税收制度的不断完善，很多信托公司已尝试开展股权信托和不动产信托，以满足客户不同的传承需求。

3. 以保值增值目的为主，财富管理需求逐步立体化

虽然家族信托设立的主要目的是实现财富传承，但目前市场上主要还是以现金资产设立的单一资金家族信托为主，委托人将资金全权交给信托公司进行资产配置和投资管理，以财产的保值增值为主要目的。因此，营业信托的属性特征更加明显，离国际成熟市场中真正意义上的家族信托还有一定差距。

随着越来越多的高净值家庭开始从"创富"阶段过渡到"守富"及"传富"阶段，财富保障与传承已成为高净值人群的主要理财需求，家族信托的财富传承功能日益突出。

4. 产品投向比较单一，资产配置逐步组合化

目前国内家族信托的主要资产投向为各家信托公司的内部产品，部分家族信托配置信托公司内部产品的比重高达90%以上，且所投资的信托产品类型较为单一，以固定收益类资产为主，尚未实现各类产品之间的组合投资和资产配置，无法根据客户的自身情况和不同需求进行量身定制，客观上阻碍了国内家族信托业务的进一步发展和推广。

（四）我国家族信托业务发展面临的挑战

1. 组织体系、专业团队和能力不匹配

信托公司作为家族信托的受托人，既要为客户提供与财富保全、保障、传承、家族治理等家族事务处理服务，体现为民事信托的受托人承担的义务特征；同时随着信托功能积极管理作用的加强，信托公司还需要根据委托人的意愿和信托目的对信托财产进行谨慎有效的投资管理运作，承担着作为营业信托受托人的特有义务特征。虽然我国家族信托市场已经蹒跚起步，但相比于英美等信

托发达国家、离岸信托市场等，当前国内信托公司及银行等其他一些机构开展的家族信托业务仍存在一定缺陷，主要体现在受托管理的信托财产较为单一、信托规模较小（国外通常在 3000 万 ~ 5000 万元以上）、信托期限较短、信托功能较为单一、产品架构也较为简单，难以满足家族信托客户对于财富的保护、管理、传承等核心需求。信托公司的组织架构、投资评审体系、风控合规体系以及积累的业务能力、经验、团队等基本集中于单一项目的投融资业务，即私募投资银行业务，而在信托财产管理功能发挥，提供组合投资、大类资产配置等服务方面浅尝辄止，在提供较长周期、目标具有多样化和个性化特点的财富管理服务方面更是存在较大欠缺。

2. 信托法律制度的不完善

《信托法》的出台，为信托业务发展提供了最基础的法律依据。但是，由于立法当时所处的时代背景和对信托制度的认识所限，现有《信托法》在一些基础性、根本性问题上的规定存在模糊、分歧，导致信托法律在司法实践、运用中存在一定困难。如最为核心的信托财产所有权归属问题，我国信托法规定中运用了"委托给"这一模糊说法，使得信托财产从信托设立到信托终止这一期间的所有权问题存在一定争议。从根本上来讲，这一争议来源于英美信托制度普通法上所有权和衡平法上所有权的"双重所有权"安排，使得信托在大陆法系国家移植时普遍面临这一难题。为了避免与民法中一物一权、单一所有权制度的直接冲突，信托立法中不得不采取这一变通、模糊的说法。由于信托财产所有权归属不明，信托制度独特的破除隔离、权利灵活重构、可承继性和稳定性等功能优势难以充分发挥。而这对于进行大规模、跨代长期限财产安排的家族信托业务来讲，问题显得更为突出，直接制约家族信托的运用空间。

3. 信托的配套制度不健全

信托制度的运用还受制于基础的配套性法律、登记、税收等制度，尤其在家族信托市场发展中，还需要密切关注信托制度与民法、婚姻法、继承法律以及商事制度和市场规则的衔接、契合。

首先，我国《信托法》中明确提出了部分财产设立信托须经登记才能生效，但是一直以来信托财产登记问题悬而未决，缺乏办理信托登记的部门和详细规范。2017 年颁布实施的《信托登记管理办法》，明确了所构建的信托登记制度，并不涉及信托财产登记，信托财产登记制度的缺失极大限制了家族信托可容纳的财产范围空间，也使得已开展的家族信托业务中绝大多数以资金信托为主，信托的独特性并未充分体现。

其次，我国的信托税收制度依然空白，所有信托行为沿用既有的税法制度，这导致信托财产在移转过程中需要承担过重的税收负担、重复纳税问题也十分突出。现代信托制度在欧美、日本等国家能够迅速发展，功能和运用空间不断扩大，在很大程度上都来源于各国对信托的特殊税制安排，无论是坚持信托实体论还是信托导管论，都能充分体现信托的特殊性，避免重复性纳税。在我国当前税制条件下，信托各方在设立、存续、终止等环节针对不同类型信托财产的取得、处置、变现等涉及的税收种类繁多、负担沉重，沉重的交易成本限制了家族信托的运用发展。此外，我国的遗产税问题尚未明确，因此通过家族信托等方式来规避高额税负负担的动力并不明显。

最后，我国现有的婚姻法、继承法制度安排使得委托人能够自主、独立支配财产的权力受到较大限制，如果处理不当可能引发财产权利的瑕疵，进而对家族信托的稳定性和有效性产生冲击，很大程度上也限制了信托的筹划空间。

4. 信托文化和理念不成熟

虽然我国历史上不乏有"白帝城托孤"等信义托付的传统传承，但从法理上溯源信托作为基于衡平法发展起来的一项法律制度，在我国等大陆国家属于"舶来品"。由于大陆法系国家在引入信托制度时更多强调其金融功能，更多作为一种金融工具和手段，而忽略了信托在财产传承、管理和转移等方面的服务性功能以及社会领域的更广泛运用。

《信托法》颁布相对较晚，信托公司作为专门从事营业信托业务的金融机构，发展更是历经波折，现有产品和服务也是以融资客户需求为出发点，以募集社会资金、提供投融资服务为核心，直到最近几年才开始探索以富裕的个人客户财产管理需求为出发点，通过提供专业资产管理服务为核心来开展家族信托等新的业务。客观来说，信托公司在满足家族客户财富管理个性化、多元化的综合服务能力方面还存在较大欠缺。尤其是对于作为家族信托的受托机构，国外的家族服务机构往往已历经数百年的发展历史，国内信托公司与其相比，差距较大。国内信托公司现有团队对于家族信托业务中所需承担的信托义务的理解认识、专业能力、文化理念还存在较大缺陷。而从市场角度考虑，我国当前面临大规模私人财富代际传承也是前所未有的，创富一代的高净值人群对于在家族信托过程中放弃财产权的控制十分敏感，对信托的认知和信托机构的信任更需要历经较长时期的考验。

二、家族信托的业务流程

信托公司在家族信托中作为受托人，扮演着核心地位。信托公司从家族信托的设立、生效、存续、终止等全生命周期都参与其中，应搭建起较为完整的产品设计、投资管理等运作框架。

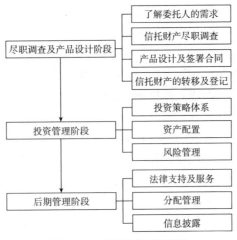

图 4-5　家族信托的业务流程

（一）尽职调查及产品设计阶段

该阶段的主要工作是根据委托人的具体需求，进行有针对性的尽职调查及产品设计，并进行信托财产的转移及登记。

1. 了解委托人的需求

委托人设立家族信托的目的有家族传续、婚姻避险、避税、减少家族矛盾或激励后代、为后代保障生活、海外上市、转移海外资产或移民等目的。因此，了解委托人的目的，信托公司可给予委托人针对性的、合法的、有操作性的信托咨询及信托设计方案。同时，按照"了解你的客户"原则，信托公司还需对客户进行充分尽职调查及核对身份信息等资料，建立详尽、完整的客户资料档案。

2. 信托财产尽职调查

主要围绕信托委托人及受益人身份、信托财产权属及状况、委托人债务、家族信托设立地法律及案例检索等，依照《信托法》中的谨慎原则，需要对信托财产的合法性进行认真仔细的审核，以保证信托财产设立的有效性。其中关于信托财产的权属及状况，主要针对信托财产是否具有合法所有权，是否为共同所有，是否设置抵押司法查封以及就信托财产是否存在争议及法律纠纷等。

家族信托的受托资产可以覆盖几乎所有的资产类别，包括现金、存款、股权、不动产、股票债券、货币外汇以及大宗商品、古玩字画等。其中对于现金类资产，委托人要出具收入证明以及取得该现金类资产的其他证明以及完税证明；对于不动产，委托人要出具不动产权属证书；对于动产，委托人要出具购买证明或者取得动产的证明；以限制流通的财产（权利）设立家族信托的，例如金银、文物等，在信托设立前，只有在依法经有关主管部门批准取得该项财产（权利）的授权后，才可以作为信托财产。对于股权信托，可以参照上市公司的一些要求，由注册会计师对其进行审计和评估并出具相应报告，由律师对其财产合法性出具法律意见书。

3. 设计家族信托产品，签署相关信托合同

在家族信托方案设计时，需明确受益人和委托人的关系及考虑法律风险。如果是近亲属的情况则较为简单，只需出具相关证明即可。但若无血缘关系，则需考虑是否可能涉及洗钱和非法转移资产等问题。为防止可能带来的风险，应要求委托人出具书面声明，以示财产来源和归属合法。

根据委托人意愿、尽职调查相关材料、与信托公司的接洽，可拟家族信托合同；信托公司家族信托团队也可聘请外部律师，共同起草完善家族信托合同。家族信托合同的内容可包括受益人与收益分配比例、受益权转让、关联交易限制、交接规定、决策权的行使与交接规定、解散期限、平衡家业发展与家族成员私利的需求等。亦可增设个性化需求或灵活的设置，如增设激励措施、增加委托人与受托人共同管理资产要件、对受益人决策权的增加、明晰解散期限或设置解散条件或限制解散条件等综合考量或平衡各方利益。

4. 信托财产的转移及登记协助

委托人信托财产移转及受托人是否设立独立账户监管是整个家族信托的核心和关键。通常情况下，信托公司应与银行签署保管协议，开设信托财产专户。客户将初始委托的信托资金转至信托财产专户，信托设立生效；如果涉及非现金类财产，则根据具体的财产交付方案安排，当信托财产进入家族信托名下，则信托设立生效。

家族信托合同示例

第1章　信托设立及信托财产交付

1.1 信托目的

1.1.1 委托人基于对受托人的信任，自愿将其合法所有的资金信托给受托人，即将委托人的相关财产的法律上的所有权完全转移给受托人，由受

托人管理、运用。受托人按照信托文件的规定持有、管理和处分信托财产，并以此作为信托利益的来源，按信托文件的约定向受益人分配信托利益。

1.1.2 信托财产与属于受托人所有的财产相区别，不得归入受托人的固有财产或者成为固有财产的一部分。受托人依法解散、被依法撤销、被宣告破产而终止，信托财产不属于其清算财产。

1.1.3 本信托设立后，若委托人死亡的，则信托继续存续直至信托期限届满或信托终止，信托财产不作为其遗产或者清算财产，但国家法律另有规定的除外。

1.1.4 受托人根据委托人意愿，将本信托利益用于下列财富传承目的：根据信托合同约定或者委托意愿分配给受益人；信托专户的信托财产在闲置期间，根据信托文件的约定进行信托财产投资管理，谋求信托资产的保值增值。

1.2 信托成立与生效

1.2.1 信托名称

1.2.2 信托当事人

委托人：

受托人：

受益人：本信托项下家族信托利益受益对象为委托人的 **，共计受益人 ** 名。

	与委托人关系	国籍	身份证件类型	身份证号码	年龄(合同签署日)
受益人1					
受益人2					
受益人3					
受益人…					

除本合同另有声明外，本合同项下受益人均指上述 * 位受益人，关于受益人权利义务的约定平等地适用于上述 * 位受益人。受益人自信托生效日起享有信托受益权，并根据本合同约定的信托利益开始支付时点，获得信托利益分配。

1.2.3 信托声明

委托人承诺并保证，信托资金为其合法所有的自有资金，信托资金来源及用途合法合规。

委托人自愿按照本合同的约定将其合法所有并且依法可以处分的财产信托给受托人，即将委托人的相关财产法律上的所有权完全转移给受托人。

受托人同意接受委托人信托，并按本信托合同的约定以自己的名义管理、运用、处分信托财产。

1.2.4 信托财产定义及范围

信托财产是指委托人信托给受托人的信托财产资金，以及列入信托财产的尚未到期的金融理财产品（为免歧义，各方一致确认并同意，金融理财产品到期后，作为信托财产的金融理财产品即因产品到期转化为现金，具体以《信托财产接受确认函》为准），以及受托人管理、运用、处分信托财产而取得的财产。

本信托成立时，委托人信托给受托人的自愿用于财富传承信托目的的信托财产首期总金额预计为 ** 元（最终交付金额以《信托财产清单》和《信托财产接受确认函》内容为准），其中银行现金存款 ** 元整，金融理财产品对应的具体金额以委托人在信托财产交付日交付的信托财产金额为准，暂未作计算。

信托财产范围：

（1）本信托的初始信托财产为：在信托财产交付日分期交付的信托资金或金融理财产品，以受托人盖章确认接受的《信托财产接受确认函》为准。受托人确认接受委托后，在《信托财产清单》中列明在信托专户存放的全部信托财产。

（2）本信托的信托财产范围包括现金或委托人向受托人交付信托财产中尚未到期但已将名称变更至受托人名下的金融理财产品（包括受托人实际收到和将来可能收到的金融理财产品投资本金及其收益）。

（3）若委托人已列入信托财产并已交付至受托人的未到期金融理财产品财产，因金融产品发行方或实际管理方原因造成该金融理财产品亏损，以该金融理财产品到期后受托人所获得的返还资金金额确定该金融理财产品对应信托财产届时的实际委托数额。

（4）本信托的信托财产包括受托人进行信托财产投资时，通过投资金融产品获得投资本金及其收益分配，以及投资结束后转付至信托专户的所有回收款。受托人通过信托财产投资实现的投资收益转增为信托财产。

（5）本信托的信托财产包括受托人因对信托财产管理、运用、处分或者其他情形而取得的信托财产收益以及所有其他财产或权利。

（6）委托人可以追加信托财产，具体以受托人盖章确认接受的《信托财产接受确认函》内容为准。

（7）委托人向受托人交付的信托财产不能附着任何形式的负债。

（8）信托生效后，委托人与本信托事务相关的信托参与人以及其他参与机构中的非信托财产债务不得以信托财产偿还。

1.2.5 信托财产的交付

1.2.5.1 信托财产交付的整体约定。

（1）委托人应于信托财产交付日将信托资金从委托人名下的银行账户划付至信托专户。委托人应于信托财产交付日前5个工作日内将金融理财产品投资者名称变更至受托人名下，并将变更后的金融理财产品权益凭证、法律文件交付给受托人，变更过程中产生的各项费用由委托人或信托财产承担。

（2）委托人应于信托财产交付日将委托人签字的记载信托财产情况的信托财产清单交付给受托人。

（3）委托人应于信托财产交付日前将委托人持有的拟纳入信托财产的非人民币币种现金存款转换成人民币，并于信托财产交付日划至信托专户。

（4）在委托人将信托资金划付至信托专户，以及将金融理财产品投资者名称变更至受托人名下，并将变更后的金融理财产品权益凭证、法律文件交付给受托人后，受托人应向委托人出具《信托财产接受确认函》并加盖受托人的公章或合同专用公章。

（5）在委托人收到受托人出具的《信托财产接受确认函》后，该期信托财产交付完成。

（6）委托人在信托生效后可持续追加信托财产，但每期追加信托财产规模不得低于人民币_____元整。

（7）委托人完成向受托人交付最后一期信托财产后，应向受托人出具信托财产交付终止说明书。

1.2.5.2 信托财产的首次交付：

（1）委托人可分期向受托人交付信托财产，但首期向受托人交付的信托财产不得低于人民币 ** 元整（含本数），具体金额以委托人实际交付为准。

（2）委托人须从在中国境内商业银行本人开设的自有银行账户内将信托资金交付至本信托的信托专户。

信托专户信息如下（省略）。

1.2.6 信托成立

信托成立前提：

（1）委托人已向受托人交付了经委托人签署的委托人信托财产声明，确认委托人在本合同中做出的陈述和保证，在信托财产交付日向受托人交付的信托财产系本人合法所有，已经取得财产共有人的书面同意（若有），信托财产真实、合法、准确，且不存在任何未向第三人清偿的债务，也未设立各种形式的权利负担（包括但不限于抵押、质押和保证）。

（2）受托人已向委托人交付了与原件一致的受托人的金融许可证、营业执照的复印件，以及受托人签署及履行了信托文件所需的适当的许可/授权文件。

（3）签署信托文件的机构（如有）、资金保管机构等相关各方（委托人除外）已分别向受托人交付了经其授权签字人签署的证明，表明其签署信托文件、行使其权利和履行其义务所必备的全部内部的、政府机构的和第三方的批准和授权均已取得并完全有效。

（4）信托文件的相关各方已向受托人和相应信托文件的其他各方交付了经其签署的信托文件正本。

（5）律师事务所已就本信托项目的合法性、有效性、信托设立的合法性出具法律意见。

本合同签订后，且上述条件均获满足，本信托成立。

1.2.7 信托生效

自委托人按照本合同约定的方式完成首次交付信托财产之日起且委托人与受托人均签字盖章后，本信托生效，具体生效日以受托人发送的信托生效通知书为准。

1.2.8 除非法律法规或本信托合同另有明确规定，本信托为不可解除信托。

1.2.9 本信托期限为：满足本信托合同约定终止条件或全部信托财产分配完毕之日，本信托终止。

1.3 信托关系当事人权利义务及相关约定

（略）

1.4 信托财产分配

1.4.1 受益人按照信托利益支付计划享有的信托财产，委托人指定本信托项下受益人所获得的信托利益均作为受益人的个人财产，不属于其与配偶的共同财产。

（略，根据实际情况填写）

第2章　信托财产管理

2.1 受托人管理职责的一般原则

2.1.1 受托人管理职责的一般原则

（略）

2.1.2 信托财产的委托管理、运用、处分

本信托投资管理：委托人同意且授权受托人承担投资管理职责，具体运作方式见投资管理合同；委托人和受益人知晓并同意，在信托财产投资管理过程中，由受托人披露产品风险。

信托财产资金保管管理：按本信托合同的约定，由受托人选择并委托资金保管机构对信托专户内资金进行保管，并对支付行为进行监督，具体管理职责见资金保管合同。

受益人信托利益支付管理：受托人根据本信托合同约定的方式向受益人支付信托利益；受托人按照委托人意愿，根据信托合同规定向指定受益人，以合同约定的范围、方式、顺序、金额支付信托利益；委托人可根据情况变更信托利益支付金额及方式，以新签署的信托利益支付变更函生效为条件；委托人在*个自然年内最多只能变更一次信托利益支付，每次费用为*元。

信托财产投资管理：按本信托合同的约定，受托人应履行信托财产存续期间闲置现金财产进行投资管理的职责，具体见本合同及投资管理合同的约定。

受托人承诺以受益人的最大利益为宗旨处理信托事务，并谨慎管理信托财产，但不承诺信托财产不受损失，亦不承诺信托财产的最低收益。

2.2 资金保管

（略）

2.3 银行账户

2.3.1 信托专户

（略）

2.3.2 受益人收款账户

在信托生效日当日或之前，委托人或受益人以受益人的名称在资金保管机构或其他机构开立独立的人民币专用账户（受益人收款账户）。受益人收款账户用于接收信托利益，若账户预留信息发生变更、账户被查封、冻结、强制执行、停用等事项，委托人或受益人应及时通知受托人，且需及时向受托人提供变更后的收款账户的银行卡复印件，因委托人或受益人通知不及时导致信托利益遭受损失，受托人免责。

受益人收款账户：

受益人收款账户应根据本信托合同约定在信托存续期间及信托终止时，接收受托人支付的信托利益。

2.4 信托利益、信托财产管理服务报酬及信托费用支付

2.4.1 委托人同意受托人向受益人按照以下约定进行信托利益分配。具体支付计划见合同附件。

2.4.1.1 信托运行过程中，信托利益支付内容、标准、金额与方式。

（1）支付内容：向指定受益人支付信托新增纯收益。

（2）支付金额：委托人同意按照受托人核定的信托利益支付计划列示的支付金额向受益人支付。如果委托人书面通知受托人调整支付计划导致支付金额变化，受托人将根据合同约定调整支付金额。

（3）支付方式：委托人同意受托人向受益人支付的信托利益按照支付计划约定，以信托利益支付函生效为前提，由受托人从信托专户划付至受益人收款账户。

（4）信托利益支付变更后，若信托财产资金不能满足信托利益支付需求，则受托人于信托财产投资回收后且足够满足支付需求的信托分配日向受益人支付信托利益。

2.4.1.2 信托终止时，剩余信托财产的分配方式。

（1）支付内容：分配信托专户内剩余的信托财产，作为剩余信托财产归属人的个人财产。

（2）支付方式：现金分配和非现金分配。

信托终止时，若信托财产全部为现金的，则受托人以信托专户内剩余的全部信托财产扣除信托费用和税费后的余额为限，平均分配给剩余信托财产归属人。

信托终止时，若存在现金形式和非现金形式的信托财产的，对于现金形式的信托财产，受托人以扣除信托费用和税费后的余额为限，平均分配给剩余信托财产归属人。对于非现金形式的信托财产的，受托人无变现信托财产的义务，受托人单方有权将信托财产进行现状分配，受托人按照信托终止日的信托财产现状向剩余信托财产归属人进行平均分配，受托人向剩余信托财产归属人或剩余信托财产归属人指定的第三人进行现状分配的书面通知及相关法律文件原件送达剩余信托财产归属人或剩余信托财产归属人指定的第三人之日起受托人向剩余信托财产归属人分配信托利益的义务履行完毕。现状分配过程中涉及的税费，由信托财产承担或剩余信托财产归属人承担。

信托终止时，若信托财产全部为非现金形式的，受托人无变现信托财产的义务，受托人单方有权将信托财产进行现状分配，受托人按照信托终止日的信托财产现状向剩余信托财产归属人进行平均分配，受托人向剩余信托财产归属人或剩余信托财产归属人指定的第三人进行现状分配的书面通知及相关法律文件原件送达，剩余信托财产归属人或剩余信托财产归属人指定的第三人之日起受托人向剩余信托财产归属人分配信托利益的义务履行完毕。现状分配过程中涉及的税费，由信托财产承担或剩余信托财产归属人承担。

（3）支付回执：剩余信托财产归属人在收到受托人支付／分配剩余信托财产后10日（非工作日顺延）内向受托人提交收款回执。

2.4.2 信托利益、信托财产管理服务报酬、信托费用及税费支付资金来源和支付顺序

（略）

2.5 信托财产的投资管理

（略）

2.6 信托财产管理服务报酬、费用、税赋与核算

（略）

第3章　风险承担

（略）

第4章　信托的变更、终止与清算

4.1 信托变更

本信托为不可解除信托，本信托生效后，除本合同另有约定或法律、法规、规章另有规定的以外，委托人、受托人以及受益人任何一方不得擅自变更、撤销、解除或终止本信托。

4.2 受托机构及其他服务机构变更

（略）

4.3 信托终止

信托在下列任一情形发生之日终止：

（1）经委托人、受托人协商一致，同意本信托提前终止。

（2）本合同约定的情况发生时。

（3）信托目的已经实现或无法实现。

（4）信托被法院或仲裁机构依法撤销、被认定为无效或被判决终止。

（5）中国银行业监督委员会依法命令终止"信托"。

（6）"受益人会议"决议提前终止"信托"。

（7）信托项下全部"信托财产"清偿完毕。

（8）相关法律法规或本信托合同规定的其他终止情形。

4.4 信托清算

4.4.1 本信托终止后，受托人应对信托财产专户中的信托财产进行清算：

（1）清算信托专户中信托财产的投资。

（2）清算结束前，受托人、资金保管机构仍应继续按照本信托合同及其他信托文件规定的方式管理、处分和运用信托财产，该等管理、处分和运用应有利于清算的目的。

（3）本信托终止后，受托人按照本合同约定向剩余信托财产归属人分配信托财产。

4.4.2 信托清算后，信托财产（包括但不限于清算信托财产所得的款项及信托账户内的资金），应按下列顺序进行分配和支付：

（1）依据中国税法由受托人缴纳与本信托相关的税收。

（2）受托人为清算信托财产所发生的合理费用。

（3）同顺序（在不能足额清偿本条各项时，按下列各项应受偿金额的比例）支付应付的受托人、资金保管机构、审计机构等机构的服务报酬及费用支出。

（4）如有剩余信托财产，则全部平均分配给下列同一顺序剩余信托财产归属人，作为剩余财产归属人的个人财产，如有配偶的，不属于夫妻共同财产。

第一顺序：信托终止时的有效受益人；

第二顺序：委托人；

第三顺序：委托人的第一顺序法定继承人；

第四顺序：委托人的第二顺序法定继承人；

第五顺序：受托人自主选定的慈善目的。

前一顺序无人在世的，才分配后一顺序剩余财产归属人。

4.4.3 信托清算报告。

受托人应于信托财产清算完毕之日后 30 个工作日内依法出具信托清算报告，该信托清算报告应经审计机构审计；审计机构就信托清算报告出具审计报告后 30 个工作日内，受托人应按照本合同规定向受益人提交经审计的信托清算报告；受益人对该信托清算报告没有异议的，本信托解除，且受托人就信托清算报告所列事项解除责任，但因受托机构的不当行为、过失、欺诈和违约而引起责任的除外。

第5章 其他事项

5.1 保密条款

5.1.1 保密义务

委托人、受托人、受益人，以及参与机构应当履行保密义务，对本信托设立、管理、信托利益分配、本信托终止清算等过程中所获得的其他方商业秘密以及其他未公开的信息，任何一方不得向第三方透露和使用，但根据法律、法规、规章或监管部门要求应当进行披露的除外。

5.1.2 违反保密义务的赔偿责任

任何一方违反第5.1.1条的约定，应承担由此给其他方或信托财产造成的损失。

5.2 合同的组成与效力

5.2.1《风险申明书》是本信托合同的组成部分，本信托合同未规定的，以《风险申明书》为准。如本信托合同与《风险申明书》所规定的内容冲突，优先适用本信托合同。

5.2.2 本信托合同的附件是本信托合同组成部分，与本信托合同具有同等法律效力。

5.2.3 本信托合同未尽事宜，合同各方可以另行协商签订补充协议。补充协议作为本信托合同的附件构成本信托合同的组成部分。

5.2.4 合同各方协商签订补充协议所做的任何约定不能违背本信托合同规定的委托人的信托目的。

5.3 可分割性及不可抗力

（略）

5.4 法律适用、争议解决及违约责任

（略）

5.5 联络和通知

（略）

5.6 合同生效

（略）

5.7 其他事项

（略）

（二）投资管理阶段

投资管理是实现家族信托财产保值增值的重要方式。家族信托的投资目标包括资产保值目标和收益目标。对家族信托产品而言，在产品投资方案设计时需要充分考虑通货膨胀的因素，保障信托财产安全；资本保值或安全性不只是对信托财产名义价值的保值，而是应将通货膨胀引发的资产自然贬损因素纳入考虑范畴，强调信托财产真实价值的保值和安全性。受托人进行家族信托产品的投资管理时，应借鉴谨慎投资人规则，在目标中引入总收益的概念，区别于原谨慎人规则下仅考虑红利和利息收益等会计收入的情况。受托人进行投资管理的收益目标不仅包括利息收益、红利等会计性收益，还包括资本增值、资本利得等因资产价格变动所获得的收益，而且更加要注重投资组合的整体收益，而不是投资组合所持有的个别资产收益。此外，在考虑平衡整体收益最大化目的时，还应考虑到受益人的税负情况、受益人对资产流动性和收益支付的规律性要求等。

1. 家族信托的投资原则

信托关系是信义关系的一种，信托公司等资管机构以受托人的身份为他人管理财产是其主要职能之一。受托人都要以遵循信托法律及监管法规为前提，对设立的家庭信托账户进行管理。在受托人对账户投资项目有自由决定权或对项目选择进行推荐时，所选投资必须遵守管理章程的条款，同时符合既定的受益人需要或信托目的。而在受托人对投资管理没有自主决定权（比如是自管账户或保管账户）时，应以遵守信托文件约定和账户管理规定为准则。

（1）适合性原则。受托人进行投资的选择必须与所管理账户的受益人或客户相适合。尽管并无明确标准用于判定"适合性"，但通常认为，与账户受益人有关的以下各项都应被考虑在内：财务状况、当前的投资组合、收益要求、纳税状况和等级、投资目标、风险承受能力等。在家族信托产品投资方案设计中，信托公司应请客户配合完成《客户风险承受能力评估》或投资者调查问卷等，以详细了解客户的资产实力、风险承受能力、投资偏好等，以确保投资方案与客户的风险承受能力、偏好相一致。

（2）谨慎投资原则。2003 年以后美国《信托法第三次重述》明确谨慎投资人规则，受托人可根据现代投资组合理论来指导投资决策，并要求进行风险与回报分析。因此，受托人的表现是否优异，就取决于整个投资组合而非单个投资。家族信托产品投资方案应避免投资品种，组合的风险、波动性超过家族委托人或其信托目的所匹配的风险承受水平；避免超过信托公司或其委托提供投资服务支持机构的专业能力水平。

（3）本金安全优先原则。客户设立家族信托长远目的还是实现财富的有效传承，而保值增值更多体现为短期目标，因此家族信托投资方案设计时应将本金安全作为优先考虑因素，重点选择安全边际较高的金融产品，应通过投资运作在安全前提下抵御通货膨胀对信托本金的侵蚀。本金由移交给受托人的现金和其他形式的财产组成；而收益源自本金的投资回报，是本金的投资收益或回报，与本金自身的增值或升值带来的资本收益有严格区别——资本收益增加本金的价值。信托的本金或收益都可关联到一个个人信托账户，并指定不同类型的受益人，但本金和收益不能共用同一个个人信托账户。受托人在记录时必须将两者区分开来，否则可能导致将归属于一组受益人的资金给予另一组受益人，产生或有负债。在这种情况下，受托人应做好会计记录，清楚区分本金资产或收益资产，而且为纳税申报做好准备。

（4）分散投资原则。分散投资是风险管理的基础和谨慎投资管理普遍应考虑的因素，也是谨慎投资人审慎义务的一般性法则。现代投资组合理论表明，在不影响投资组合既定收益的前提下，分散投资可以降低或消除非系统风险，从而使组合在更低风险水平下获得同等的收益。因此，受托人在对家族信托投资及管理决策进行评估时，应当首先确定与信托目的相符的整体投资策略，后续的每个投资项目都是整体组合的一部分，在业绩评估时需要基于组合的整体而非单项资产进行评估。多样化在投资组合管理中是必不可少的。在谨慎投资人分散投资规则的框架下，虽然强调了受托人必须进行分散化投资，但相关法规中并未对投资组合应当分散化或多元化的程度提供明确的指引，仍需由受托人进行个案判断。在实践中，如果信托投资组合是由类似资产共同组成或资产具有类似性，比如40%比例投资于股票，60%投资于债券，受托人应有义务将部分股票、债券进行多样化。只有当委托人或受益人家庭有特定需求，要求信托对家族企业进行控股或持有特殊资产时，或者信托持有投资标的资产分散化的成本超过可能带来的收益等特殊情形时，投资组合未进行多样化可视为合理行为。

（5）灵活性原则。家族信托投资方案的整体投资策略应该具有足够的灵活性和弹性空间，以能适应各类信托目的要求，满足客户在信托存续期间的现金性支出或非现金财产等处置要求，以及信托收益、本金或初始财产在不同受益人间的灵活分配等。

在以上原则指导下，信托公司构建基础投资产品资产池，通过各类金融产品的风险回报特征和风险相关性等进行甄选，通过信托的本金、预期收益和现金流期望等约束条件，测算各类金融产品的配置比例和变动范围、预期收益区间、波动幅度等；然后针对每类金融产品，根据内部或外部机构评级参考进行具体金融产品选取，形成投资方案初稿，与客户进行沟通分析，确保投资方案的风险程度与客户风险承受能力相匹配。经过反复的沟通和修改，最终客户同意并确认投资方案。

2.家族信托投资策略体系框架

（1）确定整体投资策略。信托公司进行家族信托的投资管理时，应该针对特定产品建立整体投资策略。任何投资策略都应当包括谨慎性、本金安全、分散投资、灵活性等基本投资原则，以及预设风险水平相当的回报率。从治理层面考虑，建立整体投资策略的最终责任属于董事会或董事会指定的信托委员会。信托委员会对来自研究部门、外部投资顾问或者信托部门投资专员推荐的投资策略进行审查，做出选择；有责任对个人账户的投资组合进行审查，来判断所投资的资产是否与整体投资策略相符。

如果信托业务部门对账户行使投资自主决定权，则应该依照"信托部门管理原则声明"对账户进行投资审查。在大多数情况下，受托人在接受委托之后就应该立刻启动初始资产审查，并为账户建立一份投资计划。审查应包含证券及其他账户下的各类资产。鉴于受托人可能会被要求快速行动来避免资产损失或本金贬值，或者立刻采取行动来保护有形资产免受债权人索偿、保险损失或者物理损坏的影响，所以初始审查非常重要。如果因受托人的疏忽，未能及时采取行动而导致投资损失时，受托人需要对账户进行补偿。

（2）完善投资政策体系。对于家族信托业务部门有投资自主决定权的资产，信托公司应当明确制定一套进行投资的选择、持有、审查和管理的框架，任命合格人员对日常投资活动进行监管，对各类自主决定的交易进行监督，包括将类似交易报告交至相应的监管人及委员会，针对出现异常情形时采取的处理步骤以及审查及修订投资政策和操作行为的程序等。

一是管理规则和程序。包括信托投资管理人员的投资理念和操作标准，员工及管理人员需遵守的行为准则，应知晓自主决定的投资交易范围、部门的证券核准清单及变更情况；对具有自主决定权账户的适当或不适当投资及操作；部门有资格管理的账户的类型和规模，以及新账户可接受的最低标准要求；接受新账户和移交资产前的审查程序；对投资审查进行存档记录的程序等。

二是外部投资顾问运用。从实践操作来看，委托人或其指定的信托保护人通常会对信托财产的投资使用深度参与，因此家族信托产品的投资管理方式可以有几种形式：第一种，全权委托投资管理模式，由信托公司根据信托文件和投资方案约定，自主进行投资管理运作；第二种，委托人或指定第三人指令管理模式，信托财产的投资运用指令均由委托人或其指定的第三人（或机构）来发出，信托公司完全按照委托人指令管理运用财产，委托人对信托财产运用过程中产生的损益承担相应责任。第三种，委托人确定信托财产投资范围，受托人在授权的投资范围内决策如何投资。具体操作有正面投资清单、负面清单等灵活形式。在家族信托的投资政策中，应明确投资管理部门是进行内部研究还是购买外部投顾的研究报告；制定外部投资顾问使用、辞任的程序；制定或修改外部投资顾问推荐的投资核准清单使用程序。

三是资产配置管理。家族信托的投资管理部门应创建及修正资产配置模型的标准与方法、审查和批准程序；分别制定股权投资、共同基金、固定收益类债券、不动产、非上市股权、货币市场基金、衍生投资工具等不同类型投资品种的选择、监控、增减、更新等标准和程序。视为无价值资产、持有未评级或非核准清单中证券的评估和监控程序；信托账户贷款、证券借贷等。

四是自主支配资产的审查。家族信托的资产管理政策还应明确所有可自主支配资产的保留程序。投资政策应有明确可信赖的研究信息来源、可接受的记录和批准资产保留标准，并提供将表现不佳的资产出售的指引。如果信托部门在进行年度审查时未将所有可自由支配资产包含在内，则会加大受托责任风险。当信托账户持有一些无法获得可靠估值的资产时，如有限合伙企业份额、非上市公司股权、交易不活跃或未上市股份公司股权、合作协定、对冲基金、版税、专利和版权、矿产权益等，根据纳税申报（遗产税、赠与税等）要求以及计算信托账户成本费用时，受托人应当借助外部专业机构和人士帮助，特别是相关资产是信托受托人自主取得时，该类外部服务成本不能转嫁给信托账户。

五是积极与消极投资策略制定。常见的投资策略有积极投资策略和消极投资策略两类。积极投资策略是指投资人通过主观行为，判断做出投资管理的策略行为，具体包括寻找被低估的证券，通过找出出现错误定价的证券或者通过对不同资产的投资进行时间选择来提高投资收益的一种投资策略。如果市场是完全有效的，即信息充分反映到价格中时，积极投资策略很难获利。但是，由于市场并非完全有效，因此存在借助积极投资策略获利的可能性。而消极投资策略假定市场是完全有效的，所有证券的信息已经充分反映在价格中，因此受托人在进行信托的投资管理时，不再对投资品本身做分析或花费精力来研究投资策略，而是长期持有某投资产品，通过多样化投资来获取市场平均性收益。比较典型的就是投资于指数型基金。

（3）确定产品投资范围。家族信托可投资资产大类（见表4-2）可包括现金管理类金融产品、固收类金融产品、权益投资类金融产品及另类投资金融产品。信托公司应针对不同类别的投资标的分别制定细化的入池筛选标准，并制定相关金融产品发起人、投资管理人的合作名单，经内部审批决策程序通过后实施。投资标的筛选标准及合作方名单可以根据实际情况进行不定期调整。

表 4-2　家族信托产品投资范围

产品类别	具体产品范围
现金管理类 金融产品	存款；货币型基金；银行、基金公司、信托公司、证券公司、保险资管公司等现金管理类产品；期限在 1 年以内的同业存单、通知存款、定期存款、协议存款、大额存单等；其他高流动性低风险的金融产品
固定收益类 金融产品	债券基金；上市流通的短期国债、金融债、央票；企业债、短融、中票等；债券逆回购；资产支持证券、资产支持票据；信托公司、基金公司、证券公司、保险公司、银行等发行的实质为债权融资性质的资管产品；结构化证券投资中的优先级；其他高信用等级的债权性金融产品
权益投资类 金融产品	公募股票基金、私募股票投资基金、信托公司、基金公司、证券公司、保险公司等发行的实质为股权投资性质的资管产品；定向增发股权及相关金融产品
另类投资类 金融产品	不动产投资基金；私募股权投资基金；创投基金；产业基金；政府性基金；艺术品、贵金属、商品；股指期货、期权等金融衍生品

3. 家族信托产品资产配置策略

所谓资产配置就是将信托财产分配于适合实现信托目的的各种资产之中。资产配置不仅涉及对投资种类的选择问题，而且还涉及信托财产在选定的各类投资内部如何进行分配的问题。因此 Aalberts 等美国学者（1996）将资产配置划分为宏观配置和微观配置两个层面。

（1）宏观配置。宏观配置是决定哪些投资种类应当被包含在信托的投资组合中，解决的是资产种类及各类资产在投资组合中的占比问题，要求受托人在选择投资种类时首先考虑特定信托的风险承受能力，确定适当的风险收益水平，然后选择不同投资种类和比例构建符合相应风险收益水平的投资策略。在美国《信托法第三次重述》中提到资产种类大致包括现金等价物、债券、资产支持证券、不动产、公司股票等。通常的宏观配置就是将信托财产在股票、债券、现金等价物之间进行配置，但是信托受托人和受益人的风险判断能力具有相当的主观性，因此并不存在统一适用的宏观配置模式。许多的投资管理机构和学者将投资资产在大类别资产间的分配进行了研究，并提出一系列的资产配置理论、方法，并给出了许多基准性的资产配置组合。

根据不同资产类别的风险收益特征，在给定时间点构建合适的资产配置组合。随着资产类别的风险收益变化，对资产配置进行相应的调整。股票、债券、外汇、房地产、大宗商品和金融衍生品等各大类资产市场都存在独特的运行逻辑，一个机构受制于规模限制，很难穷尽对所有资产类别深入理解，更难以对某个具体底层标的进行深入研究。已有的学术研究表明，资产配置贡献了投资组合 90% 以上的收益水平，是投资组合中最重要的部分，远超于择时和择券的重要性。

在家族信托的宏观配置层面，信托公司重点负责对宏观经济和大类资产走势进行研判，搭建投资管理体系，包括大类资产配置方案、基金分析评价体系、下层资产风险监控体系、组合调整策略等，而微观配置和具体最终投资标的交由子基金管理团队负责，如图 4-6 所示。

图 4-6　家族信托的投资管理步骤

根据委托人追求长期投资本金安全、获取稳健收益的投资目标，信托公司可将安全性较高的固定收益类产品作为核心资产，配置较高的投资权重，起到安全性和收益性的"稳定器"作用。在信托合同约定的范围内，配置少量权益类及另类等高风险、高收益特征的产品作为卫星资产，以期增强收益。现金管理类产品的配置比例根据不同受益人的不同分配需求确定和调整。在没有明确分配需求的情况下，原则上现金管理类产品投资仅用于资金闲置期的短期投资。根据客户的风险偏好，可以按照稳健型、保守型、进取型来设定现金管理类、固定收益类、权益类投资、另类投资等不同的投资比例限制，结合经济周期、市场走势等宏观因素综合判断，来动态修正不同阶段的配置比例。

表 4-3　不同风险偏好类型家族信托配置方案示意

资产类别	保守型	稳健型	进取型
现金管理类	0 ~ 100%	0 ~ 100%	0 ~ 100%
固定收益率	0 ~ 100%	0 ~ 80%	0 ~ 60%
权益投资类	0 ~ 20%	0 ~ 40%	0 ~ 60%
另类投资类	0 ~ 5%	0 ~ 15%	0 ~ 20%

（2）微观配置。微观配置是如何在这些选定的投资种类中配置财产，在宏观配置确定的资产类别和比例基础上，将信托财产配置于不同企业和行业之中。由于投资组合的风险和预期收益与所包含的资产数目、权重及不同资产间的风险相关性有关，必须充分考虑不同资产的预期收益、风险、与投资组合中其他资产的相关性等。

在进行微观配置管理时，可采取自主投资和委托投资两类模式，针对不同类型的资产，信托公司可以采取差异化的管理模式，一般为自主与委托两种模式的结合，如针对另类非标债权等固定收益领域，信托公司相对具有较强的自主管理能力，以自主管理为主；而对股票、债券标准化资产，以及艺术品、贵金属、商品等另类投资领域，则更多需要借助外部专业投资机构，建立相适应的委托投资体系来进行。

当前资管行业的专业化分工已经达到非常细致的程度，市场可以提供任何一个证券品种的任意策略，还可以为客户设计定制化产品。从投资品种来看，从事股票、债券、大宗商品、房地产、金融衍生品以及海外投资的投资机构和投资产品一应俱全；从投资策略来看，目前市场上的公募和私募基金已经基本覆盖所有的投资策略，从宏观对冲策略、多空策略、指数增强策略、ALPHA中性策略、套利策略等全方面的投资策略。信托公司采取FOF模式（Fund of Funds）、MOM模式（Manager of Managers）等管理模式，通过专业化的分工协作，利用其在宏观和策略层面的投资优势，预判未来的投资方向，进行大类资产层面以及投资策略层面的筛选和配置，将具体的投资决策交由每个子基金层进行，既可以有效分散风险，也可以获取稳定合理的回报。

（3）资产配置再平衡。在前述工作的基础上，信托公司家族信托团队可聘请外部律师，共同起草完善家族信托合同；并与银行签署保管协议，开设信托财产专户。客户将初始委托的信托资金转至信托财产专户，信托设立生效；如果涉及非现金类财产，则根据具体的财产交付方案安排，至信托财产进入家族信托名下，则信托设立生效。

信托公司的投委会或委托投资小组应定期（月度、季度）对家族信托的投资组合进行回顾和归因分析，评判资产配置、基金管理人选择、择时、仓位选择等不同因素对组合绩效的贡献程度，比较、评估不同投资策略的基金、基金管理人的运作效果；进行未来市场展望，对组合进行适当调整。一是根据市场变化对战略资产配置进行微调；二是对于同一大类资产或投资策略下的投资管理人进行具体配置比例调整，对投资管理人进行打分汇总排序和评级，根据结果进行资金配置比例和规模的动态调整。

4. 家族信托的风险管理

家族信托产品风险管理应以客户为中心，在产品设计之初，就要根据市场和客户需求来设计产品，一是按照"了解你的客户"原则，进行客户充分尽职调查和身份信息等资料的核对，建立详尽、完整的客户资料档案；二是对客户风险偏好、承受能力进行评估分级，作为建立客户关系和提供信托产品服务的前提条件；三是制订投资方案，并对投资组合的风险、收益进行科学分级，确保与客户风险分级和收益预期相匹配；四是持续跟踪客户信息变动，在客户发生重大变化时，应进行重新评估，并与客户及时沟通，必要时调整投资组合策略；五是建立严格的分层分级客户信息管理制度，利用技术手段控制客户信息以免泄密；与第三方机构合作时明确保密义务；对泄露客户信息造成客户、机构损失建立相应问责制度。

（1）审慎管理风险。审慎管理风险要求受托人进行风险适度的投资，但由于局限于对单项投资的独立评价，缺乏对整体投资组合的理论和评价指引，实际操作中就形成了"规避有风险投资"的结果。但在谨慎投资人规则下，受托人投资不再单纯要求规避风险，而是要求对风险进行审慎管理。根据现代投资组合理论，通过分散投资可以规避非系统性风险，但系统性风险是无法避免的，通过承担系统性风险可以获得相应的风险溢价。美国《统一信托法（草案）》中要求，受托人在投资管理信托财产时，应当充分考虑总体经济状况、通货膨胀、税收等宏观影响因素；投资组合可能包含的金融资产、非上市股权、房地产、个人无形资产、其他动产等每笔资产的作用，组合的预期总回报率及资本增值；受益人的其他资源；信托的流动性需求、收入的规律性及资本保值增值；某些资产对于信托目的或受益人的特殊价值等。

（2）风险收益均衡。风险收益的均衡是受托人进行投资决策的逻辑起点。在谨慎投资人规则下，受托人的主要职责不是完全避免风险，而是一方面评估受益人的风险承受能力，确定其可承担的风险水平，适合于该信托的风险收益目标；另一方面运用合理的技能，通过分散投资的策略，最小化或者至少降低信托的非系统性风险，最终构建一个符合特定信托预期收益和风险承受水平的投资组合。尽管谨慎投资规则提出了判断特定信托风险承受能力的大致准则，如根据信托的目的、分配的要求以及其他情况的综合判断，但该规则并未提供一个更加具体的操作规则，需要依据个性化案例来进行合理判断。总体而言，受托人需要经过两个步骤来进行衡量：一是确定信托为实现预期收益所能接受的风险水平，以决定所承担的系统性风险水平；二是根据可承担的风险水平来构建分散化的投资组合，消除非系统风险，实现预期收益目标。

（3）谨慎对外委托。在谨慎规则下，严格要求受托人亲自履行受托义务，进行信托财产的投资管理，不得委托其他人代为执行。为了适应市场和信托财产管理复杂性需要，谨慎规则对受托人委托问题也进行了适当突破，将受托人事务区分为执行性事务和自由裁量性事务，允许将执行性事务委托他人代为执行。但是，实践中很难就信托事务进行清晰划分，仍未解决委托执行信托事务的问题。谨慎投资规则确立了允许受托人进行对外委托的规则，明确受托人在管理信托投资活动时，有权力并且有时可能有义务以一个谨慎投资者在此情形下会采取的方式将信托投资事项授权他人执行。但是，同时也明确有两项事务必须由受托人亲自执行：一是确定信托的投资目标；二是决定信托投资的策略和计划，或者至少必须亲自批准代理人或投资顾问提供的投资计划。

（4）投资检视和调整。在复杂多变的市场环境下，受托人在投资过程中需要谨慎判断，对信托财产的组合持续关注；定期审视投资策略，检查和调整信托财产组合，通过适度多样化组合，实现与受益人相适应的风险和收益。同时，谨慎投资人规则明确，受托人对信托财产进行投资管理时，应当根据做出投资决定或采取行动当时的情形来进行判断、而不能以投资的最终结果作为判断标准，即强调对受托人投资行为的评价，而非对其投资结果的评价，避免事后判断的主观臆断对受托人造成不公平。

（5）加强内控管理。家族信托产品的操作风险与业务活动紧密相关，主要是由于内部程序、制度、系统的不完善，或者人员操作失误，系统或外部事件所造成损失的风险。因此，操作风险管理的关键是对过程控制，要通过业务全流程风险点的识别评估，以及风险管理的全流程、全覆盖来进行管理。信托公司应建立内部分工清晰、相互制衡的内部控制和风险管理架构，确保投资管理按照规范化、制度化流程运作，确保岗位设置合理、授权明确、责任到位；对投资管理运作过程中的投资交易、投资跟踪、调整等全流程监控，确保严格按照信托文件约定、公司制度运转；对投资过程中形成的基础性资料和凭证等进行妥善保管。

5. 不同类型信托的受托人管理义务

受托人依据委托人意愿对信托资产进行管理，管理目的包括资金安全、财产长期存在、家庭文化和谐、财产保值增值等。下面以资金信托为例分析投资管理中的受托人义务。

（1）全权委托家族信托。在全权委托家族信托中，受托人有权对信托财产投资管理自主决策，无需获得委托人的书面确认。根据家族信托资产规模不同，信托公司或者提供标准化的资产配置方案供客户选择；或者根据委托人的投资期望、风险偏好等意愿提供个性化资产配置方案。信托公司亲自、自主管理运用信托财产，并承担主动管理责任。为做好受托管理工作，信托公司一是要充分了解委托人的资产配置意愿，就投资范围、方向、方式等事项与委托人充分沟通，使实际资产配置符合委托人风险偏好；二是对投资标的进行充分尽职调查，采购外部产品应当经过相应的产品采购决策程序；三是积极开展投后管理，做好投资风险防范。为控制投资风险，降低信托公司在全权委托型家族信托中的受托责任，可以在信托合同中对信托财产投资范围作出较为具体的规定，如仅投资受托人及其受托人的关联企业发行的资管产品，仅投资于风险较低的固定收益类产品等。

（2）部分委托型家族信托。在部分委托家族信托中，委托人与受托人共同协商信托财产投资范围，并在信托文件中加以约定。受托人就信托财产具体投资标的向委托人提供投资建议，委托人对受托人的投资建议进行书面确认后，受托人方可执行投资。

在部分委托家族信托中，受托人承担部分受托责任。与全权委托相比，部分委托中资产配置方案由委托人和受托人共同协商确定，信托公司减少了进行主动资产配置方面的受托责任。但由于具体投资标的由受托人推荐，事实上部分委托中的投资标的一般为受托人自主开发的信托产品，受托人仍应当承担所推荐投资标的的尽职调查、主动管理方面的受托责任。

（3）指令型家族信托。指令型家族信托是由委托人或委托人信任的投资顾问自主确定投资范围及资产配置方案，并向受托人发送投资指令，信托公司通过执行投资指令实现信托财产管理运用。

指令型家族信托满足了高净值客户希望自主投资决策的需求。在具体投资范围方面，委托人可能要求信托财产投资于由其他金融机构及私募基金管理人管理的产品；也可能要求信托财产投资于某一资产，如以股权投资方式为子女提供创业支持等。受托人按照委托人投资指令进行投资的，应由委托人承担相应投资决策责任。但同时，信托公司也应当对委托人指令是否符合信托文件约定进行确认，并向委托人做好充分风险揭示，必要条件下通过交易架构安排做好风险隔离。

在由投资顾问发送投资指令的家族信托中，可视为受托人委托投资顾问代为处理资产配置决策等信托事务。委托人指定投资顾问并不免除受托人对投资顾问的选择责任，受托人应当对家族信托的投资顾问进行资质审核，以保证其拥有相应的专业投资管理能力来代理执行信托资产投资决策事务。一般来说，私人银行等金融机构往往可视为具有相应专业投资管理能力；私募基金管理人、家族办公室、三方财富管理机构等非金融机构担任家族信托投资顾问的，受托人应当对投资管理团队、投资管理经验、历史业绩等情况进行充分调查。

（三）后期管理阶段

1. 法律支持及服务

因家族信托期限往往很长，期间可能因为委托人财产状况或意愿等因素发生变化，委托人需要对信托合同或方案进行修改。如果在信托存续期间，变更受益人、信托资产的增加或分配、增设信托条款、增加或变更财产保护人等，此时信托公司需要提供法律咨询意见。例如，信托财产的执行需要按照信托合同的内容来进行，但家族信托在实践中，最常见的风险就是受益人或利益相关人提出受托人并非按照约定的信托文件进行受托管理和分配信托利益的质疑。实践中，司法层面争论家族信托的有效性多数是由于受益人或利益相关人提出此类问题。家族信托合同中的执行条款应尽可能的完善和充分，在执行过程中完全按照信托目的来进行，避免受到质疑。

此外，还需要根据委托人的指示，信托公司与为家族信托提供中介服务的律师事务所、会计事务所、评估机构、公证机构等进行协作，为委托人及家族信托产品提供专业服务。

2. 分配管理

在信托财产的分配方面，在家族信托运行过程中，当达到信托约定条件后，可以按照信托合同执行信托利益分配。由于各类家族信托财产类型不同，分配方式个性化，委托人意愿也不同，不太可能形成批量分配清算。根据信托目的的不同，以下列举几种分配计划。

（1）固定收益分配。每年固定时间向受益人分配信托财产中的一定份额。

（2）非固定收益分配。当子女或后代在学业、结婚生子等方面发生重大事件时，满足一定行为引导条件，即可分配信托收益。受托人和保护人共同审核是否达到行为引导条件。

（3）非资金性财产分配。股权和不动产的分配可能存在登记机关进行转移登记的事项，若存在相关非资金性财产分配的形式，则受托人将约定财产转移至受益人名下。

（4）受益人抵债分配。《信托法》第四十七条规定，受益人不能清偿到期债务的，其信托受益权可以用于清偿债务，但法律、行政法规以及信托文件有限制性规定的除外。

（5）收益权转让和继承。受益人的信托收益权可以转让和继承，《信托法》第四十八条规定，受益人的信托受益权可以依法转让和继承，但信托文件有限制性规定的除外。

3. 信息披露

家族信托具有高度的私密性。对于高净值家庭的隐私信息有格外注意保密事项，一般家族信托合同会约定保密条款。

家族信托委托人需定期向委托人、受益人和保护人披露信托财产运作情况，形成信托财产的运行报告。此外，家族慈善信托还需要定期组织开展家族信托受益人大会，讨论需要共同确定的收益分配事项等。

第三节　股权类与不动产类资产交付

当前，我国创富一代已成为最重要的家族信托潜在客户群体，而其持有的家族企业股权、房产等不动产也是重要的财产组成部分。由于目前信托财产登记制度和信托税收制度等欠缺，很大程度上制约了家族信托对这些特殊类型财产的容纳性。

一、股权类信托财产交付

（一）家族股权信托化管理的重要意义

我国先富起来的人群多为民营企业家，其名下公司的股权是其家族最重要的财产形态，随着"创富一代"年龄增长，寻找二代财富和企业继承人成为摆在眼前的紧迫课题，通过家族信托的妥善安排和产品创新，能够为企业家解决后顾之忧、为家业长青提供新的解决思路。

1. 锁定企业股权

根据现有《中华人民共和国继承法》（以下简称《继承法》）规定，当一个企业创始人亡故后，其财产按照法定的顺序继承时，父母、配偶、子女作为第一顺序继承人享有遗产平均分配的权利。这种被动式平均分配安排将直接导致创始人原集中持有的股权分散到多个继承人当中，从而导致丧失家族企业控制权。而且，不同继承人因争夺财产导致家族反目的案例也屡见不鲜。家族信托之所以能成为西方社会财富传承安排的主要方式之一，就是可以通过信托安排，根据委托人的要求确保锁定家族企业股权，通过受益权分配的灵活性安排，实现与底层股权资产集中管理的有效隔离，保证家族对企业的持久控制权。

2. 创新治理机制

委托人通过家族信托方式，不仅可以提前按照个人意愿做出财产处置安排，避免按《继承法》被动处置而可能导致的继承人争斗。特别是针对家族企业股权等核心资产，借由家族信托持有股权，可以搭建双层治理架构，将家族人员的股东身份和公司运营管理的角色分开，在信托层面通过受益人大会或家族会议等治理机制形成意见，通过行使股东权利方式传导到公司中；而在公司层面，可以通过职业经理人团队来促进公司的有效运转。

3. 克服无人接班的窘况

在家族企业的传承过程中，不仅面临股权分配带来的问题，还面临子女不愿意接班的考验。从市场调研情况来看，创富一代大都希望自己的子女能够接自己的班，把企业发扬光大，但现实中近2/3的二代继承人并不愿意接掌家族企业，更希望引入职业经理人，或者只担任股东延续企业运营，甚至有部分愿意转卖并退出家族企业。因此，通过家族信托方式，委托受托人或信托机构持有并进行家族企业的股权管理，聘用专业的职业经理人来经营，从而使家族成员将股东和经营者的角色分开，避免二代继承人不愿接班而导致的企业停摆。

（二）不同类型股权交付的信托产品设计

信托财产的转移是信托成立与生效的重要前提，各国信托法基本都明确设立信托时的财产转移问题，股权类资产作为合法的财产权利，也被纳入考虑范畴。《信托法》第二条的定义中，委托人将财产委托给受托人，并没有明确的指出要进行财产转移，但第十四条中又指明受托人承诺信托取得的财产视为信托财产，可以间接印证财产转移的实质性要求。《公司法》中也规定股东有权通过法定方式转让其全部或者部分出资、股权。但是在实务操作中，并未明确可以通过信托合同来办理股权过户手续。《信托法》中虽然规定了财产在设立信托时的登记要求，但配套的信托登记制度一直不明确。目前股权财产无法根据信托合同约定来进行转移，而且也可能因为无法进行信托登记，影响信托生效。此外，还有股权转让的税收问题，也大大增加了家族信托的运作成本，制约其运用空间。

根据《公司法》规定，可以将公司分成有限责任公司和股份有限公司，有限责任公司对应的为股东出资或出资份额；股份公司对应的为股东出资获得的股份，如果证券化，上市就表现为股票。因此，为了实现家族信托对股权类财产的有效交付，需要通过灵活的信托产品设计创新和安排。

1. 有限责任公司股权

按照《公司法》《公司登记条例》等规定，有限责任公司股权变更需要在工商行政管理机关进行股权的变更登记。目前通过信托合同设立股权信托，委托人在信托合同中约定将股权交付给受托人，但工商部门不接受进行股权变更登记。实际中变通做法可能需要通过两套合同，除股权信托合同外，同时委托人与受托人签订一份股权交易合同，并以此为依据办理工商登记变更。虽然能够在一定程度上解决登记问题，但由于未发生真实股权转让价款，或者转让作价明显偏离真实价值，在股权变更的税务处理上仍面临一定风险。

因此，在操作中可以考虑采取股权购买方式。即委托人先设立一个资金型信托，然后用信托资金去购买股东持有的股权，由股权信托行为转为较简单的股权转让行为，在法律上效力非常确定，可以实现家族股权信托的目的。

2. 未上市股份公司股份

我国公司法规定股份公司的股权、股东变更时，对于记名股票，是以背书的形式来转让，对于非记名股票是以交付的形式来转让。实践中，股份公司大部分发行的都是记名股票，因此需以背书的形式实现股权的变更，背书转让之后的股份要登记在公司的股东名册。目前，各地成立的股权托管中心，提供非上市股份公司股权的初始登记、变更登记、质押登记、冻结登记、信托登记等，在一定程度上弥补了非上市股份有限公司股东名册的管理缺位问题。由于《公司法》以及《公司登记管理条例》等上位法中缺乏对信托登记的明确，未上市股份公司股权的信托登记依旧面临与有限责任公司股权类似的操作困难。因此，家族信托中涉及非上市股份公司的股权交付时，操作思路基本与有限责任公司股权相类似，只是登记托管机构由工商登记部门转为企业所在地的股权登记托管机构。

 案例分析

4-1　万向信托与信托保护人合作股权管理事务类家族信托

北京某公司（以下简称：北京公司）为开拓广东市场，拟与当地创业团队共同设立一家股份有限公司（以下简称：股份公司），由于采取传统的直接持股或有限合伙等模式为股份公司设计股份结构，无法满足北京公司及创业团队的具体需求，因此拟通过信托持股方式设立股份公司。具体操作如下：

（1）北京公司与创业团队成员签署委托协议，由创业团队成员将拟投资资金交给北京公司，由北京公司作为委托人将该笔资金置入信托中。

（2）设立股权事务管理类单一资金信托，北京公司作为委托人，万向信托作为受托人，全体创业团队成员作为受益人，该笔信托资金指定用于设立股份公司。

（3）信托设立之初，创业团队成员按约定的股份比例享受相应的受益权，在5年内创业团队成员如按约定完成承诺的业绩目标，则可继续保留该受益权，如未达成业绩目标，则该受益权由北京公司收回。

（4）对受益权的继承、转让作出相应的限制。如受益人在未完成约定目标的情况下身故，则受益权不发生继承，由北京公司收回；如受益人在完成约定目标的情况下身故，则受益权可以由受益人指定的第二顺序受益人自动继续受益，未指定第二顺序受益人的，按继承法规定方法进行继承；受益人如需转让受益权，则创业团队其他成员享有优先受偿权，同时，如受益人是在未完成业绩目标的情况下转让受益权，则受让人应承诺在约定期限内负责完成转让人未完成的业绩目标，否则该转让不发生效力。

这一方案的好处：解决了创业团队成员权益保障的利益平衡问题，为清退不合格创业团队成员提供了退出机制，隔离了股权纠纷对公司的不利影响，隔离了离婚对家族财富的损害，有利于表决权管理。

在本案例中，万向信托还引入了中华遗嘱库作为信托保护人。一是由委托人、受托人和中华遗嘱库签署《信托合同》，确认中华遗嘱库的信托保护人身份，确认由中华遗嘱库负担事务性管理职责，中华遗嘱库对受益份额调整进行确认后，受托人仅凭中华遗嘱库的确认即可调整；二是由中华遗嘱库与委托人、受益人签署《信托保护协议》，约定双方在业绩承诺、家族事务等问题上变更、调整受益权份额的条件和确认程序，由信托保护人居中保护信托目的和委托意愿，受益人如有其他家族事务需要服务的，则由信托保护人为客户提供遗嘱、协议、代理等其他服务，另行签署委托协议。

3. 非上市公众公司股份

非上市公众公司主要包括公开发行股票但不在证券交易所上市的股份有限公司，以及非公开募集（向特定对象发行股票）使股东人数超过200人的股份有限公司。根据中国证监会2012年10月发布的《非上市公众公司监督管理办法》（2013年12月进行了修订完善），"公众公司公开转让股票应当在全国中小企业股份转让系统进行，公开转让的公众公司股票应当在中国证券登记结算公司集中登记存管"。如果非上市公众公司股票向特定对象转让，应当以非公开方式协议转让，而申请股票公开转让的，除履行董事会、股东大会等内部治理程序外，还需要按照中国证监会有关规定制作公开转让的申请文件，并提交审核批准。因此，在家族信托中委托人涉及交付非上市公众公司股权时，可考虑通过非公开方式协议转让，先设立资金信托，然后以信托协议受让相应的股权，从而实现家族企业将股权装入信托的目的。

4. 上市股份公司股票

如果拟信托的股权为上市公司股票，股权转让时，还需要考虑《证券法》的相关约束。如拟转入信托的股票超过上市公司股份的 5% 时，应履行强制信息披露义务；而在股权比例达到上市公司 30% 时，应履行要约收购义务，需要向证监会申请豁免要约收购义务。总体来讲，上市公司运作相对更加透明，监管要求更严格，但交易价格相对透明，时效性高，通过交易方式实现转入家族信托更加快捷、高效。

（三）股权信托财产管理

常见的企业权益（Business Interests）有股票或非上市公司股权，合伙企业份额（普通合伙份额或有限合伙份额，独资企业出资，合资企业的份额等）。信托受托人在家族企业权益管理时面临较大挑战，一方面信托账户持有股权可能高度集中导致流动性差，投资多样性不足。受托人需要通过董事会议、信托委员会等议事规则、账户文件和人员资格等方式，提高对于非上市股权进行管理的专业能力，判断股权管理行为符合法律、管理约定和谨慎标准的情况，判断利益冲突的可能性，以及评估受托人承担责任的可能性。

针对家族信托中的股权财产，受托人承担的受托管理职责主要包括两类：一类是事务性管理义务，即按照委托人指令、受益人大会或者信托保护人指令，执行股权事务性处理，一般不涉及受托人进行自主判断和自由裁量权；另一类是主动管理义务，受托人需要以自己的名义介入公司经营，选聘管理层、参与公司决策等，这也意味着更高的管理义务要求。

1. 事务管理

在家族信托设立并完成财产交付后，受托人作为家族企业股权的名义股东，代表信托履行股东义务、派出董事、监事，参与公司财务决策、利润分配等重要事项。虽然在事务管理过程中不涉及受托人的自主决策，但由于身份角色的转变，仍有作为公司股东可能面临的一些风险需要注意。一是企业出资不实的风险，如果所持股份的企业实缴出资低于认缴的出资额，在企业发生经营失败后需要股东以认缴的出资额为限承担有限责任，很可能导致风险向信托蔓延，给受托机构带来较大声誉风险、诉讼风险。二是受托人作为家族企业的大股东，如果委托人指令或者受益人大会给予的指令涉及侵害小股东利益、债权人利益，违反了大股东信义义务时，需要承担赔偿责任，受托机构可能面临追偿风险。

2. 主动管理

从国际股权信托实践来看，受托人应负有更高的谨慎义务、注意义务或善良管理人义务，信托合同也赋予了受托人较大的权利，其履职能力和结果直接关系到信托目的的实现，专业受托机构应该建立与经营管理企业所匹配的专业知识、团队，恪尽职守，诚实信用，勤勉谨慎，规范股权管理运作流程，更多地发挥自己的主动管理的能力，积极履行大股东义务和商业判断，助力家族企业发挥。针对受托人从事股权家族信托主动管理业务面临的风险，一些离岸地通过制定受托人条例和特殊的信托法案，尝试改变信托中的"受托人中心主义"原则，将家族企业的控制权仍归董事会。如 BVI 的 VISTA 法案（Virgin islands special trusts Act）（2013 年修订）中规定，公司股东作为委托人采用股权设立信托时，可依然享有对公司的实际控制权，即委托人可以规定董事由其家族成员担任，或者指定特定委员会负责公司董事的选任、解聘等；受托人虽然直接持有股权，但不享有经营管理公司的权利，被豁免了相应的主动管理义务。同时，在信托安排中通过信托保护人机制，对受托人的自由裁量权进行相应制衡，以更好地保护受益人利益。

二、不动产类信托财产交付

（一）不动产作为信托财产交付的特殊性

不动产具有耐久性、稀缺性、不可隐匿性和不可移动性等特点，各国法律对这类财产的移转交付通常都有特殊规定。如进行不动产交易转让或者以不动产设立抵押等担保物权时，都需办理相应的登记手续才能生效。因此，家族信托委托人以土地及其定着物等不动产作为信托财产而设立时，除具有一般财产信托的共同点以外，还需要面临以下一些特殊性要求：

1. 具有一定的地域限制

不动产财产只能接受其所在国家、地区法律法规对于不动产投资、转让、租赁等行为的限制性规定，因此为实现对不动产财产的信托化管理运作，有时需要将信托设立地、司法管辖地与不动产所在地保持一致；或者需要通过特殊目的公司等作为不动产的直接持有机构，而将公司股权装入家族信托中，从而间接实现对不动产的控制，突破信托与不动产间的区域限制。

2. 管理运用方式较为特殊

不动产以土地为基础进行延展出多种形态，如我国规定不动产的类型有土地、建筑物、构筑物以及添附于土地和建（构）筑物的物产。针对不同具体类型的不动产占用、使用、处分、收益等有着差异化法律安排。同时，针对不动产的不同类型和状态，委托人可能有持有、开发、经营、处置等多种需求，也使将不动产作为家族信托财产时，需要采取的管理运用方式十分复杂。

3. 税收筹划问题突出

由于不动产具有不可移动、隐匿、持久等特性，在各国都普遍作为税收的关注重点。在不动产财产交付设立家族信托过程中，可能涉及所得税、印花税、契税、土地增值税、房产税、营业税等。由于我国将财产转让视作买卖行为，并未针对信托转让做出特殊性安排，在信托过程中需要进行不动产的转移登记，需要承担由此产生的繁重税收成本，因此合理进行税收筹划意义很大。

（二）不动产财产交付的信托产品设计

1. 信托直接购买方式

由于我国现有法律法规体系下不承认不动产财产的信托转让，根据信托合同无法办理不动产的产权变更和转移登记。从保障交易安全的角度出发，可考虑通过真实购买方式来实现将不动产置入家族信托中。即委托人提供资金设立家族信托，家族信托再向委托人购买不动产，签订购买交易合同，据此办理不动产的登记转移、过户，缴纳相应税收。

案例分析　　　　　　　4-2　北京银行房产家族信托试水

北京银行某客户拟对总估值已经超过亿元的十几套房产进行传承，这些房产留给儿女的同时要避免儿女婚姻出现问题时产生的分割问题。北京银行给出的解决方案：通过该行合作方北京信托，该客户要先出资设立一个单一资金信托，然后该信托再出资购入该客户的房产，最后将该信托受益人制定为"直系血亲后代非配偶继承人"。

从法律关系上来看，该客户为信托的发起人和委托人，北京信托作为受托人，而包括其儿女在内的"直系血亲后代非配偶继承人"则为信托受益人，之后由该信托对该客户指定的房产发出购买要约，实现该信托对房产的控制。该方案通过信托实现了财产的隔离保护，如果未来子女出现婚姻风险，这些房产依旧能保证属于该客户所希望的传承人。

但在该方案中，通过资金信托购买房产需要缴纳二手房交易税费，信托持有房产后也需要每年缴纳房产持有税，加大了信托的运作成本。

2. 信托间接购买方式

如果现有不动产是在委托人直接控制的公司名下，则可以通过资金信托购买持有不动产的公司股权来间接实现，由于股权交易转让相对更加简便、快捷，也可节约一定的税收成本。如果委托人直接持有的不动产，可以由委托人设立的资金信托出资成立一家公司，以公司的名义进行不动产的收购；或者委托人以其持有的不动产出资设立公司，然后由资金信托再收购公司股权实现不动产的交付。实践中的操作方式比较灵活，最终目的都是通过交易将不动产间接置入信托，信托持有不动产所在公司的股权，进行间接控制。

（三）不动产财产的管理

从美国信托谨慎受托管理的情况来看，不动产通常作为一种信托账户下管理的资产，主要因委托人或立遗嘱人的个人行为而获得。不动产资产可能包括个人住宅、住宅收入物业（residential income properties.）、商业物业、未整修地块和土地（unimproved lots and acreage.）。在某些情况下，不动产可以作为一种投资工具加入到信托账户中。但如果信托协议里没有指定具体情况或给予具体授权，受托人在不动产的投资上应谨慎行事。其他需要考虑的因素包括：适合进行不动产投资的账户类型；不动产当前和计划的使用方式；不动产地理位置；土地的大小及将来的可销售性；有无财产的建设或开发计划带来的风险；潜在的环境污染或危害带来的风险和责任；与同类财产相比的价格情况；相应的投资收益以及潜在现金流和增值情况等。

根据受托人对信托财产的管理处分权利设定，依然可以区分为事务管理和主动管理方式；同时根据委托人对不动产的定位和目的不同，也可区分为开发、运营、处分等管理重点。

1. 事务管理

在事务管理情形下，委托人将不动产置入家族信托时，未希望通过开发、出租、出售等方式运营不动产获取收益，更多要求受托人按照信托文件约定对不动产信托财产进行日常维护，主要职责包括：对各类不动产资产进行分类、记录，梳理把握不动产的全面信息；对不动产进行日常维护，包括房屋外观维护、修缮，内部修整、清洁、打理等。信托受托人每年至少应对所持有的各项财产进行一次审查，以确定该投资是否符合账户及其受益人的需求和目标；定期评估不动产资产，确保保险充足有效；在处置出售前应引入外部评估机构；对不动产相关的契约、权属证书、租赁、出售等合同、税单、保单等原始文件进行妥善保管；当财产由他人管理时，应签署并保存管理代理协议，确定代理人的职责和义务、报告的频率及支付佣金情况等。此外，与普通家族信托类似，受托人还需根据委托人指令或信托文件约定，就不动产的使用、产生利益的信托受益分配管理，涉及信托受益权范围、分配方案的确定及调整等进行管理。

2. 主动管理

不动产投资的多样化对受托人提出了不同程度的管理知识和专业知识要求。受托人需要根据不动产的特性，按照家族信托文件的要求进行管理、经营和处分。一是不动产的开发，将不动产开发完成后产生的收益进行信托分配。二是不动产的经营，主要是针对商业不动产等通过出租来获得较稳定的信托收益。三是不动产的处分，受托人负责在适当时机进行出售、处分，并将收回的资金用于其他投资、收益分配或其他信托文件约定。由于不动产的开发、经营管理等需要相应的专业能力和资质，因此受托人在处理不动产事务时，需要引入相应的不动产开发或经营公司、经纪服务机构、评估机构等提供协助。

实践中，除了股权和不动产这两类特殊的财产类型，家族信托业务中还可能遇到文物、艺术品、贵金属等动产，信托受托人在投资并管理这些实物资产时，事前在信托文件中应获得投资允许，确保对这些资产有足够的控制权，能够采取有效的保管措施，购买充足的保险，部分稀有的邮票、硬币、钻石和其他宝石，还应该获得相应权威机构颁发的证书。随着金融市场的不断发展，还有许多全新的投资工具创设出来，信托受托人总体应在获得信托文件授权前提下，本着投资行为与信托目的和受益人风险承受能力相匹配等原则，谨慎开展投资。

第五章

家族信托需求分析与营销策略

第一节 家族信托风险防控需求分析

据统计，近年来中国"创一代"企业家在完成了财富的创造与积累后，对于财富的管理与传承的关注度逐年上升。在一项基于近 20 年来台湾地区、香港地区、内地 200 宗家族传承案例的研究中，明显可以看出，家族企业在继承过程中面临巨大的财富损失。在继承年度的前后八年时间中，累计股票超额收益高达负 60%，也就是说，假设家族企业市值本来有 100 亿元，在完成传承时平均只剩下 40 亿元。而麦肯锡发布的报告更是直截了当地指出，全球范围内家族企业的平均寿命只有 24 年，其中有约 30% 的企业可以传承到第二代，不到 13% 可以传承到第三代，而剩下仅有 5% 的企业可以传承到第四代。

高净值客户的财富主要面临七大潜在损失风险：企业与家庭资产混同风险、小概率事件风险、税务风险、家族内部利益斗争风险、家族企业代际交接可能失败风险、未能提前周全规划的风险以及外部的系统性风险。除了最后一种系统性风险外，基本上属于非系统性风险，其中大多数可以运用一系列安排规避。家族信托客户设立家族信托，目的是尽量防控上述风险的发生。

一、防控企业与家庭资产混同可能导致的家族财富损失风险

把个人家庭资产与企业资产混同的风险在中国企业中尤为突出和普遍。家族财产和企业财产混同的法律风险是两者同时遭到查封冻结，给企业和家族、家庭带来巨大现金流压力的风险。

然而，这样的资产混同方式，可以在一夜间让人倾家荡产。在订立某些合同过程中，企业家经常会被要求：①以个人资产提供无限责任连带担保；②用家族企业为第三方提供担保；③几家企业互相提供担保，导致企业之间"连坐""一荣俱荣、一损俱损"。

153

在税务合规方面，不少企业不直接分红，而是以股东个人通过向企业"借款"的方式来达到股东或个人少缴、不缴所得税的目的。甚至有企业在经营过程中索性让付款方把款项打给个人而不是公司，偷逃营业税、增值税以及所得税，这些都可能使企业主面临牢狱之灾。在对合同和公章管理上，部分企业为获得小的利益或为朋友办事，"外借"营业执照和公章进行所谓的业务合作，收取"管理费"。殊不知在这样的安排下，如果"合作方"突然"消失"，企业乃至家族可能要为此支付沉重代价。

有些企业家由于某些原因，把个人的股权交给他人（亲人或朋友）代持，即便有某种代持协议，也往往会因各方当事人没有咨询过法律专业人士，导致代持行为没有发生实际效力或者这种"天知、地知、你知、我知"的安排没有充分考虑代持人的死亡、丧失行为能力以及离婚的风险。一旦发生意外，被代持的股权或者其他资产都有可能沦为他人待"继承"或分配的财产，导致无尽的纠纷甚至财产的流失。

有时，企业家无法抵御"难得机会"的诱惑，把大量甚至全部资金都压在某个特殊行业或者特殊项目上面，一旦出现问题，可能就遭致满盘皆输。针对上述种种隐患，一方面，需要专业的法律服务来降低和化解风险；另一方面，也应该对家庭个人资产和企业资产进行划分，采取必要的隔离措施。虽然在企业经营过程中，为了使企业渡过难关、继续壮大发展，有些举措是不得已而为之，也无法为外人所道，但把一部分资产隔离出来，在企业和家族遭遇重大打击的时候，该部分资产不会被认为是企业的资产而被冻结、抵债，可以使家庭正常生活得以保障，还是很有必要的。

二、防控小概率事件可能导致的财富损失风险

投资的本质，是追求未来的成长性回报，比如当我们判断一家公司有非常好的发展前景时，我们会择时买入它的股票，这也是企业家或家族投资的终极目的。但生活中也存在许多小概率事件需要进行防范，如果忽略了小概率事件，其发生后将会使家族财富遭受极大的损失。目前复杂的宏观经济形势、有待健全的法制环境以及企业自身转型的挑战都使高净值企业家们的不安全感飙升，"黑天鹅"事件的频发使企业家们面对的不确定性激增，市场、政策、经营、人身意外、法律和跨境等小概率风险在没有充分防范的条件下，都可能对家族财富形成摧毁式的重创。

各种不利小概率事件不胜枚举，例如美国的"9.11"事件、印度尼西亚历史上多次的排华事件、美国的次贷危机，或者是某些所谓"非法集资"存疑处理，这些都对于资产的安全管理提出挑战。此外，产能过剩、政商人脉发生的

逆转以及各种原因可能导致资金链断裂,都可能催生小概率的"黑天鹅"事件。面对上述种种问题,企业家以及家族需要通过必要且合理的手段降低这样的风险。例如将资产分散配置,进行国际化的安排,运用跨区域、跨司法、跨币种的风险对冲机制保全财富。又如,可以通过遗嘱、信托、保单、公证等方式来对家庭或家族财富进行未雨绸缪的安排与有效的规划。但这应该是一种多元工具的组合运用以及结构的搭建,而非单一工具的选择。

三、防控因税务问题可能导致家族财富缩水风险

税务筹划对于中国民营企业来说并不陌生,但是这并不意味着高净值人士能够清楚分辨合理、合法且科学的避税与非法逃税的区别。不少民营企业家对于税务安排完全没有整体规划,随着税法税制的逐渐完善和监管的规范,这种惯性思维在未来有可能给企业家带来巨大的风险。例如在境外某些国家购房,很可能在继承的时候,继承人先要缴纳约50%资产价值的遗产税方能实现资产的过户,这往往是中国富豪在一掷千金的时候"万万没想到"的。

由于税务筹划存在一定的复杂性,如果没有专业人士帮助,许多高净值人士很难靠自己独自策划一个周全的避税计划。虽然中国的遗产税仍在论证阶段,但是如果一个中国人在美国、日本等国购房,身故之后该房产就会产生遗产税(除非事先进行了必要筹划)。如果这位中国人经常居住在美国,身故后根据美国当地的州法律被认定为该州的居民,那么其个人遗产也将可能被要求缴纳该州的遗产税。

所以,对于家族的税务筹划,并非仅仅去设立一个境内或境外信托就能够一揽子解决,更要找到一群经验丰富且精通资本运营、资产配置、税务筹划、法律法规等领域的专业人士,进而形成一个法律、税务、财务、保险、信托、身份安排、资本运作的专家团队,通过协助家族企业运用家族基金会、海外信托投资、境外架构搭建、身份规划、高端保险产品等为一体的组合方案,方能将各种资产高效、安全、低税地管理与传承给继承人。

四、防控家族内部利益斗争可能导致家族财富损失风险

家族财富管理和传承的设计、筹划必须考虑到家族企业和财富的今天和明天。一方面,企业如果缺乏有效的治理结构,例如中国不少家族企业存在任人唯亲的现象,自然会给企业未来的发展带来很多瓶颈;另一方面,当企业或者家族掌门人健在时,大家相安无事,一旦掌门人无力掌控局面或者撒手人寰,争权夺利的豪门内斗就会出现,甚至会达到失控的地步,这也

会对财富以及企业造成巨大的创伤。

含混不清的家族利益分配、错综复杂的族内关系、感情淡薄下的勾心斗角，往往成为不少家族企业挥之不去的阴影和宿命。香港某著名地产集团的郭氏三兄弟在接班父辈后曾一度带领企业成为香港业绩最好的地产企业之一。然而，由于不合理的家族治理结构，母亲联手两位幼子将长子郭炳湘赶下了主席之位。长子旋即向香港廉政公署举报了郭家贿赂前政务司司长许××一事。2014年12月陪审团作出裁决，许××8项控罪中5项罪名成立，郭氏兄弟中的一位1项罪名成立，而另一位则全部控罪不成立，当庭释放。据悉，为获得中国香港和英国"顶级大律师"的代理辩护，郭氏兄弟所花的律师费已高达8亿港元，连同许××、前港交所高级副总裁等被告方，动用近百名律师，花10亿港元的天价律师费，创下司法史上最高的刑事审讯案件的金额。郭氏三兄弟的企业控制权争夺，使其企业遭受重创。

不少成功的创业者往往专注于管理企业，而没有意识到家族也需要一套完善的治理体系。虽然郭氏家族在父辈安排传承的时候，也采用了西方流行的家族信托，但是设计筹划的架构和方案却存在瑕疵，没有对信托方案与受益人特质进行"匹配"安排，给财富和企业管理的"明天"留下了莫大的隐患。

另外，在西方，家族宪章往往是确定家族内部治理的核心框架，家庭的争端和财产权利分配都依赖于这个框架所建立的规则和体系。但家族宪章这一理念在华人社会至今仍不甚流行，究其原因，传统观念认为，家人间的关系不需要采用严格的条款进行约束。其实中国自古即有"国有国法，家有家规"之说，而家规家训也构成了中国传统社会中家族治理和子女教育至关重要的基础。随着中国经济腾飞，数量众多的家族企业的迅速崛起，如何在家规家训这一传统智慧的基础上借鉴西方"家族宪章"的优点，结合当代中国的社会环境进一步发展家族治理体系，成为了摆在这些家族企业面前的新难题和挑战。

五、防控家族企业代际交接可能失败导致的家族财富损失风险

据统计，至2018年底，中国至少有300多万家民营企业面临企业传承问题。而企业传承困难的根源之一，就是家族企业的无形资产以及创一代的核心竞争力无法有效传承。在中国，不少一代创业者将大量精力放在打拼事业上，而对子女的关注相对较少，常常只是花重金将孩子送往国外镀金。这样一来，这可能从小就割断了接班人与家族企业间的联系，成年后并不一定适合承担领导家族企业的重任，也并不以家族企业为荣。因此，许多企业传承面临的困难就在于家族企业的无形资产、核心竞争力无法得以有效传承。

根据公开的报道，2014年5月8日，深交所上市企业海翔药业发布公告，

公司大股东、同时也是创始人罗邦鹏的儿子罗煜竑以 3.8 亿元的总价转让其所持有的全部 18.31% 的股份，标志着罗氏家族正式退出了这家罗邦鹏苦心经营四十年的家族企业；而坊间流传的消息纷纷指出，此时罗煜竑已经因为嗜赌而让家族背负上高达 5 亿元的赌债，不得已卖公司还债；同时，自罗煜竑继位以来，公司内部和投资业界也批评他缺乏足够的战略眼光、执行力和管理能力来领导企业。种种内忧外患之下，公司易主几乎难以避免。然而这种二代接班失败的故事并非个例，麦肯锡冰冷的数据之下揭露的是一个残酷事实：相当数量的家族企业缺乏接班人培养体系的长期科学规划，更没有欧美财富家族长期的通过家族宪法、家族治理来精心培育后代的安排。

如果企业家经过研究和判断，认为企业必须交给下一代，那么创一代必须有一个客观的判断，一方面，要考虑家族企业的无形资产、核心竞争力是否能够得以有效传承？如果企业的核心竞争力又严重仰赖创一代的"特殊资产"，包括政商人脉关系、对于行业的长期和深入的了解、管理能力等，那么创一代就必须客观判断，这样的"特殊资产"能否有效得以传承？另一方面，如果企业走下坡路的可能性比较大，二代传承意愿较低，传承后企业价值大幅缩水的可能性加大，那么创一代很可能会考虑将股权在价值高点的时候进行套现，方法包括并购模式的出售或转让，IPO 之后的退出，管理层收购等。在完成套现之后，再对现金资产进行财富管理和传承的安排，虽然这样做一定程度上保证了家族财富延续，但却失去了其赖以继续增值与发展的根基。

对此，企业家们可借鉴欧美财富家族的做法，包括进行完善的接班人培养，聘请专人制订详尽科学的接班人培养计划，从小培养子女的企业家精神和技能。

企业家可以聘请专业律师和财务规划师对企业和家族资产进行规划，提升家族企业和家族的治理水平，进行有效的过渡安排。这包括制定家族宪章、对家族资产进行全球税务筹划安排、对于作为未来继承人的资产管理和受益的权利进行分配、通过设立信托等手段隔离家族财富和企业资产、将家族成员定为家族信托的受益人，与此同时，与企业就家族成员进入管理层和获取投票权的规则达成一致，给予有能力的家族成员晋升接班的机会，亦设计模式防止败家型的后代对企业以及家族其他资产造成的破坏。

六、防控未能提早周全规划可能导致的损失风险

有部分财富人士认为，财富转移与传承是数十年后才会考虑的问题，自己正值壮年，应该把精力集中到企业经营、投资增值等方面。但事实上，企业家不应该仅仅关注财富的累积，更重要的是尽早为下一代的继承规划准备，确保资产能在家族中保存并实现代际转移。

没有提前规划的财富传承将缺乏保障，严重的可能会导致继承纠纷、亲人反目、隐私曝光，家族遗产分配变成战场，财富也在转移中出现巨额耗损，大幅缩水。

霍英东去世后其家人之间发生的遗产争夺案较好地诠释了这一风险。霍英东先生虽对其身后事有所考虑，但规划不周全。霍英东先生1978年就立下遗嘱，将遗产分配给三房妻儿，并指定其胞妹霍慕勤、妹夫蔡源霖、长房儿子霍震寰及霍震宇为遗产执行人。2011年，霍震宇到香港高等法院控告，指责其兄霍震寰涉嫌私吞资产，执行遗产分配时不透明、不平均。7个月后，两人达成庭外和解。2013年，霍英东7周年祭日之际，霍家争产案再次开战。霍氏家族纷争的重点原因在于财富传承方案有所欠缺，霍先生将主要财产留给了原配所生子女，通过遗嘱继承的方式来进行巨额财产分配，但同时又指定继承人中的某几位来担任遗嘱执行人，造成其他家族成员的不信任和质疑。

因此，未雨绸缪是关键，同时合理规划十分重要。财富传承要先确定转移的对象，挑选合适的转移时机，配以适当的转移工具，尽量降低财富转移中不必要的损耗；另外，财富传承应当根据不同的财产类型，合理安排搭配不同的传承工具和手段。

七、防控系统性外部风险导致家族财富损失风险

世界经济论坛将全球性风险划分为5个大类30项，其中"经济风险"可能造成家族财富的直接损失。由于经济风险属于系统性风险，采用家族信托等工具很难规避，仍值得家族财富的所有者和管理者高度重视、密切关注。

经济风险是经济体出现和存在的风险，包括主要经济体的资产泡沫、主要经济体的通货紧缩、主要财务机制或机构失灵、关键基础设施故障/欠缺、重要经济体财政危机、高度结构化的失业和不充分就业、非法贸易、严重的能源价格震荡、通胀失控9个具体风验，具体描述如表5-1所示。

表5-1 世界经济论坛对经济风险的描述

技术风险	描述	对家族财富的影响
主要经济体的资产泡沫	不可持续的定价过高的资产，例如主要经济体的商品、住房、股票等	短期内有利于家族财富的增值，但是长期来看，经济体的资产泡沫破碎可能导致家族财富的严重缩水
主要经济体的通货紧缩	主要经济体长期接近零的通货膨胀或通货紧缩	整个经济体的通货紧缩会导致经济长期不景气，对于以发展实体企业的家族来说尤为不利

续表

技术风险	描述	对家族财富的影响
主要财务机制或机构失灵	影响全球经济的金融机构崩溃／金融系统失灵	金融系统性风险将造成家族财富中金融资产价值的大幅缩水
关键基础设施故障／欠缺	未能对基础设施网络（如能源、运输和通信）进行充分投资、升级／保护，导致具有系统性影响的压力或故障	
重要经济体财政危机	过度的债务负担，造成主权债务危机／流动性危机	
高度结构化的失业和不充分就业	持续高水平的失业或就业人群生产能力利用不足	持续高水平的失业，会给家族企业尤其是雇员较多的工商企业带来严重的不安定因素
非法贸易（例如非法资金流动、偷税漏税、人口贩运、有组织的犯罪等）	法律框架以外的大规模活动，例如非法资金流动、偷税漏税、人口贩运、伪造／有组织犯罪，破坏社交互动、区域或国际合作以及全球发展	如果家族企业牵涉非法行为，对于家族财富的保值增值极为不利
严重的能源价格震荡（上升或下降）	能源价格显著上涨或下降，给高度依赖能源的产业和消费者造成进一步的经济压力	对于依赖某一特定能源或资源的家族企业，会大幅提升其经营成本，甚至影响其正常经营，导致家族财富损失
通胀失控	主要经济体的商品和服务总体价格水平出现难以控制的上升	恶性通货膨胀发生会严重影响一国汇率水平，打乱进出口秩序和金融秩序，大幅削弱财政政策和货币政策作用。同时，家族收入和生活水平受到严重影响

第二节　家族信托税务筹划需求

一、中国家族信托税收制度及税负水平

（一）中国信托税制现状

2001 年我国颁布的《信托法》只是提出了一个基础架构，还有许多配套的制度需要

建立，信托税制就是其中一项极其重要的配套制度。我国原有的税收制度均是与"一物一权"的传统财产制度相适应，难以简单套用信托这种"一物二权"的创新财产制度，必须予以重构。

1.《信托法》过于粗糙，信托税制缺失

《信托法》从 2001 年到 2019 年已实施近二十年，但《信托法》对信托财产的所有权规定不明确，没有明确"一物二权"的财产制度，没有像德国或日本规定受托人享有所有权，受益人享有债权的基本规则。原有的财产制度是建立在"一物一权"基础上的，财产权的所有人与受益人二位一体，不可分离，税收业务只能适用当前共性的税法。

2.信托税制缺失的后果

（1）重复征税。按现行税制，在信托存续期间，受托人管理信托产生的收益需缴纳所得税，当受托人对信托收益进行分配时，该部分收益需再次缴纳所得税，出现了同一收益重复缴纳所得税的现象。再以不动产信托为例，若委托人设立自益信托，则在信托的设立阶段，由于发生了不动产的移转，发生一次契税；在信托存续阶段，若发生受托人的变更，不动产的移转同样需要缴纳契税；当信托终止时，受托人将信托财产转移给受益人（自益信托中受益人即委托人），再次发生契税。同一不动产在信托设立、存续、终止的三个阶段共发生三次契税，而在信托的各个阶段，不动产的所有权只是发生了形式转移，而不动产的实质权益却始终被委托人享有，形成重复征税。

（2）税负不公。财政部、国家税务总局规定：对投资者（包括个人和机构投资者）从基金分配中取得的收入，暂不征收个人所得税和企业所得税。而开放式证券投资基金只是证券投资基金的一种，证券投资基金又属于资金信托的一种，是信托的一种表现形式。该规定对投资者从此种信托形式中取得的收入给予税收优惠，导致了其他形式的信托经营活动税负高于证券投资基金税负的不公平问题。建立在"一物一权"基础上的现行税制面对"双重所有权"的信托制度，会导致税负不公。构建适合我国国情并符合信托规则的信托税制，对避免信托当事人不合理税负，防止税收流失，完善金融税制，有效发挥信托的系统功能，促进家族信托健康发展，具有重要的意义。

（二）中国家族信托当前税负水平

企业家将持有的企业股权注入一个由自己掌控、按照自己意愿分配收益的家族信托，本质上是"左手倒右手"的资产转移，但按照国内目前的相关规定，这项操作属于"交易型转让"，因此需要按交易缴税。

1. 非上市公司股权注入家族信托

非上市公司股权注入家族信托存在两种缴税方式：一种是企业家将自主创建的公司股权（非上市）注入家族信托，初始投资成本与企业公允估值的差额将被征收相应的所得税与契税等。另一种是企业主将自己财务投资的企业股权注入家族信托，财务投资的增值部分缴纳相应的所得税与契税。

2. 上市公司股权注入信托

上市公司股权注入家族信托也分两种情况：一种情况是企业家自主创建的公司成功上市，若他打算将逾5%上市公司股权注入家族信托，一方面需证券交易所出具无异议确认函，即确认此举不属于减持，企业实际控制人未发生变更；另一方面相应的上市公司股权在注入家族信托旗下SPV公司时，企业家也需按初期投资成本与当前企业公允价值的差额，缴纳相应的所得税、印花税与契税。另一种情况是，企业家进行财务投资的企业已上市，且持股比例低于5%，那么相应的企业股权注入家族信托，完全按照证券市场交易规则进行买卖转让即可。

目前，在中国市场，家族信托所需承担的税负不比欧美国家高。欧美国家很早将家族信托中的财产转让行为视为"财产赠予"，并出台相应的财产赠予税，因此他们在安排家族企业股权传承时，往往会选择开曼群岛等离岸金融中心设立家族信托进行税务筹划，争取税收递延缴纳的效果。而中国尚未出台财产赠予税，鉴于欧美国家赠予税税率高于个人所得税，因此我国企业股权注入家族信托所产生的实际税负较欧美国家是偏低的。

二、委托人设立家族信托的税收问题考量

国内的税收制度与其他经济领域内的并无差异，即纳税主体的确定依据所有权的归属，而并未根据家族信托财产特点量身定制出适合其运行和发展的制度，从而出现了诸多混乱现象的发生，其中重复征税的情况最为明显。委托人设立家族信托时需要考虑设立时以及后续收益分配时的相关税收问题。

（一）信托设立的税务考量

国内委托人转让信托财产给受托人以设立信托，主要涉及委托人是否有核定转让所得以及受托人有没有应税接受捐赠所得两个税务问题。中国目前暂时没有专门针对赠与行为征收的"赠与税"。个人委托人转移信托财产给受托人的行为唯一可能涉及的中国税收是中国个人所得税。

根据 2019 年 1 月 1 日起实施的新个税实施条例第十六条，个人将财产用于捐赠、偿债、赞助、投资等用途的，应当视同转让财产并缴纳个人所得税，但国务院财政、税务主管部门另有规定的除外。目前除这个规定外尚未明确信托财产的转让是否包含其中。

另外，在转让信托财产过程中还可能涉及间接转让应税财产（包括公司股权）的税务处理问题，在税收筹划过程中，也要确保相关间接转让不被税务机关征税。

随着新个人所得税法的生效及全球征税系统（CRS）的执行，预计中国税务机关将来可能会对中国税收居民设立海外信托的安排加强税务征管。因此，在设立信托之前及过程中，应充分和税务律师/税务顾问进行沟通，取得专业意见，依据中国法律法规进行合理和合法的税收筹划。

（二）信托收益的税务考量

2019 年 1 月 1 日起中国实施的新个人所得税法和新个税实施条例。新个人所得税法引入了反避税条款，包括一般反避税规则和与关联交易或受控外国公司相关的特殊反避税规则。如果中国税务机关认为，该海外信托架构设立不具有合理商业目的而获取不当税收利益，则可能会使用一般反避税规则将信托财产由委托人转让给受托人的行为视为无效。根据新个税实施条例第二十七条，不具有合理商业目的，是指以减少、免除或者推迟缴纳税款为主要目的。

鉴于信托税制的特殊之处，应向信托受益人征税。向受益人征税更加具有针对性和有效性。然而，在家族信托关系当中，由于收益分配体制复杂多变。从委托人和收益人的角度出发，希望能以较低的税收成本来实现信托收益的合理分配。

面对该种现状和客户的现实需求，可以转变思路，根据信托实体理论，在不能明确受益人主体或分配额度时，依据实际存在的信托关系，赋予受托人对信托财产享有部分处分权，使其可以具有缴纳税款的权利，但对其权利要进行合理的限制，这样可省去不必要的成本，达到双赢的效果。

（三）信托分配的税务考量

中国税收居民个人需要根据个人所得税法所列举的所得项目缴纳中国个人

所得税，不论所得是来源于中国境内还是中国境外。个人所得税法列举了多项所得，对于取得信托分配的时候为中国税收居民个人的受益人来说，信托分配所取得的收益可能属于偶然所得。个人所得税法实施条例规定，偶然所得是指个人得奖、中奖、中彩以及其他偶然性质的所得。再且，对于个人取得的所得，难以界定应纳税所得项目的，由主管税务机关确定。对于偶然所得，需要全额征收 20% 的个人所得税。因此，取得信托分配的时候为中国税收居民个人的受益人可能需要就其取得的信托分配收益全额缴纳 20% 的个人所得税。

相对的，假设受托人是非居民企业、信托分配的行为在中国境外完成以及分配的财产位于中国境外，取得信托分配时，受益人不是中国税收居民，不需要就其取得的信托分配收益缴纳中国税收。

目前，国内在实际操作层面，对于信托分配尚未收取个人所得税。从以后发展趋势来看，在分配时本金部分或者说信托财产原值部分不会征收个人所得税，但对于信托财产的增值部分以后可能会纳入应税范围。

三、家族信托涉及的主要税种

从我国现行的税制来看，家族信托涉及的税收种类主要有企业所得税、个人所得税、契税、印花税、房产税、土地增值税及可能开征的遗产税、赠与税等税种。

（一）增值税

全面实施营改增后，原来征收营业税的项目一律改为征收增值税。如果信托活动涉及增值税的应税项目，则要发生增值税纳税义务。信托财产在信托当事人之间转移的环节，若属自益信托，对信托当事人任何一方不征收增值税。若属他益信托，对受托人和受益人不应征收增值税，但对委托人，如果发生了增值税的应税行为，则应当缴纳相应的增值税。在信托存续期间、受托人管理信托财产的环节，如果受托人管理信托财产时发生了增值税的应税行为，则应当缴纳增值税，纳税义务人为受益人，受托人应为扣缴义务人。

信托设立时，信托财产为资金，则不涉及流转税。若信托财产为不动产或无形资产时，信托委托人为增值税的纳税人，应按照应税不动产或无形资产的市场价值缴纳增值税。若信托财产为增值税的应税货物，则由委托人按照应税货物的市场价值计算缴纳增值税。按照国际信托税制原则，如果信托文件规定委托人和受益人为同一人的，则免征流转税以避免重复征税。

在信托存续期间内，受托人管理、处分信托财产的经营活动与其他非信托业务活动没有实质区别，应按照现行税制规定缴纳各项税款，并在信托收益中进行单独核算和扣除，由受益人或委托人最终承担税款。如果受托人以信托资金买卖股票、债券等以及应税货物的销售应该缴纳增值税。受托人在信托存续过程中获得的信托报酬作为经营收入，由受托人缴纳增值税。

信托终止时，信托财产的转移，在现有税收体系下视同销售类似环节缴纳流转税，存在重复征收问题。按照国际信托税制中的"实质重于形式"原则，并不构成销售，无须缴纳增值税。如果涉及增值税应税货物，在信托终止环节，应税货物由受托人转移给受益人当然也不构成销售，考虑到增值税抵扣机制的完整性，可在受益人销售这些应税货物环节再计缴增值税，受托人持有待抵的增值税进项税款可以在受益人销项税款中抵扣。

（二）所得税

信托设立时，如果委托人为法人或组织，并且信托财产是增值税应税货物、应税不动产和无形资产，那么委托人需要将信托财产转让视同销售产生的应税收入并入企业应税所得，缴纳企业所得税。

信托存续期间内，如果信托财产产生了收益，则应对该收益征收所得税。纳税义务人为受益人，受托人应当区分受益人是企业还是个人，分别按照《企业所得税法》和《个人所得税法》的相应规定扣缴所得税，并适用相应税收优惠。

受托人对于自身经营收入带来的应税所得负有缴纳企业所得税的义务。此外，为避免受托人、受益人就同一笔收益重复缴纳所得税，还规定受托人负有就信托收益单独核算缴纳企业所得税的义务，分配给受益人的为税后信托净收益。

信托终止或信托收益分配时，受益人从受托人处分回信托收益，如果受益人为企业、组织等企业所得税的纳税人，受益人可比照目前投资企业所得税抵免的操作办法就受托人已缴纳的信托收益所得税进行税前抵免。如果受益人为个人，理论上受益人可就受托人已纳的信托收益所得税与信托收益应纳个人所得税的差额抵减自身当期或以后的应纳个人所得税。受托人已纳的信托收益企业所得税低于受益人应纳个人所得税的，由受益人补缴税款差额。但在目前的实际操作中，未对个人征收所得税。

（三）印花税

信托无论在设立、管理和结束阶段，都会使用印花税的应税凭证，因而将会产生印花税纳税义务，在国内设立家族信托亦不例外。现行印花税的规定基本上可以适用于信托活动，但对信托财产在信托当事人之间转移环节使用产权转移书据，应当避免重复纳税。自益信托应对产权转移书据免征印花税；他益信托只应对委托人和受益人征收一次产权转移书据所产生的印花税；公益信托的印花税应予以减免。

（四）契税

当家族信托的信托财产为不动产时，将发生契税。信托财产在信托当事人之间转移的环节，根据我国税法的相关规定，若属自益信托，对信托当事人任何一方不应征契税；若属他益信托，对委托人和受托人不应征收契税，只对受益人征收相应的契税。在信托存续期间，受托人管理信托财产时发生了契税应税行为，则应当缴纳契税，纳税义务人为受益人，受托人应为扣缴义务人。

（五）土地增值税

在家族信托中，委托人将不动产作为信托财产的情况并不罕见。此时，将可能发生土地增值税纳税义务。

信托财产在信托当事人之间转移的环节，无论是自益信托与他益信托均不发生土地增值税；在信托存续期间、受托人管理信托财产的环节，如果受托人管理信托财产时将作为信托财产的不动产对外有偿转让并取得超额收益，应当由受益人缴纳土地增值税，受托人应为扣缴义务人。

（六）房产税

以房产作为信托财产设立家族信托时，涉及房产税的征收。

我国现行的房产税是以房屋为征税对象，按照房屋的计税余值或租金收入，向产权所有人征收的一种税。当家族信托财产为城镇房屋时，将有可能发生房产税。信托财产在信托当事人之间转移的环节，房产税的纳税义务人应为受益人。在信托存续期间受托人管理信托财产的环节，纳税义务人为受益人。

（七）股权注入家族信托的综合税务问题

企业家将企业股权注入家族信托，一方面是希望能将个人财富（企业股权对应的财富）与企业经营风险隔离；另一方面是基于当前子女不愿接班，想通过家族信托形式妥善解决外部职业经理人与家庭成员围绕企业利益分配的纠葛。但税负问题让部分企业家望而却步。目前，多家信托公司在与地方政府沟通，争取为企业股权注入家族信托寻求税收政策优惠，推动国内家族信托业务发展。

要将企业股权注入家族信托，其实际操作起来并不复杂。只需企业主与家族信托受托机构前往工商部门登记，将持有的企业股权转让给受托机构旗下的SPV公司即可。但这项操作遇到的最大挑战是在税收层面。企业家将持有的企业股权注入一个由自己掌控、按照自己意愿分配收益的家族信托，本质上是"左手倒右手"的资产转移，但这项操作属于"交易型转让"，因此需要按交易缴税。

由于企业家在自己创建的公司股权被注入家族信托时，需缴纳动辄数千万元的税收，只好选择观望。多家信托公司就此项业务与税务部门进行沟通，解释这是家族企业传承的一项财务安排，以此争取税收优惠政策。其中包括递延交付税收，即企业股权注入家族信托时不缴税，等到企业股权最终被受托机构按照家族成员受益人意愿出售时，才缴纳相应的所得税与契税。

部分地方政府基于招商引资的考虑，也倾向于采取相应的税收优惠措施，通过将家族信托注册在当地，吸引相关企业落户。此外，针对上市公司股权注入家族信托，相关信托公司也在与证券监管部门沟通，能否在上市公司股票注入家族信托过程中相应地减免印花税、契税。若税收问题得到妥善解决，将在很大程度上推动国内家族信托业务的快速发展。

将企业股权注入家族信托，不应是基于避税的考量，而是建立一种完善的财富传承制度安排，避免家族成员之间、家族成员与外部职业经理人团队之间，围绕企业决策话语权与利润分配展开不必要的争夺，确保企业长远发展。

四、家族信托的税务筹划

（一）税收筹划两大核心

1. 免除双重征税

双重征税即常见的公司征税模式，是指要经过两道征税：在信托实体层面上，信托要缴纳所得税；信托受益人在收到信托收益后，也要缴纳所得税。

但双重征税不适合家族信托，因为早期家族信托的设立多起于照顾家庭，如年幼的家庭成员不适合直接拥有大笔财产，或委托人想让一个与其同辈的家庭成员使用某笔财产，而同时希望该笔财产最终传到其后辈手里，这时就委托受托人代为其管理。

从英国和美国历史上看，这种家庭成员间安排的合法性和重要性都得到社会承认，而对此征收双重税收将会使信托的成本大大提高，从而抵消设立信托的种种益处。因此，针对信托的双重征税模式没有被采纳。

最终被各国普遍采纳的征税方式：信托累积（没有分配给受益人）的收入部分，由信托实体缴税；其中分配给受益人的收入部分，仅由受益人缴纳所得税；对信托原物或本金的分配，不用缴税。如此一来，既避免了双重征税，也规范了某些特定手段的逃税路径。

2. 规划税率级别

信托是单独的纳税实体，应为其累积的任何收益纳税。但是如果受托人将信托收益分配给信托受益人，则由取得信托利益的受益人为此纳税，而信托本身无需缴纳这部分所得税。

此处的税务筹划空间：所得税往往实行累进税率，收入额越高，税率级别就越高。因此，如果受托人有自由裁量权，可以决定将信托收益分配给缴税税率级别比委托人低的受益人，则可以节省更多的所得税。

此外，许多信托的受托人有权决定是否对原物进行分配，而对原物的分配通常不是受益人的应税收入。因此，只要税法没有禁止受托人可以自由裁量决定哪些分配属于对收益的分配，哪些分配属于对原物的分配，受托人就可以将所有的分配作为对原物的分配，而将所有的收益进行累积并保留在信托，从而为受益人节省较大金额的所得税。

当然，并不是每种信托都可以通过将信托收益分配给税率级别较低的受益人来节省所得税。有时信托和受益人都无需对信托的应税收益缴税——负有缴税义务的是信托的委托人。这主要是看委托人是否对信托财产保留支配和控制权。

以美国为例，如果创设信托没有带来真正的经济影响或改变任何经济关系（即委托人对信托财产保留支配和控制权），联邦税法则忽略该信托的存在，直接向委托人征收信托财产的收益所得税。

有时委托人出于种种目的，同时创设数个信托（即多重信托），如果这些信托的委托人和主要受益人基本上是同一个人或同一群人，并且设立这些信托的主要目的是为了避税，联邦税法也会将这些多重信托视为一个信托来征税。

（二）离岸信托避税的主要方式

1. 在避税地设立个人持股信托公司

一个高税负的跨国纳税人可以在某个免征所得税和遗产税的避税地设立一个个人持股信托公司。所谓个人持股公司是指投资收入占总收入 65% 以上，50% 以上的股份被五个以下的自然人持有的公司。由于这种公司被五个以下的个人所控制，所以跨国纳税人很容易利用其亲属的化名来顶替，而实际上却是由他一人控制公司。然后，他把位于高税国的财产信托给这家公司经营，并逐步将在高税国的财产及其经营所得转移到避税地。他本人可以是这笔信托财产的受益人，他死后这笔财产也可以按事先确定的办法分配给指定的受益人，这样就可以逃避掉全部或一部分的所得税和遗产税。

2. 利用自由裁量信托减少所得税

现代各国对所得税的征收采取的都是累进税率，所得级距越高的部分，适用的税率也越高。信托人可以在避税地设立一个自由裁量信托，当某一受益人由于信托收益的分配使其总收入增加而可能适用较高级距税率时，受托人根据信托人事先设定的条件有权决定不再对其进行分配，而将信托收益分配给收入较低的其他受益人，从而确保信托收益能一直适用较低的税率。跨国集团通过这种特殊形态的信托设计可以达到在集团内部各子公司之间进行收入分割、转移所得的目的，从而使集团整体的税收负担下降。

（三）与滥用国际税收协定的避税方式相结合

如果位于某避税地的银行与一项贷款的利息支付国之间签订有减征预提税的双边税收协定，但是发放贷款的跨国纳税人所在国与利息支付国之间却没有这种税收协定，那么跨国纳税人就可以与该避税地银行签订信托合同，由银行作为受托人代为收取利息，跨国纳税人则由此逃避了一部分税收。

（四）信托结构复杂化

信托一般建立在对其实行管理的避税地，但是跨国纳税人往往通过对各具特色的避税地的巧妙搭配来获得最大的避税效果。例如巴哈马信托允许受托人不必是居民，信托资产不必存放在巴哈马，并对信托颁布资产保护法以抵制债权人和大陆法国家的裁决。泽西岛对信托业实行税收裙带，境内的受托人如取得信托财产的境外所得，而受益人又不是泽西岛居民，这一信托企业不必缴纳所得税。这样，委托人就可以先在巴哈马设立信托，再将该信托及其财产从巴哈马转移出来交给泽西的受托人在泽西境外进行管理。在这种设计下，信托、受托人、管理地分处异地。精心安排的信托结构不仅使纳税人充分享受到了各个避税地所提供的税收利益，同时也散布了迷惑税务当局的"烟雾"。

五、完善我国信托税制的建议

（一）发达国家信托税制对我国的借鉴意义

1. 美国、英国、日本等国信托税制依据的基本理论

信托税是国家税制的构成部分，首先应当遵守国家税制的基本原则，如税收法定、量能课税。但是，信托税制作为区别于"一物一权"主义主导下的财产制度，又有自己的独特之处。信托的优势在于可以实现所有人与受益人权益的分离、风险的分离。

英国、美国、日本等国信托税制依据的基本理论如下：

（1）信托导管理论。信托根据受益人是委托人自己还是他人分为自益信托和他益信托。在他益信托中，信托本质上被视为委托人对受益人的馈赠，这种馈赠包括生前的赠与和死后的遗赠，受托人在其中的角色为"枢纽和通道"，不享有实质性的信托利益，这就是著名的"信托导管理论"。日本的信托税制设计就是采用信托导管理论。

（2）信托实体理论。这一理论认为信托及信托财产为一实体，那么除作为委托人与受益人财产输送的管道之外，尚应同时承认信托所增加的利益可以累积及储存在信托财产中，受托人根据对财产做交付或再利用的信托行为，可以不交付或延缓交付时间。

采用实体理论，因为信托财产可以累积或延缓交付，受益人可利用此期间调节所得年度，这样易产生租税规避行为，因此税制应做防止不当避税的设计。采用导管理论，处理方式较为简便，直接以信托财产取得年度的所得作为受益人的年度所得，没有防止延缓税负的必要。

2. 英国、美国、日本信托税制的实践

英国、美国和日本等信托业发展较成熟的国家，涉及信托的税收内容一般包括信托设立环节的课税、受托人管理、运用和处分信托财产环节的课税、信托利益交付环节的课税和信托关系终了时财产权转移环节的课税。

就纳税主体而言，各国一般遵循"实质课税原则"，奉行"谁受益、谁纳税"；

就信托税制的税种而言，从设立到终止需要经历信托设立、信托存续和信托终止三个环节，各国一般在信托设立环节征收资本利得税，在信托存续环节对信托财产收入征收商品税、所得税，对信托报酬征收所得税；在信托终止环节，对信托收益征收所得税、遗产税等；各国一般都对公益信托中的信托财产及其收益采取税收减免等优惠政策。

（二）我国信托税制构建应遵循的基本原则

1. 税收法定原则

税收法定是指一切税收以及与其有关的活动都必须有法律明确规定，没有法律明确规定的，人们不负有纳税义务，任何机关和个人也都无权向其征税。

2. 税收的公平和效率原则

税收公平的原则实际上有两个方面：一是非歧视性的原则，即税法应对具有相同条件的纳税人实行无差别税收待遇。二是按纳税能力实行区别对待的原则。具有相同纳税能力的纳税人要承担等量的税额，以实现"横向公平"；而纳税能力不同的纳税人要承担不同量的税额，以实现"纵向公平"。税收效率原则是指国家征税应使社会承担非税款负担为最小，即以最少的成本取得依法应有税收收入。

3. 实质课税原则

在适用税法确认各个课税要素时，必须从实际出发，从事物的本质去审查确认。如果实质条件满足了课税要件，那么就应按实质条件的指向确认纳税义务。

（三）完善我国信托税制的建议

1. 建立分税补充模式

构建信托税收制度通常有两种方式：单一的信托税法体系和分税补充模式。

单一的信托税法体系是指制定并出台专门的"信托税法"。分税补充模式指在有效设立信托后，涉及各方当事人的各税种部分分别制定于各税法中。西方大部分发达国家对信托的征税存在于信托业务的各个环节，几乎涉及所有税种，有关信托课税的规定散见于各税种中。现今我国信托业发展还不太成熟，且鉴于我国的税法体系现状，不适合制定单独的信托税法。因此，可以借鉴西方的经验，根据我国具体国情，将与信托相关的税收规定具体添加到各税种当中，或更改原税收条文的规定，使对信托的征税更加系统和完善，减轻信托税制的扭曲。

2. 选择合理的纳税环节，避免重复征税

根据信托本身的特点，选择合理的纳税环节，尽可能地避免税款的重复征收。由实际受益原则，应当对实际享有信托收益的受益人课税，因为受托人并未享受实质性的信托收益。在应税项目发生时，可由受托人在信托财产中直接将税金扣除，其实质上是由受益人承担了纳税义务。但若受益人不确定或对受益人课税有困难、财产没有分配时，可由受托人代扣代缴税款，防止税款流失。

3. 完善信托登记制度

我国信托登记制度的缺失是信托业中存在重复征税的另一大原因。比如英国、美国等国家，主要通过信托登记制度来解决信托财产独立性的问题，明确信托财产与其他财产的界限，有利于对信托业进行监督管理。《信托法》中规定了信托登记的法律地位和法律效力，但在当前的实际操作中仍面临很多困难。信托登记制度短期内难以推进和完善，但可以制定与信托财产权转移相关的税收优惠政策，增加此类的减免税项目。

第三节　家族信托的营销和操作流程

（一）金融产品营销管理概述

一、金融产品营销概述

金融产品营销是经济与金融发展到一定阶段后企业营销理念在金融领域的运用。依据营销大师菲利普·科特勒对市场营销的阐述，金融产品营销是指金融机构以市场需求为核心，各金融机构采取整体营销的行为，通过交换、创造和销售满足人们需求的金融产品和服务价值，建立、维护和发展与各方面的关系，以实现各方利益的一种经营管理活动。

曾经在很长一段时间，金融机构的经营重点是产品开发及其风险管理，对市场营销的认识及实施比工商企业晚。这与银行等金融企业长期处于"卖方垄断"的市场地位有关。但是近几十年来，情况有了越来越大的变化，西方发达国家的变化较早，我国在近年变化较大，尽管与发达国家相比差距仍然较大，

但是我国一直在进步。目前，金融机构对于营销给予了足够重视，在传统营销渠道和方式的基础上，大力引进金融科技，实现全方位营销、精准营销。

（二）发达国家金融产品营销的发展阶段

美国金融业最早的营销概念可追溯到 20 世纪 50 年代。到 20 世纪 60 年代，美国个人银行业务的营销飞速发展。

而欧洲的应用相对较晚，直到 20 世纪 70 年代银行营销才逐渐成为英国银行业界讨论的焦点。最近 20 多年，金融机构对营销的兴趣直线上升，金融机构尤其是银行业的业务也因此蓬勃发展。其发展进程大致经历了五个阶段：

1. 营销观念萌芽阶段（1958 年以前）

之前普遍认为市场营销与银行业无关。在人们的印象中，银行业与客户之间向来用不着进行营销活动，因为客户在需要银行业服务的时候不得不走进银行的大门。直到 1958 年，美国银行业协会才在其年会上第一次提到市场营销在银行业的运用。美国有些银行业金融机构开始借鉴工商企业的做法，在个别竞争较激烈的业务上采用广告和促销手段。随后许多竞争对手争相效仿，银行营销观念由此推广到整个金融业。

2."友好服务"阶段（20 世纪 60 年代）

银行业发现自己靠广告、促销带来的优势很快被竞争者的效仿所抵消，它们感到吸引客户不难，但是忠诚客户的形成比较难。因此银行业开始注重服务质量的提升，例如营造温馨友好的环境，但是这种做法也被竞争者所效仿，于是整个银行业又兴起了友好服务培训和装饰改进的热潮。

3. 金融创新以及产品深度与广度扩展阶段（20 世纪 70 年代）

20 世纪 70 年代中期以后，金融业经历了大变革，推动了金融市场营销的迅速发展。许多银行开始意识到其所经营的业务本质是满足客户不断发展的金融需求。客观上金融管制放松，使银行开发新产品和服务成为可能。为了获得差别优势，规避风险，寻求利润，银行开始在金融工具、金融市场以及金融服务项目等方面创新，如提供信用卡服务、上门贷款、共同基金、国际保险等。

4. 重视服务定位阶段（20 世纪 80 年代）

由于金融产品有很强的同质性，每当银行业领先推出广告、微笑服务和产品创新时,结果都会逐渐被同行业竞争者模仿。于是,银行业被迫去探索如何发展自己的特殊优势。他们发现没有一家银行能成为所有客户心目中的最佳银行,并向客户提供所需要的全部银行服务。因此,银行业意识到应该有所选择,在本行业中寻找到适合自己的特定位置,与其他机构区别开来。这个时候,许多银行纷纷确定自己的形象和服务重点。如有的强调自己精通各种金融技术,为大公司客户提供服务;有的专门服务于中小企业;有的注重规模形象,擅长国际金融服务;有的专注于对其产品的精心设计、定价和广告宣传,集中吸引高收入人群;有的把目标锁定在 25 ~ 45 岁年龄段的客户;而有些银行业机构则把兴趣放在老年客户身上,等等。不同的市场定位体现了银行之间的差异,也使客户能挑选对他们最适宜和最大程度满足他们要求的银行。

5. 现代银行营销阶段(20 世纪 90 年代以来)

银行业为保住自己的市场优势,获得持久的好业绩,开始重视营销环境的调研分析,借助营销的理论与方法,制定战略目标和经营策略,通过营销分析、计划、实施和控制,建立和保持与目标客户之间互利的交换,最终实现自身目标。在我国,工商企业运用市场营销原理指导经营活动较早。但金融机构营销起步很晚,目前虽有相当程度的发展,但与发达国家的金融营销比较,仍存在较大差距。

(三)我国金融产品营销的发展阶段及分析

1. 我国金融产品营销的发展阶段

我国以银行业为代表的金融产品营销大致可以划分为三个发展阶段:

(1)排斥阶段(20 世纪 50 ~ 80 年代)。计划经济时代,银行业与市场无缘。

(2)萌芽阶段(20 世纪 80 年代中期至 90 年代)。1984 年中国人民银行单独行使中央银行职能。1985 年信贷资金管理体制改革,银行经营主动性有所增强。1987 年交通银行成立,解开了银行业竞争的序幕,银行开始寻求业务拓展的渠道,向客户推销银行产品,但营销主要体现在存款推销上。

(3)初步发展阶段(20 世纪 90 年代中期至今)。1994 年,专业银行向商业银行转轨,经营目标中的营利性目标为银行营销机制的建立提供了内生动力,市场竞争的激烈化给银行业营销发展带来了外部压力,而金融市场日益完善为银行开展营销活动开拓了广阔的空间。

银行营销活动成效显著,主要表现:①银行服务理念的树立。各大银行纷纷推广文明用语,改善服务态度。②金融产品不断开发推广。在传统业务的基础上，产品不断翻新。③分销渠道拓宽。主要是增设分支机构，形成规模庞大的营销网络。

利用多种有效的促销手段。通过各种媒体宣传产品，激发客户需求，并采用客户经理制，开发培育长期客户。

2. 我国金融产品营销的相关分析

银行业金融产品营销的发展过程表明：其一，金融营销是金融机构为适应竞争状况日益加剧的产物，并已成为金融机构开发市场、提高经营业绩的重要手段；其二，金融营销已经不限于促销范围，几乎涉及所有的经营活动，如市场研究、市场预测和售后服务、信息反馈等，成为银行经营管理，如产品的研究、开发、定价、促销等的基础工作；其三，金融产品营销的出发点是客户的需要和客户的满意度，金融机构意识到最有价值的"资产"是客户。

从事金融营销，必须对金融市场有十分清晰的了解，并熟悉其运作的基本规律。我国金融市场和其他市场相比，对国民经济的渗透力和影响力大，受到政府的控制；金融市场结构日趋多样化，相互影响、相互关联日趋增强，跟踪市场信息指标，捕捉跨市场机会，可以提高营销竞争力。而金融市场产品比较传统，同质化高，创新能力不足，满足国民财富增长需求的潜力巨大。最后，金融市场参与者也日益增多，机构和大众参与的规模和程度都在扩大。

虽然金融营销在我国起步较晚，但是发展迅速，已经成为金融机构经营管理的重要内容。

1958 年，在全美银行协会会议上，第一次公开提出了金融营销的概念，由此揭开了金融营销理论应用的序幕。之后，随着金融市场的不断完善与金融体系的不断发展，金融营销的内容也日益丰富。在激烈的现代金融竞争中，金融营销发挥了巨大的作用，它有助于提升金融机构的管理水平、开展集约化经营、应对复杂多变的市场环境，可以说，金融营销是现代金融企业经营中的一项重要管理活动。

（四）信托产品营销

1. 信托公司产品的营销渠道

信托产品销售渠道总体可以分为三类：公司直销、金融机构代销、自营垫付和其他销售渠道（主要指具备基金销售业务资格的非金融机构代销）。经调查，2018 年 51 家信托公司新发行信托产品的销售渠道如表 5-2 所示。

表5-2　51家信托公司2018年新增信托产品渠道销售情况

销售渠道	销售规模（亿元）	销售渠道占比（%）
1. 公司直销	14167.87	100.00
财富部门直销	8826.23	62.30
资产端业务部门直销	5140.43	36.28
其他员工直销	201.21	1.42
2. 金融机构代销	11910.35	100.00
商业银行代销	11087.89	93.09
证券公司（含资管公司）代销	717.94	6.03
期货公司（含资管公司）代销	0.24	0.00
公募基金公司（含资管公司）代销	6.53	0.05
保险机构（含资管公司）代销	64.99	0.55
信托公司代销	1.29	0.01
其他金融机构代销	31.48	0.26
3. 其他销售渠道	104.77	100.00
销售规模合计	26181.77	

根据对68家信托公司中的51家进行调查，51家信托公司2018年度共新增主动管理类信托产品销售2.62万亿元，其中信托公司直销1.42万亿，金融机构代销1.19万亿元，其他销售渠道104.77亿元。信托公司直销占全部销售规模的54.11%，直销规模和占比均达到一定水平，这与越来越多的信托业将财富管理作为战略转型方向、积极发展财富管理业务直接相关。在信托公司直销方面，51家信托公司财富部门直销规模占比为62.3%，资产端业务部门直销规模占比为36.28%，剩余1.42%为其他公司员工直销。在12家信托公司2018年采取了"全员营销"以促进公司直销业务发展。在金融机构代销方面，商业银行代销规模仍是商业银行一支独大，占比高达93.09%。居其后的代销机构为证券机构（含资管公司），2018年代销规模为717.94亿元，占比为6.03%。保险机构（含资管公司）、其他金融机构以及公募基金公司（含资管公司）等代销规模较少，占比很低。

2. 信托公司的营销机构设置及人员状况

"财富管理"已成为我国信托业战略转型的方向，信托公司财富直销规模和占比均达到了一定水平，在财富管理市场上的竞争力不断增强。不过，信托公司对自然人客户投资潜力的挖掘仍有较大提升空间，通过推动家族信托业务，可以不断积累、维持有效客户和提升受托资产规模，积极提升综合金融服务能力。

截至 2018 年末，已有 59 家信托公司专设财富管理部门，其中 25 家信托公司又下设了二级部门，如营销管理部、客户服务部和区域财富中心等。

根据对 61 家信托公司调查的数据，截至 2018 年末，61 家信托公司在全国 52 个城市共设立了 347 个财富中心。前十大区域财富中心城市分别贡献了202 个财富中心和 3499 名财富人员，占 61 家信托公司全部区域财富中心个数和财富部门人数的 58.21% 和 71.42%。在区域财富中心分布方面，北京市与上海市不分伯仲，分别有 38 个和 39 个信托公司在北京、上海设立区域财富中心，并分别配置 835 名和 718 名财富人员，明显领先于其他城市。在前十大区域财富中心城市中，成都市和西安市之外其他 8 个区域财富中心城市都集中在京津、长三角和珠三角城市群。除了北上广深一线城市和部分信托公司的注册地所在地城市（省会城市或副省级城市），部分信托公司也开始选择在长三角和珠三角等经济较为发达的地级市布局区域财富中心。

表 5-3　2018 年末前十大区域财富中心城市情况

序号	区域财富中心城市	财富人员（个）	设立区域财富中心的信托公司个数
1	北京	835	38
2	上海	718	39
3	杭州	481	21
4	成都	338	18
5	西安	248	11
6	深圳	246	22
7	南京	218	15
8	广州	193	19
9	天津	123	8
10	苏州	99	11
前十大区域财富中心小计		3499	202
61 家信托公司合计		4899	347
前十大区域财富中心占比		71.42%	58.21%

截至 2018 年末，被调查的 61 家信托公司共配备财富人员 4899 人，其中财富营销人员 4151 人，占比 84.73%。在信托公司具体财富人员配备方面，财富部门人数超过 1000 人的只有中融信托一家，为 1334 人；财富部门人数超过 100 人的信托公司有 13 家，合计占比 21.31%；40 家信托公司的财富部门人数不足 50 人，占比 65.57%。

表 5-4　61 家信托公司 2018 年末财富部门人数分布情况表

序号	信托公司财富部门人数分布（人）	信托公司个数（个）	信托公司个数占比（%）
1	≥ 1000	1	1.64
2	≥ 500，且 < 1000	0	0.00
3	≥ 200，且 < 500	3	4.92
4	≥ 100，且 < 200	9	14.75
5	≥ 50，且 < 100	8	13.11
6	< 50	40	65.57
合计		61	100.00

与商业银行相比，信托公司在行业知名度和品牌建设方面存在较大差距。根据行业调研情况，截至 2018 年末，已有 14 家信托公司设立了专门的公司财富品牌，与前两年相比，2018 年末已专门设立财富品牌的信托公司没有出现明显变化。

3. 自然人客户分布及投资规模情况

根据对 44 家信托公司调查的数据，截至 2018 年末，44 家信托公司有信托产品余额的自然人客户存量为 24.92 万人，投资规模合计 1.02 万亿元。投资规模在 1000 万元以下的自然人客户数量 23.18 万人，占比 93%，贡献的投资规模占比 62.49%，这说明国内绝大多数自然人客户的信托投资规模集中在 1000 万元以下，信托公司客户的投资潜力有待进一步挖掘。投资规模超过 5000 万元的超高净值自然人客户数量 1086 人，占比 0.44%，贡献了 11.61% 的投资规模。投资规模在 5000 万元以上的超高净值客户数量较为有限，这反映了信托公司在拓展客户方面仍有较大的进步空间。

表5-5　44家信托公司自然人客户分布及投资规模情况（截至2018年末）

单个自然人客户投资规模区间	客户数量（个）	客户占比（%）	投资规模（亿元）	投资规模占比（%）
1. ≥100万元，且<300万元	111354	44.68%	1497.33	14.71%
2. ≥300万元，且<1000万元	120409	48.32%	4864.15	47.78%
3. ≥1000万元，且<5000万元	16357	6.56%	2636.17	25.90%
4. ≥5000万元，且<1亿元	716	0.29%	462.85	4.55%
5. ≥1亿元	370	0.15%	719.18	7.06%
合计	249206	100.00%	10179.69	100.00%

客户委托资产情况，对41家信托公司进行了调查，共有101.94万自然人客户和5.28万户机构投资过信托产品。截至2018年末，尚有28.76万自然人客户和1.5万机构客户仍有信托产品，投资余额分别为1.21万亿元和8.78万亿元，占全部自然人客户和机构客户数量的28.21%和28.41%，即71.79%的自然人客户和71.59%的机构客户存在流失风险，如何继续有效吸引这些目前没有信托产品投资余额的客户是各信托公司面临的严峻考验。

2018年末，被调查的41家信托公司自然人客户委托资产规模占自然人、机构客户委托资产规模总额的比例为12.09%，因此信托公司主动管理类项目的绝大部分委托资产来源仍是机构客户。另外，截至2018年末，41家信托公司有信托产品余额的自然人客户数量超过5万人的信托公司只有中航信托和中信信托，相对应的委托资产规模均超过1500亿元，这两方面数据均明显高于其他39家信托公司。

表5-6　41家信托公司2018年末客户数量及委托资产情况

客户数量及委托资产	数值
1. 自然人客户数量（万人）	101.94
其中：有信托产品余额的自然人客户数量（万人）	28.76
2. 有信托产品余额的自然人客户数量占比	28.21%
3. 自然人客户委托资产规模存量（亿元）	12077.57
4. 机构客户数量（万户）	5.28
其中：有信托产品余额的机构客户数量（万户）	1.5

客户数量及委托资产	数值
5. 有信托产品余额的机构客户数量占比	28.41%
6. 机构客户委托资产规模存量（非穿透）（亿元）	87838.28
7. 自然人、机构客户委托资产规模存量合计（亿元）	99915.85
8. 自然人委托资产规模存量占比	12.09%

4. 信托公司营销中存在的问题分析

信托公司财富管理业务整体发展水平与公司发展需求之间仍存在一定差距。一是行业监管政策引导不足，二是信托公司对财富管理业务的定位不清晰，三是专业人才力量不足。

信托公司信托产品供给较为单一，普遍缺乏非固收类产品供给。一方面，我国长期"刚性兑付"的理财市场促使投资者对非固收类产品的认可程度较低；另一方面，最能代表信托公司主动管理能力的投资类业务占比普遍不高，且净值型浮动收益类产品配置需要时间培养。

以银行理财子公司为代表的金融同业竞争加剧，各商业银行纷纷设立银行理财子公司，由于在股东背景、客户资源等多方面的资源禀赋优势，这无疑会对信托公司的财富中心布局造成一定的冲击。

信托产品营销风险仍不时显现。《信托公司管理办法》明确禁止非金融机构代销信托产品，同时源于信托的高端私募属性和严厉的行业监管，至今也没有形成一个成熟的互联网信托业务模式。

二、家族信托目标客户的特点分析

（一）高净值人群的地域分布

截至 2018 年末，全国有 23 个省市的高净值人群人数已经超过 2 万人，其中山东高净值人群人数首次突破 10 万人，迈入广东、上海、北京、江苏、浙江五省市所在的第一梯队；另有 5 省市的高净值人群数量超过 5 万人，分别为四川、湖北、福建、辽宁和天津。

2016 ~ 2018 年高净值人群延续往年集中度下降的趋势，区域差异进一步缩小。前五省市的高净值人群人数及可投资资产增速放缓明显，低于其他省市及全国平均增速，2018 年，广东、上海、北京、江苏和浙江五个省市的高净值人群人数占全国总数比例约为 43%；其持有的可投资资产占全国高净值人群财富比重约为 59%，低于 2016 年的 62%。

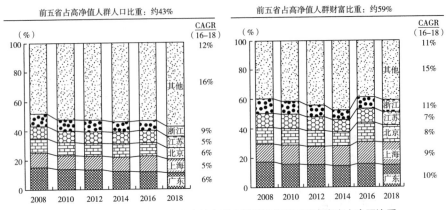

图 5-1　2018 年五个省市高净值人群及其所拥有的可投资资产占全国比重

资料来源：贝恩公司高净值人群收入 - 财富分布模型

　　过去几年，在棚改工程及城镇化进程加快推动下，三四线城市房地产拉动了当地财富水平提升。2015 年起国务院提出棚改三年计划，棚改全面加速并以货币化安置占主导，在创造购买力需求的同时加快消化库存；加上在"三个一亿人"目标推动下，户籍人口城镇化的红利持续释放，部分三四线房地产市场量价齐升。其中，山东省 2015 ~ 2018 年连续四年棚户区改造规模居全国首位，2018 年底商品住宅销售面积达 1.3 亿平方米，销售额突破 1 万亿元。在"一带一路"及地方性产业政策推动下，中西部省份经济快速发展。其中，陕西省、重庆市、云南省积极融入"一带一路"建设，分别开展中欧铁路、中缅油气管道等基建项目，落地商贸、国际产能合作中心，为当地经济发展带来新机遇；江西省、广西壮族自治区出台"映山红行动""工业高质量发展行动计划"等地方性产业政策，鼓励民营企业转型升级。前五省份高净值人群在资本市场的配置比例较高，受市场波动的影响更显著，同时在"房住不炒"的基调下，此类省市受房地产调控力度较大，价格与销量下滑明显，高净值人群规模增速有所放缓。

（二）高净值人群职业及性格分析

　　胡润财富创始人兼首席调研员胡润表示："虽然中国富豪的消费能力很大，但现在我感觉他们还在从富豪到新贵族转变的路上。"我国高净值人群的职业主要是企业主、职业投资人、明星、专业人士等。其中企业主在高净值人群中的比例最大，企业高级管理层、企业中层及专业人士群体规模持续上升，占全部高净值人群的比例由 2017 年的 29% 上升为 2019 年中期的 36%。

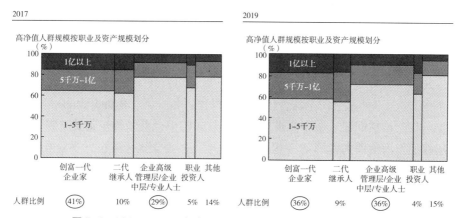

图 5-2　2017～2019 年中国高净值人群构成按职业及资产规模划分

资料来源：招商银行 - 贝恩公司高净值人群调研分析

性格因素在研究高净值客户投资行为中起着非常大的作用。通过充分了解高净值客户的性格特征，能够在高净值客户投资行为中找到有效的规律，进行客户分类，把握投资者心理，制定出行之有效的方案。通过对该人群进行分析，我们得出以下性格特征：

第一，勤奋、忍耐力极强且吃苦耐劳，舍得付出，锐意进取，不安于现状，大多有鸿鹄之志。许多高净值客户以前付出努力往往都是平常人的许多倍。

第二，敢于梦想，敢于拼搏，义无反顾，总是在和困难做斗争。遇事不怕、迎难而上是高净值客户的一大特点，这是他们取得辉煌成就的重要原因之一。

第三，勤俭持家，反对铺张浪费。高端客户大部分都是勤劳致富，深知财富获取的困难。

第四，永远都有未完成的目标。设定目标，认准目标直到最后获得成功。

第五，自信。在取得一系列的成功之后，他们的自信心随之增加；反之，自信心的增加也会使他们的事业更加顺利。这一种良性循环帮助他们获取不断的胜利。

（三）高净值客户学历及行业分布特征

除了"创一代"，其他高净值客户的教育及行业分布具有以下特征：在教育背景上，接近 90% 的受访企业高级管理层为大学及以上学历；在行业分布上，约 30% 为战略新兴产业（信息、生物医药、高端装备制造和新材料、新能源及环保），18% 为制造业，10% 为金融行业。良好的教育背景和丰富的行业经验使企业高级管理层对于经济宏观趋势、行业动态和金融市场的了解高于高净值人群平均水平，相应对财富管理机构专业投资能力的要求更高。

（四）年轻高净值客户的新特点

2019 年上半年，著名管理咨询公司贝恩公司发布了 2018 年度《中国奢侈品市场研究》。贝恩公司全球合伙人、报告作者布鲁诺（Bruno Lannes）指出，千禧一代、消费回流、数字化发展和快速壮大的中产阶级，是驱动中国奢侈品市场快速发展的四大原因。

报告中的千禧一代指的是 23 ~ 38 岁的消费人群。他们成为中国奢侈品市场消费的主力军，2018 年度的增长份额几乎全由他们贡献，女性的贡献尤其突出。报告同时指出，中国的千禧一代不会失去对奢侈品的购买兴趣或消费意愿。瑞银（UBS）近期的一项调查表明，中国 71% 的千禧一代表示对财务前景持乐观态度，81% 预计收入将有所上升。

在波斯顿咨询公司发布的《中国私人银行 2019》报告指出，"80 后""90 后"成为新兴崛起的一批高净值人群。既有通过继承财富的"富二代"，也有年轻的新型"创一代"。

1. 更高学历背景

"80 后""90 后"成长于互联网发达、全球化的时代，很多人有海外留学经验，具备较强的国际视野和全球意识，这些鲜明的客体特征决定了其财富管理需求的差异性。从学历上看，88% 的受访者拥有本科或大专以上学历；从职业分布上看，新兴行业创造者、职业经理人和其他专业人才占比显著高于其他年龄层。

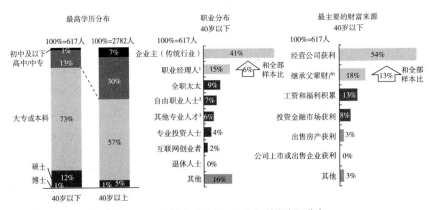

图 5-3　高净值人群学历、职业和财富来源分布

2. 更强自信和自主性

该群体往往拥有丰富的金融知识，也拥有更丰富的渠道获取关于个人财富管理的信息。调研显示，"80后""90后"客群中自己研究、自行决定财富配置的比例达到了55%。他们不盲从别人的意见，自主选择、决策的意愿更为强烈。

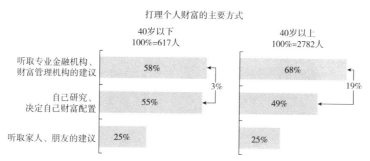

图5-4 高净值人群财富管理方式

3. 更强的中长期资产配置意识

对择时类投资建议的需求较低，更看重偏宏观、偏配置类的投资研究，对中观投资建议和大类资产配置建议的需求相对更高。

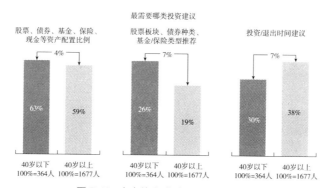

图5-5 高净值人群对理财咨询的需求

4. 多样化工具运用，对信托接受度高

对企业融资和投行服务等综合金融服务的重视程度显著高于其他客户。在投资服务方面，对于产业基金、私募股权、影响力投资等投资领域显示了浓厚兴趣，对于信托等风险隔离工具接受度高，对于高风险资产投资的兴趣也更为浓厚。

5.青睐电子和自助渠道

"80后""90后"高净值客户对数字化科技的熟悉度、敏感度和使用频率高于其他客户群,将手机银行作为获得私行服务的最主要渠道比例达到20%,比其他客群高出五成见图5-6。

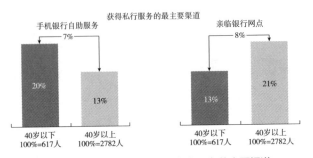

图 5-6　高净值人群获得私人银行服务的主要渠道

三、家族信托营销操作流程

（一）目标市场细分

1.市场细分的概念

市场细分是指根据消费者对产品的不同欲望与需求、不同的购买行为与购买习惯,把整个市场划分为若干个由相似需求的消费者组成的消费群体,即小市场群。市场细分的理论依据如下:

（1）客户需求的差异。无论是个人客户还是机构客户市场,客户的需求总是呈现一定的差异,不同的细分市场由表现出不同需求的客户群组成。

（2）客户需求的相似性。通过对客户所处的社会环境、文化背景、年龄、家庭及其消费倾向等因素的比较,又可以归纳出客户对产品和服务的相同或类似的特征。

实际上,市场细分往往与环境研究结合进行。还要注意市场细分不是对产品和服务进行细分,而是对客户进行细分。

小市场群的客户具有某些类似的特征,以这些特征为标准,就可以把整个消费者市场细分成不同的子市场,并依据它们选定目标市场。对于金融机构而言,客户首先被分为性质差异较大的两大类,即个人客户和公司客户,然后再分别按不同的标准进一步细分。尽管目前我国金融业市场细分策略的运用还不如消费品制造商,但金融机构已经认识到存在的问题,正不断努力寻找和尝试建立体现自身特色的最具竞争力的细分市场。

2.个人客户市场细分标准

影响客户需求差异的因素错综复杂，在不同时期、不同区域、不同社会经济环境下区分的标准和重点不尽相同。一般而言，个人客户市场的细分标准通常分为四大类，即地理标准、人口标准、心理标准和行为标准。金融行业还要加上第五类标准——利益标准。因地理标准容易理解，此处不再赘述，主要介绍后四类标准。

（1）人口标准。即以年龄、性别、家庭人口、家庭生命周期、收入、教育、宗教为标准将市场划分为不同的细分市场。

其一，年龄。根据金融行业的特点，以年龄为标准，可将客户大致分为六个群体：

18岁以下：完全依赖父母，经济上不能独立。

18～23岁：继续接受高等教育或辍学待业，经济上尚未独立；或开始工作，有一定的收入来源。

23～28岁：准备结婚，购买耐用品；已经结婚，准备购买房子；少数事业初创的社会精英，甚至准备购买汽车；对金融产品有一定的需求。

28～45岁：养育家庭，培养子女，事业有一定发展，对金融产品的需求很大。

45岁到退休之前：儿女大都离开家庭，开始考虑退休计划；社交和度假支出的比重不断增大。

退休后的老人：根据他们的财富和健康状况，对金融产品的需求表现出两个极端，要么很复杂，要么非常简单。

其二，性别。我国银行以性别细分市场，如推出女性卡——华夏丽人卡、阳光伊人卡、广发女性真情卡；建行有女子银行。还有的银行针对母亲们对小孩未来教育的关心和重视，推出教育储蓄存款。

其三，家庭生命周期。即根据家庭成员的特点划分。

单身年轻人。他们往往不一定总住在家里，对金融产品的需求主要是现金划转业务，包括发票、其他票据、委托付款、透支信贷、储蓄账户以及旅行服务。

没有子女的年轻夫妇。经常要求金融企业提供多功能的综合账户、信用卡、家庭资金管理、储蓄账户、家庭财产保险、意外事故保险。

有子女的夫妇。对金融产品的需求表现为：购买家庭耐用品的融资、住宅购买或装修贷款、为子女和老人准备的储蓄计划、保险和遗嘱设立、现金财产管理。

（2）心理标准。人群的心理特征与所属的社会阶层、生活方式、个性有关。

其一，社会阶层。社会阶层是指人们之间关系有相对的同质性或持久性，按一定等级序列排列的群体集合，每一个阶层成员具有类似的价值观、兴趣爱好和行为方式。因此，不同社会阶层对金融产品和服务的感受是不一样的。较低阶层群体比较喜欢储蓄，因为储蓄账户带来的是切实、具体感受到的价值；其次，不愿意承担风险，倾向于能迅速变现的金融产品。社会阶层越高，以投资方式保存财产的可能性越大。他们愿意承担较高风险和较长期限，以寻求较高回报。如果从高到低将社会人群分为八个阶层，再按投资心理特征可以进一步归为四类：

"老练投资者"类——上高层、上中层

"耗费时间"类——上中层、中层

"谨慎第一"类——下中层、下层

"不时之需"类——下中层、下层

其二，生活方式。客户的生活方式可以表现为追赶时髦或讲究经济实惠等。为了迎合人们生活方式的差异，中国建设银行推出了量身定做的"精彩人生"系列产品：青少年是"花样年华"品种，公司业务经理是"白领一族"品种，公务人员是"行政精英"品种，海外回国人员是"海外归鸿"品种，老年人是"悠闲晚年"品种。广东发展银行为频繁搭乘飞机往返的商务、公务人员提供"南航明珠信用卡"，为喜欢到香港旅游购物者提供"香港旅游购物卡。

西方有些保险公司根据生活方式和行为来细分市场，如针对已婚妇女比男人开车小心谨慎，索赔的概率相对较低的特点，降低保费标准；同样对于不吸烟者、已婚司机和不动产所有人，由于他们重视自己的生命存在而行为谨慎，也收取较低的保费。

其三，个性。个性是指一个人特有的心理特征，它使一个人对其所处环境作出相对一致和连续不断的反应，常常用自信、支配、被动、顺从、保守、爱冒风险和适应等来描绘。保守型个性的客户在购买金融产品时总是选择相对安全、可靠、风险小的金融企业及其产品，他们关心的是自身投资的安全，收益则放在第二位。而爱冒险的客户刚好相反，他们更注重投资收益或财产的增值，愿意冒一些风险来换取可观的回报。我国基金市场上有许多不同风格的基金产品，其意在对不同投资者偏好进行细分和选取。

（3）行为标准。行为标准包括产品购买时机、寻求利益、忠诚度、使用频率、使用者地位等内容。

其一，产品购买时机。根据客户对金融产品购买和使用的时机来区分不同的客户群。例如，为满足人们对世博会到来的期盼，交通银行推出"世博信用卡"，持卡人可以享受足不出户购买世博会门票并直接配送上门、世博特许礼品和门票兑换。至 2010 年 7 月，世博会开幕两个月以来，发卡量突破了 200 万张。广发银行 2000 年趁世纪之交和奥运会之际，推出了"千禧奥运信用卡"

和"金牌广发理财通卡"。为了迎合老百姓欢度喜庆节日,中国建设银行、中国银行等各大银行借春节之际,纷纷推出了以当年生肖为主题的生肖储蓄卡,其活泼可爱的图案深受小朋友和收藏爱好者的喜爱。利用"假日经济"——"五一"、国庆黄金周消费,银行与旅游公司联名推出旅游消费信用卡。总之,要发现并抓住有利的消费时机,扩大自己的知名度,提高市场份额。

其二,寻求利益。按客户对金融产品追求的不同利益,将其划入不同的市场群体。例如,对客户使用信用卡的行为进行分析,可以揭示四个利益不同的利益细分市场:方便高效利益、显示身份利益、借贷利益和管理资金利益。这些追求不同利益的群体都有其特定的人口、行为和心理方面的特点。方便高效利益是使人们日常经济往来、交易结算支付方便简洁,免去了人们携带大额现钞可能遇到的风险和困难。信用卡在我国出现的时间不长,代表着时尚和新潮,白金卡、钻石卡还显示着身份和经济地位。借贷利益是信用卡的原始功能,在免息期内,客户可以得到一笔融资解决资金不足的窘迫,还可以免交利息。管理资金利益,指信用卡消费中记录了客户每次消费的金额、品种和地点,成为客户的"账房先生",可以方便地查询和分析,管理好自己的资金。信用卡产品营销可以通过强化某一利益特征,使相关利益群体的需求得到更大程度的满足,从而形成有独特优势的一个细分市场。

其三,忠诚度。根据客户对不同金融机构、不同金融产品的忠诚度细分市场,可以将其分为三组:

第一组:坚定的忠实者,指始终不渝地购买特定金融机构产品的客户群。主要行为特征:始终不渝地购买本机构的产品与服务;与本机构关系融洽,持完全合作态度;除了购买本机构的产品与服务之外,不购买或很少购买其他机构的产品与服务,或者在其他机构购买产品前,先征询本机构意向;在经营方针与政策上已经确定在本机构开立主要金融业务账户。

第二组:变化的忠实者,是从偏爱一个金融机构转到偏爱另一个金融机构的客户群。主要行为特征:与前者的不同在于可能比较容易"移情别恋",但不会像后者那样"脚踏两只船"。

第三组:不坚定的忠实者,是同时忠实于两个或若干个金融机构的客户群。主要行为特征:同时购买两个或两个以上银行的产品和服务;与几家银行都保持较为融洽的合作关系;在购买产品和服务时在几家银行之间进行平衡。

忠诚的客户越多,企业经营的成本越低。问题是由于竞争者的存在,不坚定和游离的顾客总是存在的。要以忠诚客户为市场的立足点,用最好的资源维护,并通过争取那些变化和不坚定的忠实者,不断扩大忠诚客户的队伍;对于非合作客户应该放弃。

其四，使用频率。也称数量细分，根据客户在一定时期内对金融产品的使用程度，细分为轻度使用、中度使用和大量使用等客户群。大量使用者往往人数较少，但在总消费中占相当的比重（表现为20/80规律）。如保险公司承保的乘坐火车、飞机、轮船、汽车等交通工具乘客的短期保险，大多数人一年乘车远出的机会不是很多。但那些工作性质属于经常要外出的人，则是保险公司争取的对象，为这个细分市场提供保险是有利可图的。

（4）利益标准。由于利益细分作为一种有效的市场细分方法，无论在内涵还是技术上都具有比较大的弹性，尤其是在利益本身的内涵上。这种方法之所以在近半个世纪不断地发展并逐渐丰富起来，也正是源自这种在概念上的范畴优势。

利益细分区别于传统细分方法的最大的特点就是使用具有因果关系的因素，而不是描述性的因素来分析客户的需求维度以及潜藏在客户内心深处的消费价值和动机。正是因为如此，利益细分倡导事后细分方式，并不以人为确定的事先标准来区分具有复杂需求和思维逻辑的客户。利益内涵的特点也要求利益细分方法不能采取传统的细分技术，而需要借助先进的统计技术来取得细分结果。细分标准以及细分技术上的优势也使得利益细分在实践中具有较其他方法更广泛的市场适应性。

（二）客户开发

1. 定义

客户开发工作是销售工作的第一步，通常来讲是业务人员通过市场调查初步了解市场和客户情况，对有实力和有意向的客户要重点沟通，最终完成目标区域的客户开发计划。但以上只是一个企业客户开发工作的冰山一角，要成功做好企业的客户开发工作，企业需要从企业自身资源情况出发，了解竞争对手在客户方面的一些做法，制定适合企业的客户开发战略，再落实到销售一线人员客户的开发执行，是一个系统工程。

在竞争激烈的市场中，能否通过有效的方法获取客户资源往往是企业成败的关键。况且客户越来越明白如何满足自己的需要和维护自己的利益，客户是很难轻易获得与保持的。因此加强客户开发管理对企业的发展至关重要。

2. 战略

客户开发战略一般有以下三种策略：

（1）分两步走策略。分两步走策略指的是对于那些刚进入某行业的制造商，在渠道成员的选择上，不必固守一步到位的原则，允许市场上的分销成员对其有个认识过程。第一步，在渠道建立初期，接受与一些低层次分销成员的合作；第二步，待到时机成熟，产品在市场上逐步树立了走俏成员，而逐渐淘汰底层的分销成员。

（2）亦步亦趋策略。亦步亦趋策略指的是制造商采用与某个参照公司相同的分销成员。而这个参照公司多为该公司的竞争品制造商或该行业的市场领先者。例如，饮料行业中的可口可乐。首先，渠道起到"物以类聚"的作用，将同类产品聚集起来销售是为了更好地满足消费者的需求；其次，行业中的市场领先者通常是渠道网络中的领先者，其网络中的分销成员必定有丰富的经验和良好的分销能力。

（3）逆向拉动策略。逆向拉动策略指的是通过刺激消费者，由消费者开始拉动整个渠道的选择和建立也是绝佳的策略。一般来讲，有很强实力的厂家拥有很具差异化竞争力的产品适合采取这一策略。

企业可以根据自己的实际情况选择客户开发战略，而客户开发战略的制定和选择需要根据竞争品牌情况、企业自身资源状况而定。

3. 关键点

潜在客户开发是销售员工作流程当中非常重要的环节，销售员需要不断地开发新客户，弥补流失的老客户，提高客户质量和数量。潜在客户开发是销售业绩增长的来源，不断学习提高销售技巧，对潜在客户进行有效的开发和管理，将帮助销售员提高销售效率，为其提供稳定的销售业绩保证。

在潜在客户开发的工作当中，有三个关键点销售员应随时注意：

（1）潜在客户开发要补充流失的客户。在实际销售工作当中虽然从业人员往往能提供周到服务，但仍然会面临销售额的波动和客户的流失。在这种情况下，我们必须不断开发客户，有新资源补充进来，才会取得稳定的销售额。并随时关注市场上的客户情况，不断选择那些有价值的潜在客户进行客户开发，只有这样才不会受市场波动的影响。

（2）潜在客户开发要吸收新的需求。随着市场的变化，随时都可能产生新的潜在客户，或者形成新的需求市场。客户开发可以使我们随时把握市场需求的变化，获得新的商机。

（3）潜在客户开发要更新客户结构，拥有更多的好客户资源。尽管我们拥有很多客户，但是，我们通常会发现，绝大部分销售额来自少部分客户，就像80/20原则描述的那样（80%的销售额来自20%的客户），也就是说，客户的质量差异很大。如果我们客户资源缺乏，为了完成销售额，我们对小客户也要尽心尽力地服务，但是，每个小客户服务量可能不少，但单产量很低，这就使我们工作很辛苦，但是销售额不高。如果我们不断进行客户开发，我们就会发现更多的好客户。

（三）身份识别和尽职调查

1. 客户身份识别和尽职调查内涵

客户身份识别以及客户尽职调查概念均出自巴塞尔委员会所制定的巴塞尔协议文件。其中，客户身份识别是指金融机构在与客户建立业务联系或者与其进行交易时，需要通过可靠、独立来源的文件数据和信息进行客户身份的识别与核实，在开展业务过程中登记记录客户身份等基本信息，不得保留匿名账户或明显以假名开立的账户。客户尽职调查是指金融机构在与客户建立业务关系或与其进行交易时，应当根据客户提供的法定有效身份证件或者其他身份证明文件，确认客户的真实身份。同时，金融机构要了解客户的职业情况或经营背景、交易目的、性质以及资金来源合法性等。客户身份识别和尽职调查在反洗钱工作中有着至关重要的作用，国际反洗钱金融行动特别工作组已经将其作为反洗钱国际标准中的预防措施之一。

我国在成为金融行动特别工作组的正式成员后，加快了反洗钱立法，并在法律中明确规定，在我国境内设立的金融机构和应履行反洗钱义务的特定非金融机构，应当"建立健全客户身份识别制度、客户身份资料和交易记录保存制度、大额交易和可疑交易报告制度"。2007年6月，我国央行和金融监管部门联合发文，进一步健全监管规则，要求金融机构遵循"了解你的客户"的原则，建立健全和执行客户身份识别制度。其中第三条规定，要针对具有不同洗钱或者恐怖融资风险特征的客户、业务关系或者交易，采取相应的措施，了解客户及其交易目的和交易性质、实际控制客户的自然人和交易的实际受益人情况等。在第十五条专门针对信托公司开展信托业务时，要求"应当核对委托人的有效身份证件或者其他身份证明文件，了解信托财产的来源，登记委托人、受益人的身份基本信息，并留存委托人的有效身份证件或者其他身份证明文件的复印件或者影印件"，进一步细化了信托业务中进行客户身份识别和尽职调查的相关要求。

2. 家族信托客户尽职调查的特殊性

客户识别和尽职调查意义重大，一旦缺乏有效的实施标准，就很可能导致金融机构面临操作、法律、信用、声誉等严重风险，给机构造成巨大损失。

（1）客户识别主体的多元性。对客户进行识别和尽职调查是各类受托机构等与客户接触、开展合作的基本前提。但是，由于目前法律法规主要针对金融机构主体，对其客户识别和客户尽职调查提出要求，主要目的在于应对反洗钱等工作的要求。

而对于家族信托业务来讲，可担任受托人的机构和主体类型较多，目前在我国既包括信托公司、银行等金融机构，也可能包括律师事务所、第三方理财机构等非金融机构，甚至还有自然人主体，因此在面对家族信托客户的识别和尽职调查时，可能面临的法律和监管规范要求有较大差异。

（2）客户识别和尽职调查目的不同

现有的法律规定主要从反洗钱目的出发，金融机构主要围绕客户的身份和其业务目的进行信息的收集、验证，拒绝可疑交易，并通过与执法部门合作，确保"防止银行系统被犯罪分子用于洗钱目的"；针对高风险账户和客户进行持续监控，当客户尽职调查等程序遇到阻碍或无法获得满意结果时，金融机构应终止交易或业务关系，或考虑出具可疑交易报告。

家族信托的主要目的是帮助委托人实现家族财产的保值增值、有效保护、传承，因此更多要考量设立信托架构的目的合法性、主体适格性、财产合法性和确定性，以及是否存在侵害债权人等其他善意第三人等问题。而且，由于财产类型不仅仅局限于资金，因此反洗钱动因可能只是客户识别和尽职调查的目的之一。

（3）客户识别和尽职调查重点存在差异。在家族信托中，，由于客户交付的信托财产类型更加丰富多元化，因此除了借鉴传统金融机构对于客户身份识别等验证方法外，更需要关注所信托的财产是否属于委托人合法拥有；财产的权属关系是否清晰、有无法律瑕疵；是否属于法律法规限制甚至禁止流转的财产类型。由于家族信托的受益人为委托人以外的其他主体，对于委托人进行信托安排时所设定受益人范围、权利范围的合理性都需要进一步充分了解。因此，从国际实践来看，由于信托关系的复杂性，往往作为进行客户识别和尽职调查的重点范畴。

3. 家族信托客户尽职调查的重点

信托公司通过自己的财富中心，或者借助银行、保险、券商、基金等外部各渠道广泛开展客户储备工作，对吸纳来的高净值人士，安排或指定专门人员为客户提供"一对一"全方位服务。家族信托潜在需求客户往往对家庭关系、个人隐私、财富状况等关键信息的私密性要求很高，因此需要指定专门的财富经理逐步与客户建立信任关系，以能够清楚了解客户的家庭财产状况、家庭成员关系、结构等高度隐私性信息。在客户有明确进行家族信托安排考虑时，信托公司家族信托团队应组织、协调相关部门对委托人、潜在受益人进行客户身份识别和尽职调查工作，重点关注委托人身份的适格性、信托目的的合法性、信托财产的确定性和合法性、信托受益人的合法性，等等。同时，通过客户专属的财富管理经理协助，采取客户访谈、书面等形式梳理客户计划设立家族信托的资金、财产的类型规模，在信托财产的保值增值、隔离保护、传承等信托目的方面的安排设想，未来进行子女抚养、老人赡养、资助公益事业等细化的支出需求。

4. 客户识别和尽职调查一般性要求

巴塞尔委员会 2001 年 10 月的《银行客户尽职调查》文件中对客户尽职调查进行了非常系统、全面的论述，可作为受托机构开展家族信托时的基本性规范指导。其基本要素：一是客户接纳政策。要求金融机构能够获取并确认新客户身份信息，主要业务的目的信息，根据获取信息的详尽程度与客户的业务类型、需求进行匹配；针对高风险客户要有清晰、明确的客户接纳政策，并进行更加严格的尽职调查。二是客户身份识别。对政治公众人物以及非面对面客户尽职调查有特别规定。三是对高风险账户的持续监控。应能够识别偏离正常账户行为模式之外的交易，有效控制和降低风险。四是风险管理。强调内部审计和员工培训。在金融机构内控和风险管理制度方面，应形成动态调整机制。

从我国情况来看，虽然 2007 年已经颁布《客户身份识别管理办法》，但目前社会各界对金融机构的身份识别和调查工作都还在适应阶段，各类有效身份证件的验证、调查手段还比较有限，还需要进一步完善客户身份识别与调查的社会配套资源，以增强相关工作的有效性。在家族信托尽职调查中，为更好地实现客户交付家族信托项下财产的有效投资组合，信托公司应当确保投资风险与客户的风险偏好相匹配。

5. 加强对拟信托财产的核实确认

家族信托设立往往以家庭项下财产为委托资产，一是要确认是夫妻共同财产还是个人财产，要尽量避免未经夫妻另一方允许，擅自处分夫妻共同财产的风险，特别是设立家族信托是夫妻一方单方面意愿，甚至希望向配偶保密时，应特别注意信托客户尽职调查和法律安排的谨慎性，避免可能导致信托无法合法生效的风险。二是要确认家庭资产与企业资产间的混同问题，目前许多家族信托潜在客户为私营企业主，其作为公司股东、实际控制人或管理者在公司设立、运营等不同阶段可能发生个人与公司间财产的转移、混同，导致个人财产可能成为公司债务的连带责任财产，存在无法相互隔离风险，一旦陷入诉讼、企业经营危机等不利情形时，就可能危及其个人或家庭财产。因此在进行家族信托设计时需要对家庭财产与企业资产间的关系进行梳理，做出妥善的隔离安排。

6. 对委托人信托动机合法性的核实

根据《信托法》规定，如果委托人设立信托时损害到债权人利益，则债权人有权申请法院撤销该信托，导致家族信托安排无效。在实际操作过程中，由于我国尚未建立个人债权登记申报等制度，信托公司等金融机构很难对自然人债务进行准确调查，虽然可以通过查询央行的个人征信系统、最高法院被执行人的信息查询系统等平台来进行验证，但还是很难真正全面掌握委托人的债权债务信息。因此，在实践操作中，信托公司一般通过由委托人出具声明，表示设立信托不影响其已有债务的偿还，但由此也可能导致信托隔离功能的弱化，不利于长期性安排。

7. 对受益人范围设定的核查

家族信托的受益人可以是委托人自身，也可以是与委托人具有血缘、姻亲等亲属关系的特定人；既可以是已经在世的受益人，也可能是尚未出生的受益人；如果涉及公益慈善目的，还可能是指定的慈善组织或特定需要扶助支持的人群、领域，因此确保受益人范围和合法性是家族信托前期客户尽职调查、需求分析和产品设计中尤为重要的节点。一般来讲，受益人和委托人之间必须有明确的亲属或血缘关系。如果受益人与委托人不存在血缘、姻亲等关系时，则需考虑是否可能涉及洗钱、非法转移资产等问题，以确保信托财产分配具有合法性。

（四）家族信托营销操作流程

1. 客户寻找及开发

根据前述目标客户市场细分、目标客户识别、目标客户调查等方法手段，信托公司寻找到合适的目标客户作为家族信托业务开展的基础。

2. 委托人与受托人就需求进行充分沟通

家族信托的投资门槛比一般的集合资金信托计划要高，根据相关规定，至少有 1000 万元人民币或现金等价物才可设立家族信托，并且受益人应包括委托人在内的家庭成员，但委托人不得为唯一受益人。

家族信托涉及的标的财产金额巨大，对于委托人而言需要经过慎重考虑后才能下定决心。此前，受托人应与委托人进行充分沟通，了解委托人的真实目的和意图。

一般来讲，投资家族信托有以下的需求：将个人资产与企业资产隔离；规避各类小概率事件风险；进行合理的税收筹划；加强家族内部治理；实现家族无形资产的优化。

3. 受托人设计家族信托方案

在充分了解委托人需求的基础上，受托人为委托人"量体裁衣"设计合适的家族信托方案；并且，此方案应经过与委托人多轮协商和优化。

（1）家族信托方案设计原则。受托人在设计家族信托方案时，应坚持以下原则：

第一，谨慎性原则。避免投资品种、投资组合的风险、波动性等方面的风险超过家族委托人或其信托目的所匹配的风险承受水平；避免超过信托公司或其委托提供投资服务支持机构的专业能力水平。

第二，分散化原则。运用投资组合理论，选择不同区域、不同行业、不同交易对手的多个投资标的、多种资产类型进行分散投资。

第三，本金安全优先原则。客户设立家族信托长远目的还是实现财富的有效传承，而保值增值更多体现为短期目标，因此家族信托投资方案设计时应将本金安全作为优先考虑因素，重点选择安全边际较高的金融产品，应通过投资运作在安全前提下抵御通货膨胀对信托本金的侵蚀。

第四，灵活性原则。整体投资策略应该具有足够的灵活性，以能适应各类信托目的要求，满足客户在信托存续期间的现金性支出或非现金财产等处置要求，以及信托收益、本金或初始财产在不同受益人间的灵活分配等。

（2）确定委托人的财富管理目标。

第一，将所有的问题和风险按照安全保障、增值、传承等目标序列进行归类，以明确该问题和风险属于哪个目标层次。

第二，对选定的家族财富目标从重要性和紧迫性两个维度进行排序，按照重要并紧迫、紧迫不重要、重要不紧迫和不重要不紧迫的顺序，综合运用赠予和遗嘱、家族保险、家族信托、家族理财、家族投行、家族治理、家族教育和家族慈善等多种工具，分步制定解决方案。

第三，拟定的财富规划方案，应尽量与家族成员沟通。正式实施前，对于可以公开的部分，应在家族内部进行宣传、讲解，以凝聚并教育家族成员。

第四，根据前述家族财富规划方案实施的需要，与家族领袖沟通是否建立、什么时候建立、建立什么样规格的家族治理体系。

第五，与家族成员探讨家族愿景、使命与价值观，制定家族财富分配政策和家族成员行为规范，并起草具有约束性的家族宪法或家族协议。

（3）受托人构建基础投资产品池。受托人甄选对各类金融产品的风险回报特征和风险相关性等进行甄选，通过家族信托的本金和、预期收益和以及现金流之出期望等约束条件，测算各类金融产品的配置比例和变动范围、预期收益区间、波动幅度等；然后针对每类金融产品，根据内部或外部机构评级参考进行具体金融产品选取，形成投资方案初稿，与客户进行沟通分析，确保投资方案的风险程度与客户风险承受能力相匹配。经过反复的沟通和修改，最终客户同意确认投资方案。

（4）选择投资管理方式。从实践操作来看，委托人或其指定的信托保护人通常会对信托财产的投资运用深度参与，因此家族信托产品的投资管理方式可以有以下几种形式：

第一种是全权委托投资管理模式，由信托公司根据信托文件和投资方案约定，自主进行投资管理运作。

第二种是委托人或指定第三人指令管理模式，信托财产的投资运用指令均由委托人或其指定的第三人（或机构）来发出，信托公司完全按照委托人指令管理运用财产，委托人对信托财产运用过程中产生的损益承担相应责任。

第三种是委托人确定信托财产投资范围，受托人在授权的投资范围内投资决策。具体操作既有正面投资清单式、也可以采取负面清单等灵活形式。

家族信托可投资资产大类可包括现金管理类资产、固收类资产、权益类资产及另类资产。

4.家族信托合同签订、公证

由于信托具有独特的隔离债务、保障亲人生活等多种功能，深受高净值人士青睐。但家族信托不是单纯的理财产品，委托人应对合同条款需要进行仔细审查，在保证家族信托合同切实体现委托人意愿、保障委托人及受益人利益的前提下，才能签署。

从专业的角度出发，建议委托人聘请专业律师对受托人提供的家族信托合同进行详细审阅后，再进行签订。另外一种方式就是委托人从开始就委托律师参与家族信托方案的制定，律师代表委托人与受托人进行谈判，磋商合同条款，这样避免了委托人因为对信托法律等知识的欠缺而导致过长的谈判时间，也可以最大限度保证委托人的意愿得到实现，维护受益人的利益。并且，建议委托人和受托人在公证机关的见证下签订相关合同文件。

5. 家族信托资产交付

客户向信托公司交付信托财产，信托成立。

如果信托财产涉及动产、不动产以及股权的，还需办理相关转移登记手续。

6. 受托人做好家族信托成立后的服务工作，调整优化家族信托计划

受托人应定期对家族信托进行评估；同时根据出现的突发问题和其他事件，不定期对家族财富管理方案进行评估。根据评估结果，及时调整与改善家族财富管理方案以及家族治理机制。

对于受托人来说，当受托人发现可能导致信托财产或受益人利益受损失的情形，或经过专业判断后认为极有可能发生导致信托财产或受益人利益受损失的情形时，应向委托人报告，并对出现的风险或潜在的风险因素进行应急响应并进行相应处置的工作。在出现风险或潜在风险时，受托人应立即采取积极的措施，对项目进行处置，包括但不限于专业调查、审计评估、估值调整、补充增信、跟进项目接管、资产处置、诉讼仲裁等。

> **第六章**

离岸家族信托实务分析

随着全球化的发展，家族企业及超高净值人群对于在全球范围内配置资产的需求越来越强；同时，随着企业发展、资产积累，境内富裕居民越来越重视财富的安全与传承问题，离岸家族信托成为转移资产的重要选项。近年来，"家族信托"的概念在国内被不断普及。

第一节　离岸信托的内容与特点

一、离岸信托的定义及内涵

离岸信托通常设立在离岸金融中心或者避税地，也称境外信托，是指本国居民作为信托委托人在境外设立的、日常经营管理活动在境外进行且全部或大部分受托人不在本国居住的信托。离岸信托充分体现了信托规避法律的特性，可以使资产从实际控制人手中脱离出来，而又不完全失去控制，从而缓解直接持有所带来的不便。离岸信托将金融风险与母国的金融监管分离，而与离岸金融中心的监管环境和政治风险相结合，因而需要考察东道地的现金流、外汇管制、偿付能力、风险资本金、货币稳定性等条件。

离岸信托是信托的一种，可简单地定义为在财产授予人的注册成立地点以外的司法权区创立的信托。

离岸信托主要是委托人为了规避所在国的法律、政治和经济风险而委托受托人在异地管理自己的财产，最后将财产转给受益人。因为特定的属地对信托的定义、法律条文有相对宽松、特别的政策，或受益人的利益能够得到更多的保护。由于避税地在税收和法律设定上的优惠，使大多数的离岸信托都设立在避税地。

利用离岸信托可产生众多重大利益，如资产保障、遗产规划、家庭继承规划、海外资产管理、更好的税务规划等。如今，越来越多的人利用离岸信托以保障财产、免受债权人追索，或者利用离岸信托来确保财产按照自己意愿的方式进行分配。

离岸家族信托的主要形式有全权信托和固定收益信托。其中，全权信托是离岸家族信托采取的最普遍方式，即委托人全权委托受托人决策、管理信托资产，只要定期向客户通报相关信息即可，受托人也可以就如何分配信托的收入或本金给受益人酌情决定权，委托人也可以对酌情决定权做出限制。固定收益信托则是指委托人在设立信托时，明确规定了每位受益人的受益份额、受益时间等事项，在后期的信托持续时间内，将根据规定予以执行。

二、境外投资离岸架构及离岸信托规划

（一）境外投资离岸架构

设立离岸公司、搭建离岸架构已经成为跨国企业进行境外投资最有效和成熟的模式，其不仅在节税方面存在极大优势，而且具备投资信息安全、商业风险分散的特点。搭建离岸架构不仅可以规避国内关于外汇、行业、资本市场运作等方面的垄断或管制，而且可以有效利用离岸地自由而又充满活力的法律制度体系，实现完善、高效的海外投资结构以及运营结构的搭建。因此，离岸架构带给企业的便利和收益远大于企业预期增加的监管和合规成本。在未来可预见的时期内，离岸架构仍将是跨国企业实施境外投资的最佳选择。离岸公司通常会设立在开曼群岛、英属维尔京群岛（以下简称 BVI）等具备完善信托法且税负较低的国家或地区。

境外投资离岸业务从其架构来看，主要可分为三种类型：

1. 单一型

单一型架构是最简单的离岸架构。其优势是能够隐蔽投资者信息，有效地规避各种壁垒，将风险降到最低，并实现投资目的。因此，中国企业在进行境外投资时，可以利用离岸公司信息保密、结构安全、身份自由等独有的特点，合理规划海外投融资项目，规避政治壁垒和政策壁垒，达到投资的目的。

 6-1 通过单一型境外投资业务架构进行海外投资

现有中国国内两家公司 A、B 拟在某国投资，但因其主营业务涉及敏感事项，该国政府设定了严格的审查标准，在投资过程中遭受政策阻扰。之后，

A、B 各以 50% 的股份合资在英属维尔京群岛群岛设立了一间离岸公司 C，并以 C 为投资主体在香港融资，在香港设立投资平台公司（以下简称 HK 公司）从而顺利进入该国市场，投资成功。其基本架构如图 6-1 所示。

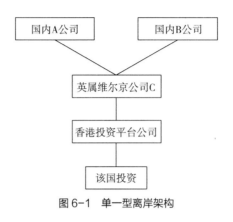

图 6-1　单一型离岸架构

2. 复合型

复合型架构将不同的投资项目分别配备离岸平台，从而避免暴露整个投资过程中的投资结构，同时规避和分散了投资的商业风险。

6-2　通过复合型境外投资业务架构进行海外投资

甲、乙、丙三位国内投资者拟共同投资设立一家香港公司，来投资海外的三个项目。如果三位投资者按照正常的投资步骤直接设立香港公司，并进行项目投资，当然可以。但是这种直接投资的模式存在很大的弊端：首先，投资者甲、乙、丙三人信息完全得不到保护；其次，香港公司具备信息完全透明的特征，使得在之后的投资过程中所有项目投资结构暴露无遗；最后，香港公司同时持有三个海外项目，这在防范和分散风险方面存在很大隐患。

如果将甲、乙、丙三人的境外投资结构进行合理优化，通过离岸架构将不同的投资项目分别配备离岸平台，从而避免暴露整个投资过程中的投资结构，同时规避和分散投资的商业风险。

首先，由甲、乙、丙三人各自设立一家英属维尔京群岛公司，分别为 A、B、C，从而确保投资者信息的不透明性，三人的信息将完全被保密，保证原始投资信息的安全，并且将原本属于甲、乙、丙三人的共同投资行为从投资人信息上进行分离和隐藏，获得投资者非关联化的效果。其次，A、B、C三家英属维尔京群岛公司共同持有一家英属维尔京群岛公司 D，D 公司投资海外项目一；A、B、C 三家英属维尔京群岛公司共同持有一家英属维尔京群岛公司 E，E 公司投资海外项目二；A、B、C 三家英属维尔京群岛公司共同持有一家英属维尔京群岛公司 F，F 公司投资海外项目三。由于 D、E、F 都是英属维尔京群岛公司，依然利用其不透明性保证了投资方的信息安全。最后，用 D、E、F 三家英属维尔京群岛公司分别持有三个海外项目，达到了风险分散的目的。其基本架构如图 6-2 所示。

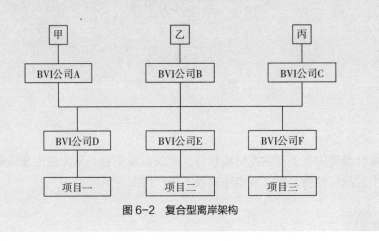

图 6-2　复合型离岸架构

3. 信托型

信托型离岸架构将离岸平台与信托计划有效地结合起来，除了上述两种离岸架构本身具备的商业投资优势外，还具有以下三个特点：

（1）充分发挥投资企业的定价优势。由于目标原材料在甲国属于买方市场，所以 HK 公司购进 B 公司生产的原材料时可以自由灵活地实施定价安排，并且可以把境内企业与 HK 公司的采购定价相分离，避免境内税务当局对价格和收入的税务监管。境内 A 企业可以与 HK 公司共同向 B 公司实施原材料采购，从而增强采购价格的合理性。

（2）隐蔽关联投资及交易信息。通过在境内 A 企业与甲国 B 公司之间置入两层离岸公司以及一份股权代持信托计划，可以有效地隐蔽境内 A 企业与甲国 B 公司之间的投资关系，使得它们之间的交易和安排更为自由和灵活。

（3）降低投资退出时的跨国税务成本。在离岸架构中置入股权代持信托计划一方面可以隐蔽投资者与被投资公司之间的投资关系，另一方面，可以简化并隐蔽地实施投资退出的资本运作，从而避免跨国税务成本。当境内 A 企业欲退出其在甲国的投资时，不必直接转让 B 公司的股权，而是由英属维尔京群岛公司、HK 公司以及拟受让方共同修订原有的股权代持信托计划，将委托人和受益人更改为拟受让方，之后，HK 公司再将英属维尔京群岛公司的股权在香港转让给拟受让方，从而实现在甲国投资的退出。英属维尔京群岛公司和HK 公司的上述资本运作只需缴纳少量的税额即可完成，从而节省跨国性税务成本。

6-3　通过离岸架构降低跨国税务成本

中国企业 A 拟到境外甲国，目的在于获取当地廉价的劳动力和利用先进技术开发当地原材料，由于目标原材料在甲国属于买方市场，因此中国企业 A 拥有充分强势的定价权限。如果直接进行投资，则结构过于简单，对投资者的信息没有任何保护，极大限制了中国企业 A 充分行使定价的权限以及境内外利润的安排，降低了资金和利润的灵活性，并且为中国企业 A 未来退出甲国的投资埋下了沉重的跨国税收负担。

从控制和节约税务成本的角度考虑，中国企业 A 应当在考虑投资目的地国以及投资母国税法风险的基础上，结合税收协定优惠、转让定价安排、无形资产调配等方式，在充分具有合理商业目的和经济实质的基础上打造经济利益与税收利益一致化的离岸架构，从而达到规避税法风险，节约跨国税务成本。

首先，中国企业 A 在香港设立投资平台 HK 公司，并将资金注入 HK公司。其次，HK 公司在英属维尔京群岛设立英属维尔京群岛信托公司，并把资金置入英属维尔京群岛公司的信托计划中，信托受益人设定为 HK公司，受托人设定为英属维尔京群岛公司。最后，英属维尔京群岛公司运用信托计划中的资金在甲国设立 B 公司，承担目标原材料的生产功能。其基本架构如图 6-3 所示。

离岸公司及离岸架构一直以来都是境内企业家财富管理的强大工具之一，在节税和规避风险的基础上让自己的财富增值和安全得到有效保障。中国境内企业以及高净值人士应当积极寻求境内律师的帮助，合理规划和利用离岸架构，确保自身的海外投资免受商业及税务风险的侵扰。

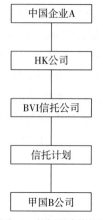

图 6-3　信托型离岸架构

（二）离岸信托规划

在离岸信托中，委托人可把各种形式的海外家族资产都转移到信托里，再指定信托受益人。通过这种信托安排，可实现信托资产所有权和收益权的隔离，达到照顾指定受益人、税务节省、企业发展长远规划、资产保全等目的。现在已有越来越多的中国富人开始设立离岸家族信托，来妥善管理自己的境外资产了。

委托人要设立一个离岸信托，主要有以下四大步骤。

1. 选择全权信托还是固定信托方式

一般来说，家族信托主要有两种形式全权信托（Discretionary Trust）和固定信托（Fixed Trust）。两种信托形式的主要区别在于对受托人权力的约束。全权信托，顾名思义赋予受托人行使权力的选择权，受托人可以在委托人的意愿指导下自行决定信托财产的分配方式、财产的管理运作方式等；固定信托则与之相反，信托契约中通常会对信托财产的分配方式、管理运作方式等做出非常清晰的规定。

完全的全权信托或固定信托目前并不多见，大部分家族信托是两种形式的混合体，即部分内容做清晰约定，部分权力放手给受托人，但总体上较偏向于全权信托模式。

此外信托还分为可撤销信托（Revocable Trust）和不可撤销信托（Irrevocable Trust）。可撤销信托，即委托人可以随时将信托撤销收回信托财产。不可撤销信托则相反，信托不能随意撤销，资产只能通过分配等方式转移给受益人（委托人可以作为受益人）。目前来看，基于资产保护等原因，不可撤销信托为主流选择。但是，在进行某些税务规划时（如涉及持有美国绿卡的中国人），可撤销信托也可能被采用。

2. 厘清信托资产内地富人境外合法收入

理论上来说，家族信托可以接纳所有类型的资产。但在实际操作中，其会受到管辖地法律对财产转让和持有的限制。对于内地富有家族来说，现在能够放入海外家族信托的资产一般只包括在境外合法取得的收入，如境外投资所得和境外 IPO 所得。外资身份的受托人在持有境内资产时往往面临限制。

一方面，从安全性来说，跟存于海外账户的现金和投资资产相比，将境内的不动产放入海外信托并不能最好地利用信托的资产保护作用，因为不动产所在地的纠纷诉讼依然可能影响该财产的安全性。另一方面，不同的信托服务机构，对于能够放入家族信托中的资产类别要求也不一样。除了专业的独立信托公司外，大部分私人银行也可提供相关信托服务。不过，大多数私人银行设立家族信托时，一般只针对银行可接受的资产，例如可以体现在银行账户上的现金、债券和上市公司股权等。

通常而言，独立信托公司可接受所有类型的资产，包括离岸非公开上市公司的股权、游艇或私人飞机等资产。

此外，不同的信托服务机构在收费模式上也存在差异。目前，信托服务机构一般需要收取信托设立费和年费。对于年费，一些私人银行和少数独立信托公司会按信托资产规模的一定比率来计算，因此资产规模较大的信托，费用也会相应较高。大多数独立信托服务机构则采取固定收费模式，具体金额一般根据资产架构的复杂程度而不同。

3. 信托成立地"比价"

设立合适的信托首先要基于委托人的背景及需求，主要因素包括委托人设立信托的目的（财富传承、资产保护、隐秘性还是其他）、委托人的背景，包括自身的家庭状况，信托的受益人数量、年龄结构，委托人及受益人的国籍和税籍，实际放入信托的财产位置、规模、形式等。在综合以上信息之后，就可以以此为基础有针对性地选择恰当的信托形式、放入信托的资产、信托设立地及受托人等。

选择家族信托的成立地其实就是选择信托适用的法律。就管理而言，英美法系国家和地区有着更完善的信托法律体系和实践经验。英属维尔京群岛、开曼群岛、库克群岛等离岸法域和新加坡等财富管理中心是多数家族信托钟爱的成立地，这些地区对于家族信托的法律规定大同小异，不过，为了吸引客户，这些地区对于正统的信托法也都有不同的"修整"。

在基本的信托概念里，只有委托人、受托人和受益人三方关系，通常这些人都处于同一个司法管辖区，委托人与受托人也有不同程度的熟悉度。而当离岸地逐渐成为主流的信托设立地时，某些委托人会不放心将资产交予处于另一个司法管辖区的受托人。为了消除这种疑虑，离岸地逐渐发展出"保护人（Protector）"这一角色。

一般来说，保护人的权利包括直接撤换受托人并指定新的受托人；受托人在行使部分权力，例如修改契约、改变受益人或要分配财产时须征得保护人的同意，或者须在约定期之前通知保护人上述情况。不过，在很多国家的信托法下，并没有对保护人的权利做出具体限定，只规定在信托关系中可以存在保护人这个角色，比如英属维尔京群岛和库克群岛，在法律上确立了保护人的地位，但未明确限定其应该拥有哪些权利或者不应拥有哪些权利。因此，保护人的权利具有一定弹性，信托架构的设计也常常围绕着对保护人角色的设计展开。

此外，不同的地区对于家族信托也会有其特色的规定，以满足委托人不同的需求。

库克群岛的国际信托法案在资产保护方面就比较激进。例如，针对委托人的债权人对信托的诉讼，库克群岛将证明标准从普通的民法标准提高到了刑法标准，即排除合理怀疑（beyond reasonable doubt）。这意味着，排除合理怀疑要求，只有控诉方提出的证据对被告人有罪事实的证明达到无合理怀疑的确定程度时，陪审团才可以裁判被告有罪。

新加坡则允许在信托中限缩受托人的义务，将其中的投资义务转移给外部的投资顾问，投资顾问可由委托人指定。新加坡对受托人的监管也相对严格，例如有更严格的尽职调查标准以及相关的申报要求。

英属维尔京群岛则对受托人持有的公司股权投资做出特别规定。根据判例规则"谨慎商人原则"（Prudent Man of Business Rule），受托人若持有一个公司，就要关注该公司的资产价值（某些情况下可能会出售该资产以降低进一步的损失）并监督甚至参与公司的事务。而这与某些委托人的意愿是相矛盾的。例如，某些委托人希望受托人长期持有家族企业以达到家族财富传承的目的，其不希望受托人过多干涉家族企业的运营，更不愿看到受托人出售家族企业的股权。相应地，英属维尔京群岛颁布了《维京群岛特别信托法案》（VISTA）以解决这一问题。若信托选择适用该法案，则一般而言受托人将会被禁止干涉其持有之公司（英属维尔京群岛公司）的实际运作，公司的具体运作将交给公司董事。

与离岸公司不同，离岸信托是一组法律关系，一般没有注册一说，库克群岛则出于为家族信托提供特别法案的保护，而要求信托必须注册，否则不享受保护。不过,这种注册也只需提供家族信托成立的日期、信托名称和受托人名称。

4.选好受托人

信托的成立地往往与受托人紧密相连，选择同一个司法管辖区下的受托人可以避免司法管辖权交叉带来的问题，如冲突规范。

不过，除了考虑区域，受托人也有多种不同形式，包括个人、银行受托人、独立受托人和私人信托公司等。

家族资产规模大，通常也有自家的会计师和律师。设立私人信托公司作为受托人，他们往往会自己派顾问担任受托人的董事，履行受托人的职责管理家族资产，例如李嘉诚和刘銮雄的受托人。不过，维护这样的私人信托公司作为受托人是否适合你?

私人信托公司首先是一个公司，需要有董事决议等文件。其次，为了履行受托人职责，还需要准备信托相关的文件。这些都会提高用私人信托公司担任受托人的难度。或者虽然前述事项可以通过雇佣第三方机构提供相关行政管理服务来完成，但也会增加家族信托相关的费用。对于庞大的富豪家族来说，这些往往不会造成任何负担，但对于财富规模中等的家族来说，聘请专业受托人（银行受托人、独立受托人）应该是成本效益更高的选择。

三、离岸信托国别选择

离岸信托，因注册地的不同，将实行不同的《信托法》或《受托人法》，同时也拥有等级不同的立法保障。因此，信托注册地的挑选就显得十分重要。信托的注册地若拥有完善的法律制度及稳定的政治背景，便能确实保障财富不受外在因素侵扰。

离岸区域的司法制度非常完善且高度独立，私隐性极高。同时，免税的环境使投资收入及资产增值得到最大限度的增长，具有更高的回报率，是税务规划安排中的一项重要内容。

在考虑设立离岸信托地点时,最好先熟悉不同离岸司法管辖区的信托法规。下面，对一些主要离岸目的地的信托法律条款及相关情况进行介绍。

（一）新加坡

新加坡属政府主导推动型金融发展模式,"二战"后实施出口导向战略，很快成为亚洲美元市场龙头，以及亚洲的再保险中心和离岸保险中心。新加坡还是全球第三大离岸人民币业务中心，以及全球第三大外汇市场，实行有管理的浮动汇率制度。

新加坡作为世界金融中心之一，资本市场基础坚实，金融基础设施齐全，基金管理经验丰富，为信托行业的发展提供了很好的平台。新加坡对信托行业的管理非常完善，专业的受托人必须获取执照并接受监管部门的监管。在新加坡信托法律体制下，设立人可以保留其投资的权利，因此，客户仍然可以积极参与到信托资产的投资管理中。

1. 新加坡信托行业情况

新加坡作为私人银行和财富管理枢纽，信托业也是发展重点。新加坡从事信托业务的金融机构达 70 多家，每家信托公司必须获得牌照，并通过金管局每年的审计和考核。

2004 年，新加坡政府修改信托法，清晰地界定了受托人与授予人的关系，并允许外国人可以不受法定继承权的比例限制。2006 年出台《信托公司法案》，规定财产托管人拥有为自己投资的权利。财产托管人与受益人均非新加坡公民或并未居住在新加坡的信托均符合新加坡税法的海外信托标准，新加坡对这种信托收入提供免税。此外，受益人不会因接受此类免税收入而在新加坡被征税。《新加坡商业信托法》则要求信托管理公司必须设立于新加坡，为信托单位持有人之利益合法拥有信托资产并管理运营该资产。私人信托公司可以不持有信托执照，但必须雇佣一名有执照的信托公司来执行信托行政或服务。

新加坡是全球信托基金发展的重要基地，信托基金多数是房地产信托基金，部分为海事信托基金。在亚洲，新加坡是继日本之后第二个推出房地产投资基金信托（以下简称 REITs）的国家，也是亚洲第二大 REITs 市场。

2. 新加坡税收方面的相关规定

（1）新加坡对信托方面征税的相关规定。新加坡以属地原则征收所得税，凡来自新加坡的一切所得均需纳税；但来自国外的股息、国外分支机构的利润或通过国外劳务获得的收入免税。

1995 年以来，无论在股票市场、债券市场、保险市场还是资产管理市场，新加坡都取得了较大的成就。同时，新加坡政府根据国内和国际经济形势的变化发展，及时采取一系列针对金融行业的税收优惠措施，促进金融业健康快速发展。

按规定，在新加坡设立的信托基金取得的投资收入必须按照新加坡所得税法缴纳公司所得税，最高税率为 17%。但根据新加坡公司所得税法，信托基金享有很多优惠的税收减免条例。同时，对于信托基金，新加坡还制订了很多税收优惠方案，如信托基金奖励计划、离岸基金奖励计划、居民基金奖励计划等。

（2）新加坡避免双重征税的协定。新加坡已与近70个国家和地区签订了避免双重征税的协定，其中61个国家是全面的税收协定，另外几个国家只覆盖到运输收入。协定国家的居民取得或有权享有来源于新加坡的收入，都将给予避免双重征税的好处。这为我国在新加坡进行离岸信托提供了较好的法律环境。

3. 新加坡的金融监管

新加坡金融监管的主体是成立于1971年的金融监管局。为适应金融混业经营的需要，金融监管局在资本市场发放通用牌照，机构可以同时进行券商、基金、期货、REITs 管理等业务，而无需单独报批。2013年，金融监管局开始执行巴塞尔协议Ⅲ的所有资本监管要求。

总体来看，新加坡金融监管体系健全、自律性强、理念先进、透明度高。

（二）中国香港

中国香港属自由市场推动型金融发展模式，也是亚太唯一对离岸金融无监管的地区。中国香港作为全球最大的离岸人民币业务中心，以及全球第四大外汇市场，实行联系汇率制度。外汇基金推动多元化投资，扩展了对信贷资产、抵御通胀类投资产品和新兴市场的投资。

香港资本市场配置和优化资源的能力在亚洲首屈一指，资本进出自由，筹资能力强，IPO 多年在全球称冠，已成为亚太地区最大的资产管理中心和投资平台。

作为自由贸易港，香港金融系统稳健、商业规制简洁、法律体系规范、企业注册条件宽松。在沿用符合国际标准的会计准则基础上，不对经营活动过度约束，有利于各种要素自由流动，加强了对资本、技术、人才的吸附能力。

世界银行发布的《2018 年营商环境报告》对全球 190 个经济体的商业监管法规和产权保护进行分析与评估，以衡量监管法规是否有助于推动或是限制商业活动。该报告显示，香港地区的营商便利指数全球排名第 5 位。

1. 香港的信托行业相关情况

香港信托设立普遍，投资门槛较低，并实行严格的保密制度。信托主要收取设立费和管理费，且法律一般规定较长的信托存续期，香港可以设置永续信托。对于中国内地来说，语言也是中国香港和新加坡的优势之一，因为两地是少数可以在法庭上接受未经翻译的中文文本的司法管辖区之一。

香港信托业可分为四个主要范畴，即企业信托、退休金计划、私人信托、慈善信托。企业信托中最重要的产品包括单位信托（契约型证券投资基金）、交易所买卖基金（ETF）和房地产投资信托基金（REITs），其中大部分以零售投资者为基础。香港退休保障的支柱是强基金制度，是根据信托结构设立，并由私人管理的强制性供款计划。私人信托的发展则源于香港毗邻全球最大和增长最迅速的私人财富市场，因而对财富和遗产规划服务有着巨大的需求。慈善信托连同法定机构、有限担保公司、社团，成为在香港建立慈善组织的四大结构。香港信托业绝大部分归属企业信托和退休金计划，私人信托几乎都倾向于使用离岸信托。2013年12月1日，香港的《信托法律（修订）条例草案》正式生效，旨在修订香港信托法框架中两条最重要的法例，即《受托人条例》和《财产恒继及收益累积条例》。目的是赋予受托人更大预设权力，加大对受益人的保障，废除反财产恒继规则及更改反收益过度累积规则。

中国香港地区信托业发展的主要问题是合规难题以及多元发展带来的监管制度高度分散。监管合规造成的负担导致信托公司运营成本上升，并削弱盈利能力。虽然管治方位得到界定，但报告、发牌、审批过程却出现重叠监管的情况。

2. 香港的税收制度

中国香港地区与新加坡的税制都经历了由间接税到直接税的转变，并在以直接税为主体的税制结构下趋于稳定。两地均豁免了遗产税和资本收益税，对离岸基金进行的合法资格交易所得利润，免缴利得税，从而吸引大量外资流入。

税制简明、税负低、税收政策具有弹性是香港税制的基本特点。财政司和库务局是税收政策的制定者和解释者。香港只需缴纳物业税、企业利得税、个人薪俸税等三种直接税，不设置销售税、增值税、营业税、股息及利息预扣税等，对于绝大多数进口货物不征收关税。同时采取地域来源征税原则，源自本港以外收入无需缴税，本地居民还可自由选择按照分类所得税计税还是按个人入息计税。

中国香港地区的征税所依据的税收法律源于1947年制定的《税务条例》。税率是按法团或法团以外人士的税率纳税，法人税率为16.5%，法人以外人士税率为15%，最高个人所得税仅为17%，而企业都是自行申报纳税。

香港还承诺实施《税收协定相关措施以防止税基侵蚀和利润转移的多边公约》《BEPS多边公约》，集中落实四项最低标准，即打击损害性的税务措施、防止滥用税收协定的情况、订立国别（地区）报告的规定、改善跨境争议解决机制。

3. 香港的金融监管

中国香港金融监管实行混业经营、分业监管，秉持以服务消费者为中心的风险监管原则。香港没有一家专责监管信托市场的监管机构，负责监管银行及金融服务业的机构，往往兼管信托市场上的产品及服务组合。法律不限制外资公司参与当地证券交易。

香港的自由宽松监管模式，深受英国监管模式的影响，一定程度上依赖行业自律。

中国香港拥有完善且现代化的信托法制，不允许委托人直接管理自己的资产，而必须由受托人（信托公司）担任此职能。同时，为了规避"受托人中心主义"，允许将私人信托公司作为受托人，然后按信托合同条款由私人信托公司的董事会决策和管理信托事务。董事会通常由受信任的金融顾问构成。

（三）新西兰

20 世纪 80 年代，商业地产和股市泡沫破裂之前，新西兰富人迈克尔·费和大卫·里奇斯特曾经梦想新西兰能成为"南太平洋的瑞士"。

相对于开曼群岛、库克群岛等声明在外的避税地，新西兰国际声誉干净，不被视为传统的离岸金融中心和避税天堂，加上其对于离岸家族信托的高度隐私制度和免税事实本身，反而使自己成了一个更好的避税天堂。

作为英联邦成员，新西兰以英国普通法为基础，政治稳定、法治发达、司法独立，是经合组织（OECD）、国际货币基金组织（IMF）、世界银行、世贸组织（WTO）和亚太经合组织（APEC）等许多国际组织的成员。

1. "新西兰离岸信托的"降税＋隐私"制度

1988 年以来，新西兰就有新西兰离岸信托的概念，新西兰离岸信托又称新西兰外国信托或新西兰非居民信托，指委托人是新西兰的非居民，受托人是新西兰居民的信托。

在新西兰建立信托一般不需要注册，除非该信托拥有土地或者物业资产，在这种情况下，信托必须以书面形式进行记录。

2007 年，新西兰"所得税法令"明确豁免了"新西兰离岸信托"境外收入的所得税，但同时，新西兰离岸信托仍将被视为新西兰税务居民（通过"管理和控制测试",基本受托人在新西兰都被认为是当地税务居民),可以享受新西兰广泛的税收协定。外资信托的受托人不需要就信托的海外收入缴税。但是,国内信托的受托人需要就其全球收入缴纳税款。

与此同时,"新西兰离岸信托"根本不用在新西兰注册登记(受"海牙信托公约"承认),受益人没有登记,受托人也不需要提交年度报税表。(尽管新西兰可以根据2006年外国信托规定行使权力要求提供这些信息,但新西兰基本没有要求过。事实上,税务局每年收集的唯一信息是信托名称和受托人的姓名)。但是,如果受益人是或者可能成为新西兰的居民,这不会影响外资信托税收中立的身份。在信托建立后,新西兰的法律同样允许财产授予人成为信托的受益人。

新西兰法律允许信托协议下拥有托管受托人及管理受托人。这种安排对中国的财产授予人是有利的,他们可以指定一个"仅仅负责执行"的托管信托人,他们根据中国大陆的执行受托人给出的指令进行管理。鉴于财产授予人居住在新西兰以外的地区,该信托仍然可以被视为新西兰的外资信托,并且保留其在新西兰的税收中立地位。

事实上,新西兰离岸信托几乎可以用在任何国际业务中,不管企业还是个人,既可以作为独立的财富管理工具使用,也可以与新西兰双重征税协定网络结合使用,或者与新西兰穿透型公司(LTC)结合使用。

所以,2008年免税新政实施后,加上免注册下的保密制度,使得新西兰信托数量迅速增长。

2. 离岸信托披露新规

2016年4月,超过1100万份由某离岸群岛的某律师事务所拥有的文件被泄露。"国际调查记者同盟会"发布了一系列报道,详细讲述世界各国领导人、名流、企业如何运用离岸公司隐匿资产,使新西兰的离岸信托问题处于风口浪尖。

随着大量数据伴随某份"文件"被泄露,新西兰政府准备强化其对于离岸信托的披露规则。

2017年2月14日,新西兰议会通过了新的离岸信托披露规定,详见税收条例草案 The Taxation(营业税、信息交换及补救事宜,Business Tax, Exchange of Information, and Remedial Matters)(Bill),新规要求信托必须注册登记,要求提供所有信托变更资料,要求提供委托人、保护人及所有受益人身份(姓名、电子邮件地址、外国住址、税务居住国家、税务识别号码)等详细资料。

另外,受托人每年都必须再次报告注册时要求的信息,信托的年度财务报表以及信托所有的分配情况、收款方的详细信息等；并且，这些信息也会通过新西兰税务局与签署税收协定的其他国家共享。如果信托不符合新规的披露要求，将取消对外国所得的税收豁免优惠。

（四）库克群岛

库克群岛（Cook Islands）是一个位于南太平洋上，介于法属波利尼西亚与斐济之间，由 15 个岛屿组成的岛群。首都是阿瓦鲁阿，位于拉罗汤加岛。

库克群岛的整体经济以旅游业、种植业、渔业以及离岸金融业为主，黑珍珠养殖也颇为盛名。在外部事务上，由新西兰监督外交与国防方面的事务。

1. 库克群岛离岸信托的相关情况

库克群岛拥有国际上最好的离岸信托资产保护法。自 1989 年来，凭借着其无可取代的资产保护法引领国际，提供了全世界最坚固的资产保险柜，让高资产客户将其资产置于最安全的庇护中心，使客户资产远离债权人追讨、法律起诉及追缴税款等。库克群岛政府持续地致力于将库克群岛发展为举世瞩目的国际金融中心，并与离岸金融业有着紧密的合作。

库克群岛采用的国际信托法案制定于 1984 年，其法律蓝本源自于英国普通法，而于 1989 年之后，法案中的资产保护法更成为国际上最好的离岸信托资产保护法，也成为世界上第一个为现代信托资产保护立法的国家，因此提供了最具吸引力设立境外信托的环境。

外国人在库克群岛建立的信托基金必须进行登记。必须通过库克群岛持牌受托人公司进行外资信托登记的申请，在信托各方就信托的条款达成一致并且提供所有相关的信息后，相关注册流程通常需要一天的时间。注册一个信托的费用是 200 美元，而每年注册续期的费用也相同。持牌受托人公司就注册信托收取的费用会根据每个受托人公司的费率不同而有所变化。

在库克群岛建立的外资信托应至少有一名受托人是库克群岛持牌受托人公司、库克群岛公司或者是在库克群岛注册的外资公司。只要根据上述受托人类型其中之一建立信托，对拥有非居民受托人没有相关的限制。

只要在库克群岛建立的外资信托继续保持外资信托的注册身份，该信托的任何外国受托人和所有其他各方都不需要交纳任何形式的税收。如果库克群岛的居民从库克群岛的信托或者建立在其他地方的信托中获得收入，他们需要交纳相关的税款。

2. 库克群岛离岸信托的优点

库克群岛离岸信托的优点如下：

（1）库克群岛的法律制度类似于新西兰及大部分英国普通法司法区，法院由新西兰法官所主持，拥有发展良好的信托判例及经过不断实验、测试的信托法律。

（2）库克群岛拥有世界上最早也最全面的境外资产保护信托法令，提供富有经验、高度发展并且独一无二的境外资产保护。其法例不仅最全面，更是其他离岸国家竞相仿效的依据。

（3）继承权不受采纳。信托设立者拥有信托的管辖权，而不受继承者国家司法权侵扰。

（4）成立于库克群岛的国际信托可免税。

（5）深具弹性的遗产避税规划，让客户可避免遗嘱认证。

（6）库克群岛的国际信托将不受其海外所发生之破产牵连。

（7）库克群岛并不承认或实行任何外国审判制度。

（8）库克群岛针对有意图的"诈欺性转让"，需提出超越合理性的怀疑之佐证。

（9）限制性的求偿时间。库克群岛的国际信托法阻隔了已在库克群岛进行转移超过两年的资产请求诉讼。

其中最大的特点就是，注册于库克群岛的信托不会受到海外所发生的破产牵连，只要在债务追讨的诉讼前已进行转移超过两年的信托资产，将视之为合法，不会受债权人的追讨及干涉。

（五）开曼群岛

开曼群岛（Cayman Islands），有时也译为凯门群岛或盖曼群岛。是英国在美洲西加勒比群岛的一块海外属地，由大开曼、小开曼和开曼布拉克 3 个岛屿组成。

1. 开曼群岛的金融优势

开曼群岛是世界第四大离岸金融中心，也是世界著名的潜水胜地、旅游度假圣地。金融和旅游业是其主要经济来源。开曼群岛的全球金融中心指数排名第 26。

金融服务业是最主要的经济收入来源。由于开曼政局稳定，无外汇限制，不收直接税，外国大公司纷纷来岛上从事金融业务。到 1997 年 6 月，世界 50

家大银行中有 47 家在岛上设有分支机构。到 1999 年 6 月，在岛上注册的公司有 4.1 万多家，银行和信托机构 590 家，保险公司 475 家。

开曼群岛也是世界上的避税天堂之一。2009 年开曼群岛注册避险基金总规模高达 2.3 兆美元，居全球之冠，当地人口不到五万二千人，但公民所得高居全球第 12 名，被经济合作与发展组织列为协助非法避税的黑名单地区。

2. 开曼群岛的离岸信托

在开曼群岛建立信托没有具体的流程或者监管要求。只要财产授予人和受托人签署信托文件，并且财产授予人将初始信托财产转移给受托人，信托就能够建立。在开曼群岛建立信托不要求当地居民作为受托人，对受托人的身份也没有任何限制。

开曼群岛没有直接税收，受托人、财产授予人和受益人都无需支付所得税、继承税和其他与信托收入相关的税收，无论他们是不是开曼群岛的居民。对大多数信托来说，唯一的费用是信托建立时需要支付约 50 美元。为了进一步保护资产，信任可以被注册为"豁免信任"，这意味着在长达 50 年的时间里，开曼群岛实行的法律不会对信托中的任何资产或者收入征收任何收入或者资本利得税。在开曼群岛，只有不设受益人的信托可以被注册为豁免信托。

3. 在开曼群岛设立离岸信托的优势

开曼群岛是一个广受尊崇，也是一个成熟的，适于建立信托的司法辖区。开曼群岛信托法的总体法律来自于英国普通法，并依照法规进行了增补，提供具有多种灵活性和易于使用的信托架构首选地。

开曼群岛金融服务行业已经为满足全球高净值人士和家族的财富架构和传承规划的需要服务了数十年之久。为什么开曼群岛是这些客户的首选司法辖区？以下是一些重要理由：

（1）稳定和蓬勃发展的经济。

（2）有一个政治稳定的民主政府（是英国海外领地）。

（3）有众多高质量的服务提供商可供选择，其中包括律所、会计师、信托公司和银行等。

（4）中立的税务体系。

（5）能够快速解决争议的高效率司法体系。

（6）一个稳健的监管框架负责开曼群岛服务行业的监管工作。

（六）美国

在美国建立信托相对较为容易，只需要一个财产授予人、一个受托人和信托条款。在信托建立时，信托未必需要由财产授予人提供资金。在建立时，信托无需在任何办公室进行登记或者注册。

美国信托的受托人必须是美国居民。非美国居民只能与美国居民一起作为共同受托人。对拥有非居民受托人没有限制。

美国的信托及其受益人的税项取决于信托是否被认为是美国信托还是外资信托，以及信托有关的重要决定是否由美国的居民做出。美国信托需要就全球收入缴纳联邦所得税和州所得税。而外资信托只需要根据来源于美国的收入缴纳联邦税。

就美国税收而言，仅仅当信托在美国建立，并且包括分配安排在内的重要决定由美国居民做出时（由已经申请美国永久居住权的个人做出或者这个人在过去的三年中在美国居住至少 183 天，其中包括当年的 31 天），这个信托才会被认为是美国的信托。

除非一个人在所得税的意义上变成了美国居民，他或她无需就信托的非美国收入进行缴税。然而，只要他或她成为一个美国公民或居民，这个人将就其对信托的贡献进行缴税，不管他或她是否从信托中收到任何分配，也不管信托收入的具体来源。

对那些选择美国公民权的中国公民来说，他们可以通过确保对信托有关的决定拥有很少或根本没有实际话语权，来达到减少税收的目的。如果信任的结构允许财产授予人改变分配形式，控制投资并且有权撤换受托人，那么信托将被视为财产授予人的财产，并且征收相应的财产税。

那些保留中国国籍的人将就他们位于美国的信托支付最低的税款，但是当信托向美国居民或者公民进行分配时，将支付相应的税款。为了帮助信托的受益人避免收入税或赠与税，信托的设置应该规定具体的财产将在未来的一个时间点分配给受益人，分配不超过三个阶段，或者信托的条款规定分配的收入可以来自信托以外的来源。

（七）马耳他

马耳他，官方名称为马耳他共和国，位于意大利以南 80 公里。马耳他面积为 316 平方公里。由 5 个岛屿组成，其中马耳他岛最大，面积 246 平方公里，多天然良港；第二大岛为戈佐岛，面积 67 平方公里。（马耳他语：Repubblika ta' Malta，英语：Republic of Malta）是欧洲南部岛国，由地中海一些岛屿组成。由于其重要的战略地理位置，几个世纪来先后被不同的军事力量征服和统治过。马耳他资源贫乏，技术人员短缺，加工工业规模小，造船和修船业持续不景气。此外，高就业、高工资、高福利政策以及劳资纠纷也在一定程度上制约了马耳他经济的发展。

马耳他的信托可以通过口头或其他协议进行创建。在马耳他建立信托，没有法定限制、没有手续，也没有登记的相关要求。这意味着信托的建立相对较为容易。

根据马耳他的信托和受托人法（于2004年进行了广泛的修订），受托人可以是其管理的信托的一名受益人，前提是该信托还有其他受益人。但是，受托人无权从受益人的身份中赚取利润，并且应避免引起利益冲突的情况。

根据马耳他的法律，只能有两种类型的受托人：经过马耳他金融服务管理局授权的专业受托人和私人受托人，后者必须与财产授予人有关联或者与财产授予人相熟10年以上。

虽然私人受托人不需要从马耳他金融服务管理局那里获得授权，但是需要使用公证处的服务，来保留他们管理的信托的记录。在其他司法管辖区的持牌受托人无需在马耳他获得额外的授权。他们所要做的只是在受托关系开始前至少45天的时间内通知马耳他金融服务局他们将在马耳他成为受托人。

马耳他信托及受托人法同样承认根据其他国家法律建立的信托。

（八）百慕大

百慕大群岛（Bermuda），中国港台地区译为百慕达群岛，旧称萨默斯岛。位于北大西洋，是自治的英国海外领地。

在百慕大，只要签署了信托文件并且财产授予人将资产转移给受托人后，信托就能够被建立。此外，在百慕大建立的信托不需要注册，除非信托中的资产包括百慕大的土地。

在百慕大，私人信托公司（private trust company）是以担任一个特定信托或一组相关信托的受托人为唯一目的的公司。若百慕大私人信托公司仅向其章程大纲中确定的信托提供受托人服务，就将免于遵守《2011年信托（信托业监管）法》下的持牌要求。这项豁免是由《2002年信托（信托业监管）豁免法令》作出的。

受托人也不需要是百慕大的居民，对受托人的身份也没有限制。然而，我们建议对那些计划在百慕大建立信托的中国人，他们应该至少有一名受托人是百慕大的居民，以确保在需要时百慕大的法院可以接受信托所属的司法管辖地。

百慕大法律将公司区分为"本地"公司（主要由百慕大人拥有）与"豁免"公司（主要由非百慕大人拥有）。一般来说，除例外情况，豁免公司仅能在百慕大境内开展与百慕大境外的交易和活动相关的营业。若委托人在设立相关信托时并非经常居住于百慕大，私人信托公司则被允许完全在百慕大境内开展营业。

所有百慕大豁免公司的成立均须经百慕大金融管理局批准。百慕大法律要求必须披露最终实际控制人的身份，所有持有拟成立的私人信托公司不少于 5% 股份的最终实益权益人均须签署一份个人声明，证实其是声誉良好人士且在其他百慕大业务中亦有良好声誉。

在一般情况下，如果百慕大的受托人管理的信托持有非百慕大货币或者非百慕大房地产资产，他们无需缴税。根据 2008 年的百慕大印花税修正法案，拥有房地产或者当地货币在内的百慕大资产的信托需要交纳印花税。

（九）泽西岛

泽西岛又名玳瑁洲，是英国三大皇家属地之一。地处英国群岛与欧洲大陆之中，位于诺曼底半岛外海 20 公里处的海面上，面积 45 平方英里（116.2 平方公里），人口 7.6 万，是英吉利海峡靠近法国海岸线的海峡群岛中面积与人口数都最大的一座。

泽西岛的一项比较优势是长期保持"税收中性"制度。只要全球高净值人群在泽西岛注册发起基金或离岸信托品种，其所有资产、资本就不需要缴付任何税费。

根据泽西岛的法律，不要求注册信托文件。因此，在泽西岛建立信托只需要受托人签署相应的书面声明，而不需要财产授予人出面作为这个工具的参与方。

在信托中，所有来自泽西岛外部的收入都是免税的。此外，泽西岛不征收任何利得税、赠与税和继承税，对信托也不征收任何形式的资本税。然而，当泽西岛的居民收到来自信托的收入时，个人将需要支付泽西岛的所得税。

在泽西岛，财产授予人可以是受益人。在某些情况下，他们也可作为信托的共同受托人。财产授予人不能是信托的唯一受托人或信托的唯一受益人。

（十）马恩岛

马恩岛是位于英格兰与爱尔兰间的海上岛屿，而从更精确的地理角度来看，马恩岛正处于英格兰、苏格兰、威尔士、北爱尔兰和爱尔兰共和国的中心点。在部分场合，马恩岛与不列颠岛、爱尔兰岛合称为英伦三岛。

马恩岛服务业发达，既是国际金融中心，也是世界上一个具有良好声誉的离岸注册地。苏格兰国际皇家银行、汇丰银行、巴克莱银行、劳埃德银行等50多家银行在马恩岛落地，60多家专业财务公司在岛上开展业务，位列全球前6位的会计师事务所在马恩岛均设有分支机构，金融业占马恩岛总收入来源的41%。较低的个人所得税，不收取遗产税和企业税，在马恩岛注册公司成本低廉，使得该地区成为世界上有名的国际离岸商业中心。

1. 马恩岛法律及税务

马恩岛公司法例以英国法律制度为基础，其中一个特色是容许成立注册"豁免"公司。与英国相比，马恩岛征收的税项不算苛重，现时的个人和公司税率为20%。然而，在马恩岛成立注册但没有在当地经营业务的豁免公司则只须每年缴付税款450英镑。

2. 马恩岛信用评级

马恩岛拥有标准普尔和穆迪评级机构的 AAA 评级。

3. 当地基本架构

马恩岛有不同的银行、会计师行、律师事务所和专业服务公司，提供多种优质服务，配合商界的需要。服务行业竞争激烈确保有关收费合理。

马恩岛为亚洲企业提供的服务及解决方案有财富管理和资产架构、资本市场融资、进出口业务管理等。

在马恩岛建立信托没有登记或者维护的要求。需要的仅仅是对可辨认财产加以信托条款，这意味着只要财产转移给受托人，信托通常就能够被建立。然而，慈善信托需要在马恩岛总注册处进行登记，获得应税收入的信托应该在所得税部门进行登记，而涉及养老金计划的信托应该在保险及养老金管理局进行登记。

马恩岛的法律不要求受托人持牌或者在马恩岛注册作为信托合法的先决条件。此外，在马恩岛的法律体制下，也没有通用的规则禁止非居民受托人的存在。

非马恩岛的居民受托人和马恩岛的居民受托人都不需要就支付给非马恩岛受益人的非马恩岛来源的收入承担税收责任，但是他们可能会需要就马恩岛来源的收入进行缴税。当信托的受益人包括马恩岛居民时，也有可能需要支付税款。

四、我国目前离岸信托的发展情况

我国离岸信托运行方式通常为境内的信托公司通过设立单一或者集合信托计划将委托人资金通过 QDII 通道流入信托公司海外子公司或全资财富管理公司，再进行二级市场、债券、基金等项目投资，或者再成立一个新的信托计划进行日常信托管理，受托资产形态通常表现为资金、股权、不动产等权益类资产。由于境内法律政策环境不完善，国内高净值人群可通过设立离岸家族信托形式达到资产分配、合理避税、信息保密等目的，这也是一种自益财产保护在离岸地的表现形式。离岸地法律制度不仅为家族信托提供稳定的立法保障和充分的司法保护，而且为境内资产海外上市提供了灵活的信托架构安排。

据国内中国基金报的报道，目前国内企业家已经开始将手中大量的资金，以信托计划的方式移至海外离岸市场。比如，2019年1月12日，融创中国董事长孙宏斌在香港提交的文件中披露，已在2018年12月31日将手中大部分融创股权（市值约45亿美元）转让给离岸家族信托基金SouthDakota Trust Co.。

2018年11月21日，龙湖集团董事会主席吴亚军也通过其设立的一只离岸全权信托基金，将自己持有的龙湖集团44%股权（市值约79亿美元），全部分派给其女儿蔡馨仪设立的另一只离岸全权信托基金。

还有，国内食品行业的两大"巨头"也在2018年12月中旬，将所持公司股份向家族信托转让。2018年12月7日，达利食品董事长许世辉及许阳阳（女儿）分别向陈丽玲（妻子）转让其于DivineFoods-1及DivineFoods-3的2%及100%控股权益。陈丽玲随后将所获权益转让给注册于英属处女群岛的投资控股公司，该公司系间接持有达利食品股份的相关信托公司。

而周黑鸭的实控人唐建芳作为委托人，以其本身及家族成员为受益人设立了"富裕家族信托"。据周黑鸭2018年12月28日的股权变动公告，转让后该信托将间接持有上市公司周黑鸭共12.23亿股股份，占公司总股本的51.34%。

也就是说，2018年以来，至少有15家在香港上市的国内企业，其控股股东设立或将所持股权转让至家族信托，涉及市值约为2240.76亿港元（约为285亿港元）。

除龙湖集团、融创中国之外，还包括旭辉控股、中国教育、南方通信等。而此前，香港媒体报道，2018年11月至2019年初，民企股东成立或将股份注入到离岸信托的至少有11例，涉及市值近1700亿港元。此外，2018年7月上市的小米，雷军在上市前就已经成立家族信托，管理市值逾4000亿元的小米股份。早前SOHO（中国）同样于上市前就已安排并采用信托持股的方式，持有SOHO CHINA Limited的股权。

总体来看，越来越多的中国高富阶层正在通过离岸信托的方式来进行全球资产配置和财富管理。

离岸信托的作用及注意事项

离岸信托因应全球投融资、财富管理及增值的需要而被创造出来，既符合当今时代潮流，又与国际金融、国际经济相适应，是极具实用性的一种有效财产管理制度。

一、离岸信托的作用

离岸信托的作用较多，依设立人的目的不同而不同。总体而言，主要有以下作用。另外，在用好离岸信托功能的同时，也要注意相关事项，以促使设立目的的顺利实现。

（一）税务规划

税务规划虽然不一定是离岸信托最重要的功能，但却是社会上讨论最多、专家研究最多的问题。不少行业专家、法律专家以及硕士研究生对离岸信托的税收问题进行了广泛的研究，甚至有博士将其作为博士毕业论文研究。

由于对信托基本关系的不同认识，世界各国对信托的税收处理所采取的基本原则存在较大差异，承认信托的国家或地区从信托可以割断委托人与其财产所有权关系链条的基本认识出发，一般对财产所有人委托给受托人的财产及所产生的收益不再征税；而不承认信托的国家或地区，则对委托人的信托财产及收益继续征税。不难看出，承认信托的国家和地区对信托的税收处理办法给纳税人提供了一定的国际避税机会，纳税人通过信托的方式摆脱其居住国对其财产或所得的征税权。

通过离岸信托进行税务规划主要有以下几种方式：

1. 设立个人信托公司

在高税率国家的跨国纳税人可以在某个免征所得税和遗产税的避税地设立一个个人信托公司，然后把位于高税率国家的财产委托给这家个人信托公司经营，并逐步把财产和经营所得转移至避税地。例如，通过设立离岸信托，将企业的机器、厂房、设备等设立为信托财产，由这些财产所产生的经营所得和利润收入自然属于信托财产，由离岸信托设立地的税法管辖，从而规避本国税收。这种方法同样可以用来规避本国遗产税。

纳税人可以是这些信托资产的受益人，也可以在纳税人死后按事先确定的办法分配给指定的受益人。

2. 利用自由裁量信托减少所得税

在自由裁量信托中，受益人对信托收益没有固定的收益权利。这是一种特殊形态的信托设计，信托受益人可享受的利益根据实际情况来确定。在利益分配决定前，受益人能否获得利益以及利益的大小都处于不确定中。受托人被赋予自由裁量的权力，可以决定谁将收到信托财产的本金或收益。

委托人一般写一个非正式的"意愿书"对受托人做出详细的指示，该指示十分保密。由于大多数国家的所得税采取的是超额累进税率，委托人可以在避税地设立一个自由裁量信托，当某一受益人由于信托的分配使其总收入增加而可能使用较高税率时，受托人根据委托人事先设定的条件有权决定不再对其进行分配，而将信托收益分配给收入较低的其他受益人。通过自由裁量信托，受托人根据合约有权减少受益人的收益，从而在实行累进税率的情况下，把所得税降到最低。跨国集团通过这种自由裁量权信托可以达到在集团内部各子公司之间进行收入分割、转移所得的目的，从而使集团整体的税收负担下降。

3. 与滥用国际税收协定的避税方式相结合

滥用税收协定避税，是指为了享受协定待遇或缔约国一方的税收利益，一些原非缔约双方的居民通过人为的安排成为缔约国一方的居民，使他们既得到国内税法某些税收优惠的好处，又可以间接享受税收协定给予的减免优惠待遇。在实践中，离岸信托滥用税收协定的通常做法是，委托人通过在某个国家设立离岸信托，然后以该公司名义到与该国有税收协定的国家从事经济活动，从而使该离岸信托享受到其直接投资不能享受到的协定优惠。

如位于某避税地的银行与一项贷款的利息支付国之间签订有减征预提税的双边税收协定，但是发放贷款的跨国纳税人所在国与利息支付国之间却没有这种税收协定，那么跨国纳税人就可以与该避税地银行签订信托合同，由银行作为受托人代为收取利息，跨国纳税人则由此逃避了一部分税收。

4. 设立多重信托以获取多种税收优惠

各个避税地对信托的规定有很多的差异，有时委托人可以通过在不同的避税地设立信托，充分利用各避税地的优惠特点来最大限度的减少税负。在这种设计下，信托、受托人、管理地分处异地，纳税人可以充分享受各个避税地所提供的税收利益。例如，伯利兹规定信托的最长存续期为 120 年，这比大多数国家规定的时间要长；尼维斯岛信托的委托人可以是信托的受益人，又可以保留对信托财产的某些权利，有关资产保护信托的外国裁决不被承认；而马耳他对信托收入或一个受益人收入的年征税总额为 200 万马耳他里拉，免征遗产税、印花税、进口财产税，且信托活动不受外汇管制的约束。通过在这三个避税地设立重复信托，就可以享受到三个避税地对信托的独特优惠。

（二）信息保密

"保密"是离岸信托的一项重要功能。离岸家族信托的契约内容及信托财产状况都对外界严格保密，外界无法单从信托的名称判断信托的相关内容，因此给了信托委托人、受益人极大的安全感。这可以从多个方面进行诠释：

第一，在信息网络化的时代，人们的信息很容易被获取或者遭到泄露，这时，信息保密就显得尤为重要。离岸（家族）信托不但能够严格坚持信息保密，还能为大家免掉一些不必要的麻烦，让人们不再为富所累。这非常符合中国人"财不外露"的传统思想。

第二，将信托的受益人分为不同的组别，使他们彼此对对方的分配情况不知情，避免引发不同受益人之间的矛盾。

第三，利用某国法律给予特定信托相对于其他法律主体的税收优惠进行投资。对某些人而言，离岸信托最具诱惑力之处在于它是位于低税地的一个不透明的税收实体。由于受益人所在国的税务机关无法知悉离岸信托取得收入并进行分配的行为，因此也无法向受益人征税。

第四，很多客户在设立离岸基金的同时，希望对受益人进行保密，通过离岸信托可以完美解决这一问题，将受益人的名字在基金、特殊目的公司（简称SPV）和财富管理安排层面完全隐去，所有的投资行为都是由受托人根据信托协议进行操作。有些离岸地还允许对受益人进行保密，以确保信托始终按照委托人意愿进行运作，防止受益人恶意终止信托或为自身利益破坏信托。

（三）传承家族财富

"富不过三代"并不是中国的"特色"。葡萄牙有"富裕农民→贵族儿子→穷孙子"的说法，德国用"创造、继承、毁灭"来代表三代人的命运，美国家族企业传承到第二代还能够存活的只有30%，到第三代还存在的只有12%，到第四代及第四代以后依然存在的只剩下不到3%。世界上最著名的财产传承失败案例当属巴西人若热·贵诺的故事了。若热·贵诺从父亲手中继承了20多亿美元巨额财富，之后便风流败家，是世界三大败家子之一。晚年的若热和子女每月靠政府1500雷亚尔（约合500美元）的失业救济金艰难度日。

目前中国的企业家多为创造财富的第一代人，要想做成长寿的企业，国外成功家族企业的传承经验有很大的借鉴意义。离岸信托模式的主要特点是所有权与经营权分离，这种聘用家族外专业人士管理企业的方式，保证企业可持续发展。西方的"契约关系"与"市场规范"能克服很多中国家族企业面临的因"用人存疑"而不得不"任人唯亲"的困境，可以避免中国"家本位"的传统在企业规模扩大时对企业发展的束缚。

（四）保障家族和个人资产

离岸信托最大的好处就是保障家族和个人资产。

1.保障财产免受债权人追索

利用离岸信托可以保障财产免受债权人追索，这个优点是不少人成立信托的主要原因。

一旦发生债务纠纷或者破产时，企业存在银行里的钱、房产、股票、基金等全部将被查封、冻结。这种情况下，如果设有离岸家族信托，个人就不会因为公司破产而破产，所以越来越多的富豪借助离岸家族信托基金开规避风险。

在中国香港，不仅是富豪们，一般专业人士和中产阶层（如医生、会计师或律师等）都可以成立信托保护其资产。这些专业人士时常面对诉讼风险，而往往诉讼费用相当庞大，因此，有可能因单一诉讼而花光他们的财产。不过，如果他们利用离岸信托来持有个人资产的话，当面对债权人索偿时，可以保障其以离岸信托形式所持有的资产。

除此之外，相信大部分亚洲人对1997年的金融风暴记忆深刻。很多中小企业因为不能承受当时的困难，不但需要将毕生经营的企业关闭，而且更需要负担起庞大的债务开支，最后连家人的生活也成问题。经过1997年的教训之后，不少香港的中小企业家纷纷成立离岸信托，这样就可以在企业遇到困难或者法律诉讼时，也不会影响以信托方式持有的财产，从而保障了家人未来的生活。

2.避免因离婚导致家族资产被分割

近年来，国内名人离婚、争产等家事问题频频曝光，间接推动了离岸信托的热潮。那么，离岸信托在离婚时的"夫妻共同资产"问题上究竟能起到什么样的作用呢？事实上，如果设立信托的管辖区法律承认夫妻共同资产，且信托委托人无法证明配偶充分了解并同意信托的存在及信托资产注入，那么，当离婚发生时，这些信托资产依然会大概率被认定为夫妻共同资产。

因此，若考虑离婚时资产不想分一半给对方，那么一个简单可行的方案是将信托设立在如耿西岛等不承认夫妻共同资产的管辖法区，同时将资产尽量转入衡平法系的管辖地。

 6-4 看"全权委托信托"在离婚中的运用

　　委托人在英国申请离婚，英国法院对他发出了全球资产冻结令。委托人之前设立了一个英属维尔京群岛的全权委托信托，此时为了切断其个人与信托资产的关系，信托受托人向法院（东加勒比海上诉法院，也即英属维尔京群岛高等法院）申请解释：在全权委托信托的广泛框架下，当委托人自己也被设定为全权委托信托的受益人之一时，受托人是否有授权可以将委托人从信托受益人名单中排除出去？东加勒比海上诉法院裁定支持这个论点。也就是说，全权委托信托的受托人所得到的任命权可以用来排除受益人。那么，这时全权委托信托的资产就与个人资产进一步产生了隔离，并最终避免被冻结。

　　另外，对于居住在政治情况不稳定的国家而言，客户如果将其财产转给受托人，就可以保护其财产免被征收。

（五）移民准备

　　许多投资移民客户在规划家庭移民计划的时候，不免对子女教育、事业发展、生活品质以及资产保全有较高的期望。对于移民目的地国家的税收制度，不少客户都知之甚少。如果在移民登陆之前没有为家庭的国内资产做全面规划，那么在移民之后，随之而来的就是税务方面的困扰了。

　　而离岸信托就能够较好地解决这个问题。越来越多的投资移民客户为达到企业和个人财务目的，在移民后选择离岸信托来进行财富管理。

（六）全球资产配置

　　近几年，海外资产配置已经成为人们越来越关心的话题。在人民币持续贬值、CRS开启的大背景下，海外投资为国内投资人搭建了一座资产保值、升值的桥梁。资产配置的地域选择和货币多元化是实现全球资产配置必不可少的武器。

　　离岸信托通常创建于将资产转移到托管人名下时（成为离岸信托基金），

这时托管人成为资产的法律所有者，同时根据信托约定的条款负责管理资产，并将它们分割给离岸信托的受益人（受益人可以包括将资产所有权转移到托管人名下的个人或公司）。财产交付信托后，委托人仍保有信托财产运用的决定权，随时终止信托契约，取回信托财产。投资人可以委托离岸信托公司进行财富托管，制订专属的信托计划，而投资人不用亲临当地，其业务运作可在世界各地的任何地方直接开展。

离岸家族信托的受托人多为专业的信托公司，具备良好的信用和丰富的管理经验，可按照委托人的实际情况和需求，进行更多元化的海外投资，条款设计也更加灵活。在一些司法管辖区内可设立保留权利信托，将信托资产的投资管理权保留给信托的设立人，或由信托设立人指定其信任的外部投资机构面向全球进行投资，信托设立人及保护人对投资经理的业绩表现不满意可以撤换。

（七）设计公司架构

出于各方面的综合考虑，有时企业家不愿意直接持股自己的公司，需要设计特殊的公司架构，在名义上不是公司大股东的情况下还要达到实际控制公司的目的。

家族离岸信托的功能已不仅旨在对家族资产的简单管理与继承，在一些流淌着家族血液的上市公司中，将信托制度与公司制度相互配合，可达到加强对上市公司有效控制的目的，家族离岸信托在欧美发达国家，特别是英美法系国家得到了广泛应用。

在中国香港地区，如长江实业（李嘉诚）、恒基地产（李兆基）、新鸿基地产（郭氏家族）、恒隆集团（陈启宗）、英皇国际（杨受成）、大新银行集团（王守业）等均已成立并透过各自的家族离岸信托基金持有上市公司股票。

无论是我国大陆主板，还是中小板、创业板及新三板，其挂牌均有"股权清晰"的要求，信托持股因投资人匿名以及容易规避监管而不被中国证监会接受。与中国大陆不同，中国香港地区、美国等资本市场接受信托持股的架构安排，如大家熟知的潘石屹、张欣夫妇通过在开曼及英属维尔京群岛进行信托持股而于香港上市即一个成功的范例。

另外，2012年11月20日，上市公司龙湖地产董事会主席、中国女首富吴亚军离婚案，是中国家族企业利用离岸信托处理同类事件的一个样本：764亿港元市值公司、577亿港元身家分割，龙湖地产在这场离婚案中并未受到太大影响。原来早在龙湖地产上市前，吴亚军与其丈夫蔡奎便已各自设立了一个家族离岸信托，将即将上市的公司股权分别转移其中。吴亚军将 Charm Talent 所持有的所有嘉逊发展的股份全部转让给汇丰国际信托在英属维尔京群岛注册的全资子公司 Silver Sea。而蔡奎也将 Precious Full 所持有的全部嘉逊发展股份转让给汇丰国际信托在英属维尔京群岛注册的全资子公司 Silverland。这两次转让以零代价的馈赠方式进行。信托成立之后，吴亚军和蔡奎都不再直接控制龙湖集团的股权。在这一架构下，无论吴、蔡两人的身份性质发生了何种变化，公司股权最终都需要通过家族离岸信托基金汇于一体产生效力，这在一定意义上保障了两大股东行动的一致性。

（八）其他作用

1. 资产合并和集中管理

对于在世界各地都拥有资产的客户来说，信托可以作为管理这些资产的集中工具；对于记录保存、报税和编制年度账目报表等客户可通过一个中央地点进行处理。

2. 免除遗产承办手续及费用

若客户选择的居住地或资产所在地属于民事法制国家，便会受到当地强迫性的继承权约束，在客户去世后，他的资产必须根据当地强迫性的继承权规定予以分配，而客户本身的遗愿并不能完全遵循。若客户在生前将资产转入信托，则可以避免上述限制。

3. 其他

除了上述列举的作用外，离岸信托还有不少其他的作用，比如进行境外的不动产规划、进行国际慈善事业、为未来退休提供保障，等等。

二、设立离岸信托的注意事项

离岸信托虽然在税收筹划、全球资产配置等多方面有好处，但毕竟是与一个不同的法律制度打交道，要求在信托设立时十分的谨慎，要注意很多问题。

（一）设立保护人或监护人以保障国外受托人对信托财产的处置符合委托人的意愿。

信托除了有委托人、受托人、受益人三方外，还经常设立保护人或监护人，委任其监视受托人的活动，以保障财产委托人的愿望得以实现。通常保护人拥有变更受托人的权力，并有权否决受托人的提案；尤其是离岸信托通常需要有一个位于避税地的受托人，对于不了解的受托人，更需要设立保护人来保障信托的实施。保护人一般为财产委托人的亲戚或密友，保护人扮演监督者的角色，充当受托人、财产委托人、受益人之间的联络人。因为保护人拥有否决受托人的行动和不受约束的任免受托人的权力，因此，谨慎选择保护人和界定保护人的权力很重要，可避免遭受任何虚假信托的指控。保护人通常可提名其继任者，于其身故或丧失工作能力后，其不能、不愿继续担任保护人时继任。

（二）信托契约不得有一丝含糊

信托契约必须依据现行的最佳方式谨慎起稿，文件应列明受托人在信托期限内如何管理信托资产及分配、处置信托资产的有关详情。在一般情况下，信托资产将包括金钱、房地产及公司股份，但亦可包括任何可移动资产或不可移动资产及知识产权的拥有权。多数信托公司将编制一份标准信托契约，可以对信托契据进行修订以符合客户的要求。离岸信托可能设在客户的专业顾问并不熟悉的司法权区，因此，向当地律师取得有关信托合法性的法律意见以作为一种保障措施，是一种明智的做法。

（三）需有文件证明信托已发生所有权的转移，以确保信托的合法性

信托关系的基础是信托财产所有权的转移，如果委托人无法证明所有权已发生转移，信托将被认定为虚假信托。尤其在一个陌生的司法权区设立信托，更是需要在专业人员的建议和见证下签署证明所有权已发生转移的文件，防止信托被质疑。

（四）谨慎选择司法体系

有些避税地允许信托自行选择司法体系，而世界上各个国家对信托的法律规定有很大的差别，究竟何种司法体系最有利于信托的运行，需要专业人员的建议。司法体系的选择决定了信托契约的设立、信托是否具有合法性等一系列重要方面。因此，在选择时一定要谨慎。

总之，在办理离岸信托时应注意：多咨询律师关于离岸信托中财富和继承

的相关问题，确认离岸信托条款中的每项条款都没有错误；慎重选择离岸信托国家和地区，因为不同的国家和地区的信托法律规定都不相同，因此要选择一个适合自己的信托国家；关于资产控制权的问题，应向专业人士寻求专业建议，避免自己掌握太多控制权而失去了信托设立的意义和目的，离岸信托架构的搭设也未必能保障财产的安全；了解实时政策，针对已经于世界多国之间开始实施的共同申极准则（CRS），对于如何隐蔽资产的旧有思维必须舍弃，而是如何在资产信息已经无所遁逃的情况下保护资产及在合法情况下做最佳的税务规划。

第三节 离岸家族信托实务案例

近年来，中国家庭财富迅速积累，创富一代面临退休，财富分配与传承、财富管理方面的需求给家族离岸信托行业的发展带来现实的市场需求。

离岸信托具备资产分隔和保全、财富传承和分配、税务合规优化、个人信息私密保护等优点而备受家族及富豪的青睐。离岸信托作为在离岸地成立的信托，在操作上与信托类似，但因为特定的属地对信托的定义或法条有相对宽松或特别的政策，使受益人的利益能够得到更多的保护。

家族离岸信托的功能已不仅旨在对家族资产的简单管理与继承。在一些流淌着家族血液的上市公司中，将信托制度与公司制度进行结合，可达到加强对上市公司有效控制的目的，家族离岸信托在欧美发达国家，特别是英美法系国家得到了广泛应用。随着市场变化、股市震荡加剧以及全球经济增长不确定性骤增，越来越多中国富豪借助离岸家族信托基金来规避风险。

这些豪富中大部分是拥有上市公司的企业家。根据香港交易所披露公告梳理得知，2018年，至少有20家港股上市公司的控股股东新设立或将股权转让给离岸家族信托，其中15家系在港上市的国内企业，相关信托计划所控制股权市值约为285亿美元。比如，融创中国董事长孙宏斌在2018年的最后一天，把市值45亿美元的融创股权转让给离岸信托—南科他州孙氏家族信托。

上市公司利用离岸公司设立家族信托的常用地点如表6-1所示。

这些设立离岸家族信托的委托人，主要为房地产开发商大鳄及高科技企业主。下面对这两个行业以案例形式来阐述离岸家族信托的运作。

表 6-1　部分上市公司离岸家族信托设立情况

企业名称 （委托人公司）	离岸信托公司 （受托人）	家族信托委托人/受益人
开曼群岛设立家族信托，设立期限可达150年		
SOHO中国	Capevale Limited、Boyce Limited（64%）	张欣、潘石屹
长江实业	The Li Ka-Shing Unity Discretionary（40.43%）	李嘉诚、李泽钜
恒基兆业	Hopkins（Cayman）Limited（100%）	李兆基、李家杰、李家诚、李宁等
泽西群岛设立家族信托，设立期限可达100年		
玖龙纸业	刘氏家族信托、张氏家族信托以及金巢信托（64.17%）	张茵的儿子等
英属维尔京群岛BVI设立家族信托，设立期限达100年		
龙湖地产	吴氏家族信托（45.47%）和蔡氏家族信托（30.25%）	吴亚军在内的其他若干家族成员
永达汽车	丽晶万丽（26%）	张德安在内及其其他家族成员
新鸿基	郭氏家族基金Adolfa、Bertana、Cyric等6个信托公司	邝肖卿、郭炳江、郭炳联及家人

一、房地产企业企业家
离岸家族信托案例①

案例
分析　　6-5　融创中国董事长孙宏斌离岸家族信托

　　2019 年 1 月 12 日，融创中国孙宏斌提交了关于股权变动的资料，显示其于 2018 年 12 月 31 日将 20 余万股转入了离岸家族信托基金 South Dakota Trust Co.。

　　孙宏斌在投资乐视失败后，突然意识到贾跃亭把钱转移到国外是非常

---

① 微信公众号"中国经营报""览益财经"等网络公开资料。

敏锐的。2018 年 5 月、6 月、12 月，孙宏斌分三次创立家族离岸信托，将其价值 459 亿元人民币的融创股份全数装入离岸信托。从法理上孙宏斌已经是裸商。2018 年 5 月及 6 月，孙宏斌先是设了两个孙氏家族信托（设立后如图 6-4 左图所示），装入了约 14% 融创股份，总价值约 138 亿元，受益人是其家庭成员。

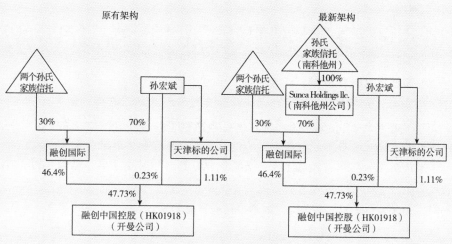

图 6-4　孙宏斌家族信托持股架构

资料来源：微信公众号"Amy 姐的跨境金融圈"。

在 2018 年的最后一天，孙宏斌又将所持融创总股份约 32.47%，总价值约 321 亿元的股票，转入了设在美国南科他州的离岸家族信托（见图 6-5），受益人是孙宏斌及其家庭成员。

▶ 持股变动

日期	股东名称	持股变动(万股)	变动后持股(万股)	变动后占比(%)	性质
2018-12-31	SouthDakotaTrustCompanyLLC(该公司为孙宏斌先生家族信托的受托人,详情请见补充资料)	↑ 204262.39	204262.39	46.36	好仓
2017-12-27	Sunac International Investment Holdings Ltd	不变	204262.39	46.46	好仓
2017-12-27	孙宏斌	不变	210271.99	47.83	好仓
2017-12-15	Sunac International Investment Holdings Ltd	↓ -25150.00	179112.39	43.21	好仓
2017-12-15	Sunac International Investment Holdings Ltd	↑ 25150.00	204262.39	49.28	好仓
2017-12-15	孙宏斌	↓ -25150.00	185121.99	44.66	好仓

图 6-5　2018 年底，South Dakota Trust Co. 持有融创 20 亿股股票

可知两个／多个孙氏家族信托受托人相同，孙氏家族信托全设在了美国南科他州。至此，孙宏斌所持融创股份46.4%，价值459亿元，全部装入了南科他州孙氏家族信托。外媒哗然一片，称内地富豪在中国反避税情形下急于转移资产。但保持公司控制权，隔离公司资产和家族资产的风险，或者才是孙宏斌最想实现的。

 6-6　龙湖地产创始人吴亚军离岸家族信托①

2012年11月20号，上市公司龙湖地产董事会主席、中国女首富吴亚军离婚案，是中国家族企业利用离岸信托处理同类事件的一个样本：764亿港元市值公司、577亿港元身家分割，龙湖地产在这场离婚案中并未受到太大影响。原来早在龙湖地产上市前，吴亚军与其丈夫蔡奎便已各自设立了一个家族离岸信托，将即将上市的公司股权分别转移其中（具体结构如图6-6所示）。

上市前，吴亚军就和当时的老公蔡奎分别设了家族信托（吴氏和蔡氏家族信托），俩人分别用家族信托搭上英属维尔京群岛公司，持有龙湖地产股份。

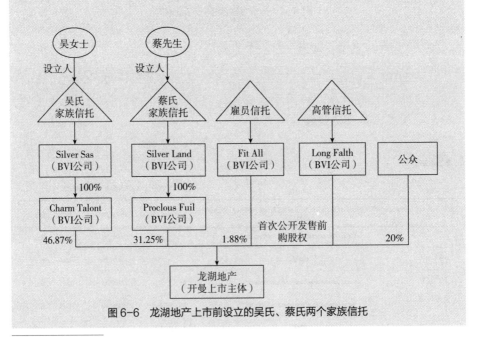

图6-6　龙湖地产上市前设立的吴氏、蔡氏两个家族信托

① 微信公众号"Amy姐的跨境金融圈"等网络公开资料。

　　吴亚军与蔡奎先在开曼群岛注册了龙湖地产的空壳公司，龙湖地产的股权由两家注册于英属维尔京群岛的公司持有，分别为 Charm Talent 及 Precious Full。之后，吴亚军与蔡奎在英属维尔京群岛又注册了一个名为 Long For Investment 的公司，该公司股权由龙湖地产 100% 控股。Long For Investment 收购了嘉逊发展的全部已发行股本（这一部分正是吴亚军打算用来上市的资产），如图 6-7 所示。

表 6-2　2012 年 8 月开始吴亚军夫妇分割龙湖股权情况

日期	吴亚军持股变化 （占龙湖已发行股本）	蔡奎持股变化 （占龙湖已发行股本）
2012 年 8 月 5 日	吴亚军及蔡奎共持有 39.06 亿股（75.6%）	
2012 年 8 月 6 日	23.44 亿股（45.36%）	15.62 亿股（30.24%）
2012 年 9 月 18 日	20.84 亿股（40.33%）	15.62 亿股（30.24%）
2012 年 9 月 25 日	23.44 亿股（43.18%）	15.62 亿股（30.24%） 其中 319 万股以实益持有人身份持有
2012 年 11 月 19 日	吴亚军及蔡奎共持有 39.06 亿股	

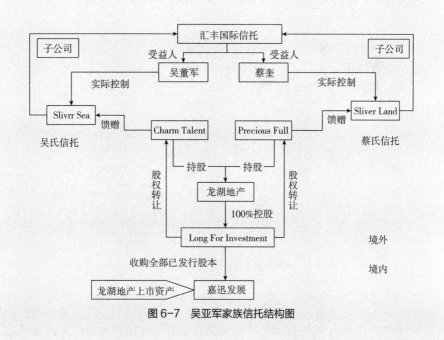

图 6-7　吴亚军家族信托结构图

其中，吴氏家族信托的受益对象为若干吴氏家族成员以及一个名为 Fit All 信托，Fit All 受益对象为龙湖地产的员工及管理层。作为彼时吴亚军的丈夫蔡奎也被视为拥有这一部分股份的权益。而蔡氏家族信托的受益对象为若干蔡氏家族成员以及 Fit All。而这一部分股权的权益同时也由吴亚军拥有。

以此，吴亚军夫妇分别用各自的家族信托持有各自上市公司的股权份额。

2012 年 11 月，两人被爆离婚。婚变前夜，即 2012 年 8 月，两人已把财产无声无息地进行分割，其实分割，应该只是把各自从对方家族信托的受益人中除名而已。Long For Investment 收购了嘉逊发展之后，又将股权分别以 19.2 亿港币和 12.8 亿港币的价格转让给 Charm Talent 和 Precious Full。

吴亚军将 Charm Talent 所持有的所有嘉逊发展的股份全部转让给汇丰国际信托在英属维尔京群岛注册的全资子公司 Silver Sea。而蔡奎也将 Precious Full 所持有的全部嘉逊发展股份转让给汇丰国际信托在英属维尔京群岛注册的全资子公司 Silverland。这两次转让以零代价的馈赠方式进行。信托成立之后，吴亚军和蔡奎都不再直接控制龙湖集团的股权。

之后，2018 年 11 月 21 日，吴亚军又将持有的龙湖集团 43.98% 股权（市值约 512 亿元），全部分派给其女儿蔡馨仪设立的另一只离岸全权信托基金（姑且叫吴女家族信托）。

图6-8　龙湖集团 2018 年 11 月股权分派前后情况

吴亚军母女的信托又都指定同一受托人汇丰国际，以此，公司的控股架构不变，不用纳税又不用小股东批准等。蔡馨仪便顺利通过吴女家族信托，获得了龙湖地产价值 512 亿元的股份，完成了财富传承。就分派而言，吴亚军的女儿向其承诺及保证（其中包括）将促使 Charm Talent 根据吴亚军的指示行使 Charm Talent 所持本公司股份的投票权。吴亚军不动声色的在财富传承的过程中，除了上市公司公告备案，公司架构没变，公司控制人没变，没有税费，不用中小股东投票表决。

在这一架构下，无论吴亚军、蔡奎两人的身份性质发生了何种变化，公司股权最终都需要通过家族离岸信托基金汇于一体产生效力，这在一定意义上保障了两大股东行动的一致性。

所以通过离岸家族信托，持有上市公司的股份，不仅信托资产的独立性起到防火墙作用，并且大股东也不会因为婚变稀释股权。一切都如上市前就预期好的，夫妻也好聚好散，股民们也都不感到突然。

信托设计的灵活性更有助于分产和传承，在吴亚军离婚时，双方从共同控制 71.97% 权益到分割至各自名下，仅是变更受益人即可。而在吴亚军传承给女儿时，仅需要将上市公司股份分派至其女家族信托名下即可。不必真正分割股权，操作灵活且保护了家族资产完整性。

在此案例中，吴亚军把她持有的上市公司的财产权，游刃有余地通过家族信托的安排，顺利保护并传承至下一代了；与此同时，自始至终，她持有的上市公司的控制权从未改变过。

6-7　SOHO 中国离岸家族信托

2002 年，SOHO 中国为了在海外上市，搭建了红筹架构。潘石屹、张欣二人通过私人公司控制了 SOHO 中国（Cayman）股权；接下来，SOHO 中国（Cayman）设立了 7 家英属维尔京群岛公司，控制其境内 7 家地产项目公司。其中，潘石屹透过 Boyce（英属维尔京群岛）公司控制 SOHO 中国（开曼）47.39% 股权，张欣透过 Capevale（英属维尔京群岛）公司控制 SOHO 中国（Cayman）47.39% 股权，夫妻二人的股权共计 94.78%。此时，潘石屹和张欣分别拥有 SOHO 中国（Cayman）的均等股权。2005 年11 月 14 日，潘石屹将其在 Boyce（英属维尔京群岛）的全部股份以馈赠方式转让给张欣。SOHO 中国的信托持股设计模式如下：张欣把 Boyce 及 Capevale（英属维尔京群岛）的全部股份转让给 Capevale（Cayman）（特意为成立信托而注册的公司）；紧接其后，张欣把 Capevale（Cayman）的全部股份授予汇丰信托。该笔信托属于私人信托，最大的好处就是紧锁股权。比如张欣在信托条款中设计了信托财产不可撤销条款。而张欣则是该笔信托的授予人、保护人及全权受益人。潘石屹、张欣二人作为Boyce公司及Capevale（英属维尔京群岛）公司的董事，通过对其控制，同时实现了将资产转移国外，和对SOHO中国的控制（具体结构如图6-9所示）。

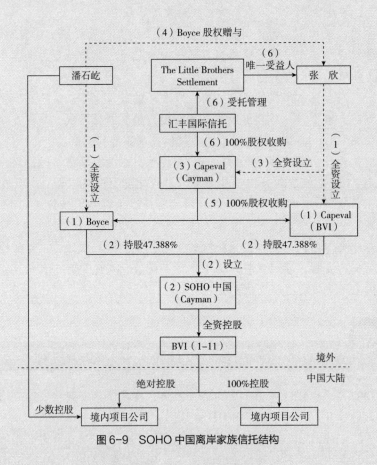

图6-9 SOHO中国离岸家族信托结构

1. 在信托架构安排中潘石屹的角色

SOHO中国的离岸家族信托结构在业内之所以颇富争议性，不仅因为潘石屹在《关于外国投资者并购境内企业的规定》（红筹10号文）出台前对股权进行了"境外换手"，将英属维尔京群岛公司Boyce全部股权赠与已获得香港居民身份的张欣，从而使得SOHO中国在英属维尔京群岛公司后续系列重组，直接跨越了《关于外国投资者并购境内企业的规定》第十一条"关联交易"（即"境内公司、企业或自然人以其在境外合法设立或控制的公司名义并购与其有关联关系的境内的公司，应报商务部审批。当事人不得以外商投资企业境内投资或其他方式规避前述要求"）须报商务部审批的流程，成为规避《关于外国投资者并购境内企业的规定》的轰动性案例；更是因为在顶层的离岸信托设计与架构中，张欣成为信托 The Little Brothers Settlement 唯一的委托人、财产保护人以及受益人，而潘石屹并未进入信托的受益人名单之列获得任何权利。

　　从信托交易架构设计上来讲，张欣设立的信托 The Little Brothers Settlement 并不算是真正意义上的家族信托。虽然目前业界以及学理界对"家族信托"并未有准确的定义，但一般而言，家族信托的设立应当要具备为个人身后家族以及家族成员利益进行有效财产风险隔离、财产传承或者财产保值增值等服务的目的。而就目前所披露的公开有效文件显示，张欣所设立的信托均体现为其个人利益服务，并未体现家族利益。而至于张欣在信托文件中针对信托受益权在其死亡或者丧失民事行为能力之时是否有额外的安排，则另当别论。

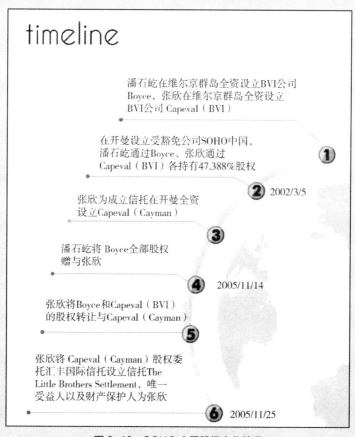

图6-10　SOHO 中国股权变化情况

2. 信托之外的"小金库"

从 SOHO 中国的离岸信托交易结构图中可以看到，潘石屹将 Boyce 公司股权无偿转让与张欣后，已经从 SOHO 中国的整体离岸架构中"出局"，这是否意味着，如果潘石屹、张欣离婚，潘将"净身出户"？

实际上，从香港上市全球发售的招股说明书中，我们可以窥见，SOHO 中国的离岸家族信托的设计，并未如同龙湖地产离岸家族信托的安排，将夫妻名下的全部财产最终全部控制于家族信托名下。在 SOHO 中国所设英属维尔京群岛公司所控制的部分境内项目公司中，少数股权仍掌握于潘石屹的名下，俨然构建了另一套类似于"小金库"的财产体系。而该部分股权是否仍属于潘石屹、张欣的夫妻共同财产，或者他们是否已将该部分股权的所有权归属达成婚内财产协议，则无法得知。

6-8　长江实业李嘉诚开曼群岛
离岸家族信托①

（一）李家成员

妻子庄月明已故，两子李泽钜、李泽楷。长子李泽钜，与妻子王富信育有三女一子。次子李泽楷未婚，与前女友梁洛施育有三子。

图6-11　李嘉诚家庭成员关系

---

① 微信公众号"腾讯财经""北上资本"等网络公开资料。

李嘉诚把财富传承分成继任和分产两部分，继任是人的安排，分产是财的安排。而安排背后的工具，便是家族信托。

（二）继任人

据称，两子李泽钜与李泽楷性格与爱好迥异。1964年出生的长子李泽钜，遵照父亲安排选了土木工程专业，之后又攻读结构工程硕士，21岁毕业后加入"长和系"，紧跟父亲脚步，迄今已超30余年。而1966年出生的次子李泽楷，按照个人兴趣读了电脑工程专业，感情丰富，与父亲的关系也一度紧张，尤其是1990年庄月明过世后不久，李泽楷便搬出了李家大宅，被视为其独立宣言。

2012年5月，李嘉诚正式宣布分家。由长子李泽钜继承李氏商业帝国，次子李泽楷获得现金自行创业。毫无意外，也是按两子各自的兴趣顺水推舟。

对于李泽楷获得多少现金，李氏家族未公开披露财产我们无从得知，而看李氏商业帝国，大多是由李氏家族信托持股，（Li Ka-Shing UnityHoldings Limited, LKSUnity），是李氏帝国的终极持有公司。宣布"分家"前，李嘉诚三父子各持LKSUnity 1/3股份，宣布分家后，于2012年7月16日，李嘉诚已将本来由其次子李泽楷持有的1/3权益全部转让给长子李泽钜，这让李泽钜持股量增至2/3。

据港交所披露权益，当时的LKSUnity共持有22家上市公司，除"四大"旗舰：长和（00001）、长实地产（00013）、长江基建（01038）、电能实业（00006）外，还包括TOM集团（02383）、汇贤产业（87001）等。

李嘉诚的继任计划，更有些像英国时期长子继承制，确保控制权不因分家而旁落，这也让李氏商业帝国有了再存续百年的基础。

（三）离岸家族信托

李氏家族信托设立于开曼群岛，直接持有公司权益，李氏家族信托包括四个全权信托DT1、DT2、DT3、DT4，以及两个单位信托UT1.UT2，李嘉诚是全权信托的委托人，而信托的酌情受益人全部是李泽钜及其妻、子女以及李泽楷。

可以看到，李嘉诚在横向上成立了四个全权信托：DT1、DT2、DT3和DT4，其中，在DT1和DT2基础上控股长江实业，在DT3和DT4基础上控股和记黄埔及其他公司。整个家族信托由两层信托关系构成，以左侧的长江实业为例：第一层信托关系是DT1和DT2分别以TDT1和TDT2为受托人，TDT1和TDT2持有房产信托UT1的若干物业，但不持有任何股份及利益；第二层信托关系是 UT1 以 TUT1 为受托人，TUT1 持有的长江实业、长江基建和其他公司的股份并实施控制。在此基础上，由李家父子全权控股（父子三人每人占三分之一）的"Unity Holdco"公司拥有 TDT1、TDT2 和 TUT1 的全部股份。右侧 DT3 和 DT4 的设计思路与结构与左侧相同，这里不再赘述。

2012 年 7 月，李嘉诚将家族信托中原分配给次子李泽楷的三分之一权益全部转给长子李泽钜，剩余三分之一则继续由自己持有，将主要用于"李嘉诚慈善基金会"，基金会将来由两个儿子共同管理，至此，李嘉诚正式落实了"三分家身"的家族信托方案，李泽钜接管了总市值超过 8500 亿港元涉及 22 家上市公司，成为这个巨型商业王国新的掌舵人。当然，家族信托的生效时期是由受托人设定的，因此在统计口径上，比如李嘉诚正式退休触发设定的家族信托生效时间点，李泽钜正式才能成为新的香港首富。

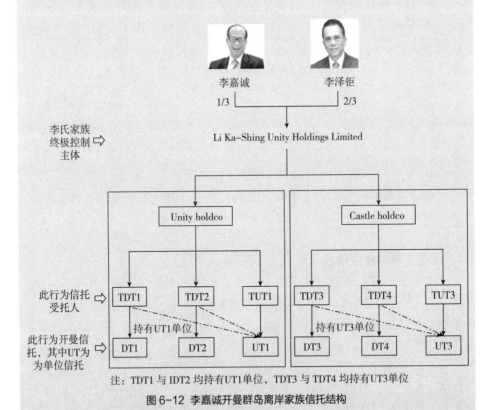

图 6-12 李嘉诚开曼群岛离岸家族信托结构

2015 年 2 月 25 日，长江实业、和记黄浦正式合并成为两间新公司：长和及长地，注册地均是加勒比的开曼群岛。其中长地负责房地产业务；长和负责非地产业务，包括港口及相关服务、电讯、零售、基建、能源及动产租赁业务。

看长和（0001）2017年年报，主要股东TUT1以UT1信托人身份持有长和股份，而TDT1和TDT2持有UT1单位。其次，TUT3也以UT3信托人身份持有长和股份，而TDT3和TDT4持有UT3单位等。看长地（1113）2017年年报，同样地，主要股东TUT1以UT1信托人身份持有长和股份，而TDT1和TDT2持有UT1单位。其次，TUT3也以UT3信托人身份持有长和股份，而TDT3和TDT4持有UT3单位等。

（四）李嘉诚离岸家族信托的功能优势

李嘉诚设立复式离岸家族信托主要基于以下考虑：第一，保证了资产的私密性。外人只能看到家族信托关系的结构，根本无法了解家族信托的具体情况。第二，发挥了私人信托公司的作用。作为离岸信托，设立私人信托公司既便于国际操作，还便于信托设立人选派家族成员作为顾问担任公司的董事，从而有效保障家族的控制权。第三，设立复式信托更加有利于财富管理。李嘉诚家族信托的复式构架之间虽然存在股权关系，但是六个受托公司资产和运营却是独立的。这样，一方面，当某一资产出现风险不会波及其他资产；另一方面，一旦需要进行股权转让时，在受托公司之间转让权益即可，便于操作，而且不会对信托财产造成影响。后来李嘉诚的进一步运作也很好地说明了这一点。

"三分家身"体现了李嘉诚作为一代商业巨鳄的开明和智慧。其开明在于，他充分尊重了两个儿子个人的个性和其对事业的选择，特别是他没有把自己的理念强加于次子李泽楷，而是给他创造了广阔的发展空间。"三分家身"之后，两个儿子都能够从事自己喜欢的事业。其智慧在于，李嘉诚充分认识到了第二代家庭成员即两个儿子的个体差异，摒弃了传统的均分家产思维模式，而是采取各取所需的方式，从不同的角度、采用不同的方式，对两个儿子在事业上的发展给予相应的支持。就李嘉诚所设立的家族信托本身来讲，通过设立私人信托公司、采用复式信托等方式，充分利用了家族信托制度的架构优势和灵活性，为家族财富的传承建立牢固的保障体系。特别是其所设立的家族信托在股权转让方面所体现出来的私密性和灵活性，如果将来出现一些特殊状况，李嘉诚这些未雨绸缪的准备工作届时一定会发挥关键的作用。

李嘉诚将继任和分产分开，由长子继承掌舵手职位，利用家族信托，让全家人以信托受益人形式享有财产收益，以确保控制权不因分家而旁落。

而且，安全为先，世纪大重组隔离出了房地产业务，而家族信托也助于其隔离与李氏商业帝国的风险。

二、高科技企业企业家 离岸家族信托案例①

案例分析 6-9 阿里巴巴创始人马云离岸家族信托②

2014年9月19日，阿里巴巴集团于美国纽交所正式挂牌上市。上市主体（Alibaba Group Holding Limited）注册在开曼群岛。

截至2017年底，马云持有阿里巴巴167159739股权益，占阿里集团总股份的6.4%。马云持有阿里的方式，除占其总持股的0.2%为个人持股（34333股）外，其余99.8%都是通过海外实体持有，比如离岸家族信托（107668564股）、海外慈善基金会（24147842股）、开曼控股公司（35000000股），总价值超过1700亿元。（按2019年1月17日当日股价和汇率粗算，下同）。其中，马云通过离岸家族信托所持股份，占其总持股的64.4%，市值约1119亿元。

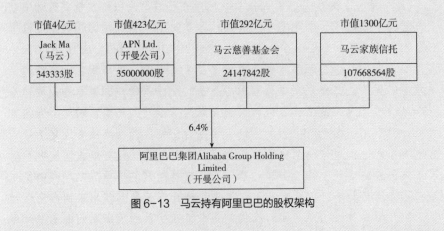

图6-13 马云持有阿里巴巴的股权架构

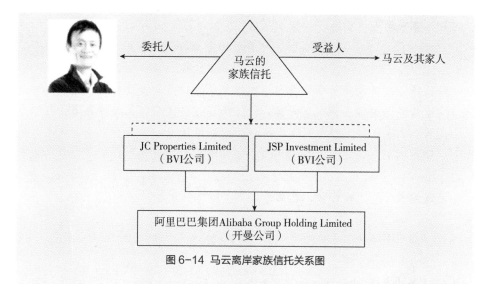

图6-14 马云离岸家族信托关系图

马云的离岸信托，是以马云作为委托人，马云和他的家人作为受益人，家族信托通过两个英属维尔京群岛公司——JCProperties Limited 和 JSP Investment Limited，最终持有阿里巴巴的股票。

此后，无论婚变或传继，在对阿里的控制权上，马云按照阿里合伙人制度决策或行事（为退休准备，马云清退 VIE 股权，减轻影响）；享有的财产权上，配偶和后代将按照马云的信托契约分配或受益。

 案例分析

6-10　京东刘强东离岸家族信托[①]

2014 年 5 月 22 日晚，京东正式登陆美国纳斯达克，股票代码为 JD。上市主体 JD（JD.com, Inc.）注册在开曼群岛。

在京东招股说明书里，有一个很多非专业人士都忽略了的细节："创始人刘强东通过位于英属维京群岛（英属维尔京群岛）的离岸公司 Max Smart Limited 持有京东股票"。在上市的前三天，2014 年 5 月 19 日最后一版招股书里的注释说明这个离岸公司是通过信托持有的，且刘强东为信托唯一股东，并享有收益权。通过位于英属维京群岛的离岸公司 Max Smart Limited 持有京东普通股，在 IPO 之后，这部分股份成为 B 级普通股，拥有 67.6% 的投票权。这家英属维京群岛的离岸公司 Max Smart Limited，刘

---

① 微信公众号"家族企业杂志""Amy 姐的跨境金融圈"等网络公开资料。

强东是通过信托持有的。

在 2014 年甚至更早以前，刘强东就为其所持股权构建了一张安全而牢固的防护网。根据业内人士的一致推测，通过离岸公司 Max Smart Limited 持股，刘强东将未来十年获得的一次性奖励期权与其他股权一样装入了离岸家族信托之中。此举则意味着，股权和期权的所有权已经不再属于刘强东，其形式上能享有的只是收益权。

截至 2017 年底，刘强东所持京东的 100% 股份，包括原始股，以及他在 2014 年 3 月被激励授予的限售股，即他的全部身家，京东的 15.5%，总价值超过 333 亿元的股份，都是通过离岸信托持有的。

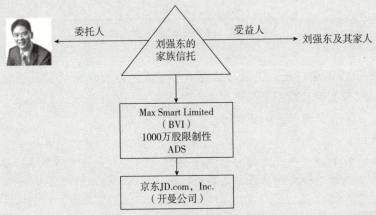

图 6-15　刘强东离岸家族信托关系图

刘强东的离岸信托，是以刘强东作为委托人，刘强东和他的家人作为受益人，家族信托（1 个或多个）通过英属维尔京群岛公司 Max Smart Limited，最终持有刘强东所持京东的所有股份。

通过离岸家族信托，刘强东全副身家的财产所有权已与收益权分开，当然，也与婚姻资产隔离了。

《2003 年英属维尔京群岛特别信托法》（以下简称"VISTA"）信托抓紧企业控制权。放入信托的股权所有权不属于刘强东，那么他是如何控制京东的呢？这就是刘强东选择英属维尔京群岛作为信托离岸地的巧妙之处了。VISTA 信托对于控制公司拥有独特的优势。根据 VISTA 规定，VISTA 信托设有"董事局规章"（简称"ODRs"）。

董事局规章允许信托文书制定董事任命和免除条款，委托人可以管控 VISTA 信托公司董事的委任、罢免和薪酬事宜。简单来说，就是委托人可以决定信托期间，谁将最终管理该英属维尔京群岛公司（英属维尔京群岛信托可以持续长达 360 年）。VISTA 信托里的受托人更多的是持股作用，对于公司的管理不能做出多少干预。

对于英属维尔京群岛公司的股份以及已明确指定的股份，受托人于成立信托时负有明确的保留公司股份的责任，未经董事会批准，受托人不得出售该股权。并且在受托人没有遵循规定时，受益人和董事可以向法院申请救济，有利于保障 VISTA 信托规则的实行。

所以，刘强东通过 VISTA 信托指定自己为京东的控股公司 Max Smart Limited 的唯一董事，解除了传统信托中受托人对信托财产的管理，既享受了信托提供的股权隔离保护优势，又保留了对京东的控制权。

6-11　小米集团雷军离岸家族信托[①]

雷军作为中国科技界大佬，其上市前成立的信托有诸多看点。

2018 年 5 月 3 日，小米集团在众望所归之下，根据港交所的新规则，以"同股不同权"公司的形式，正式向港交所呈交了上市申请。

小米作为一个中国手机与互联网市场的"独角兽"，其上市之旅非常值得关注，每个角度的观察与分析都可以品味出小米集团创始人团队与自身商业体系在各个维度的巧妙安排。而其创始人雷军的所有权与控制权安排，更是可以让人看出一个工程师与产品架构师出生的科技大佬的"谋定而后动"。

（一）低调的家族信托

仔细阅读小米集团首次申请版本的招股说明书，小米创始人雷军的公开信无疑打动了许多人，小米的"铁人三项"、集团组织结构等的披露也向外界展示了小米的生态系统雏形；但是顶层结构与其他内容的详实却相反，低调地一笔带过。

小米上市主体之上共有 6 层架构，第一层上市公司，第二层为两家公司分别持有 AB 股，第三层、第四层分别为（Sunrise Vision Holdings）及（Parkway Global Holdings），第五层为家族信托，雷军作为委托人，本人及其家族作为受益人；第六层为受托人（ARK Trust（HK）Co., Ltd）。

---

① 微信公众号"中经财富""智安环球"等网络公开资料。

作为首家同股不同权上市架构的公司，雷军的家族信托旗下有两家控股公司，一家为（Smart Mobile Holdings），持有 A、B 股，而另一家为（Smart Player Limited），仅持有 B 股，这两家控股公司持有境外上市主体小米集团。从股权结构来看，小米股票分为 A 类股份和 B 类股份，A 类股份持有人每股投票权为 10 票，B 类股份持有人每股投票权为 1 票。具体来看，小米集团 A 类股份全部由创始人雷军（4.29 亿股）和另一位联合创始人林斌（2.4 亿股）持有。

在 IPO 前可以划分开 A 股、B 股的受益人，分开两个架构持有不同股权的信托，两个架构有不同受益人，其中某些受益人可以设置锁定到分配期间才可以分配，不同公司做投资权限也不同，每家公司下面开的账户的投资风险评估报告也有所差别。

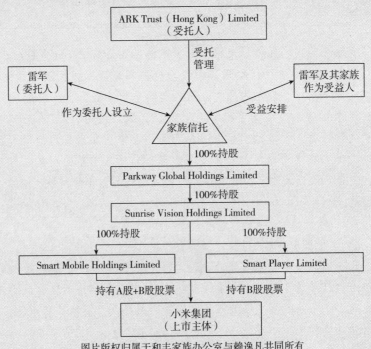

图片版权归属于和丰家族办公室与赖逸凡共同所有

图6-16　雷军先生的家族信托的基本结构

（二）A、B 股制度实现控制权安排

观察小米集团的历史沿革以及整个集团结构的重组过程，可以看到，小米集团成立时间是 2010 年 1 月 5 日，其属于在开曼群岛成立的获豁免

有限责任公司，该类型的公司属于受到美国证券市场相关交易所（纽交所、纳斯达克）以及中国香港交易所等中国大陆境外证券资本市场规则所认可的上市主体。可见小米自成立之日起，就有了较为充分的资本市场规划。

在上市前的股权结构搭建中，小米集团在 2010 年 8 月 17 日至 2010 年 12 月 20 日，向联合创始人发行了共 162500000 股 A 类普通股和 57500000 股 B 类普通股，每股面值均为 0.0001 美元。

轮次		首份購股協議日期	最後支付代價日期	購股協議所涉股份總額	已付每股成本[注]	本公司募集资金總額
1.	A系列	2010年9月28日	2011年5月17日	102,500,000股 A系列 優先股	每股A系列 優先股 0.10美元	10,250,000 美元
2.	B系列	2010年12月21日	2010年12月24日	60,775,862股 B-1系列 優先股 4,297,283股 B-2系列 優先股	每股B-1系列 0.411348美元 每股B-2系列 優先股 0.581763美元	27,500,030.15 美元
3.	B+系列	2011年4月11日	2011年4月21日	4,727,011股 B-2系列 優先股	每股B-2系列 優先股 0.581763美元	2,750,000 美元
4.	B++系列	2011年8月24日	2011年9月16日	1,031,347股 B-2系列 優先股	每股B-2系列 優先股 0.581763美元	600,000 美元
5.	C系列	2011年9月30日	2012年4月16日	42,020,822股 C系列 優先股	每股C系列 優先股 2.0942美元	88,000,000 美元
6.	C+系列	2011年11月10日	2011年11月29日	1,002,765股 C系列 優先股	每股C系列 優先股 2.0942美元	2,100,000 美元
7.	D系列	2012年6月22日	2012年12月21日	26,379,554股 D系列 優先股	每股D系列 優先股 8.1882美元	216,000,000 美元
8.	E系列	2013年8月5日	2013年8月6日	5,319,419股 E-1系列 優先股 1,066,016股 E-2系列 優先股	每股E-1系列 優先股 15.04美元 每股E-2系列 18.76美元	100,000,000 美元
9.	F系列	2014年12月23日	2017年8月24日	48,787,104股 F-1系列 優先股 8,376,037股 F-2系列 優先股	每股F-1系列 優先股 20.1682美元 每股F-2系列 優先股 17.9273美元	983,948,070.89 美元 150,159,728 美元

图 6-17　小米集团上市申报文件中投资机构上市前持股情况

　　2010 年 9 月 28 日至 2017 年 8 月 24 日，小米集团进行了共计九轮的上市前融资，合计共发行 102500000 股 A 系列优先股、70831503 股 B 系列优先股、43023587 股 C 系列优先股、13189777 股 D 系列优先股、72309188 股 E 系列优先股、57163141 股 F 系列优先股。并且在此期间的 2014 年 3 月 14 日，小米集团进行了股份拆分，当时已发行及未发行股本中的每股股份拆分为每股面值 0.000025 美元的相应类别股份。相关创始人及投资者获得的股份包括 A 类普通股、B 类普通股、A 系列优先股、B-1 系列优先股、B-2 系列优先股、C 系列优先股、D 系列优先股、E-1 系列优先股、E-2 系列优先股、F-1 系列优先股、F-2 系列优先股，其中融资过程中引入的投资者持有的股份均属于优先股序列。

　　根据小米集团的上市文件，小米集团将于上市后采取拥有不同投票权架构的股权模式，根据这一安排，小米集团股本将分为 A 类股份及 B 类股份，就股东大会决议事项，A 类股份持有人每股可投 10 票，B 类股份持有人每股可投 1 票。而就小米集团已经发行及后续公开募集发行的股份，其中已经发行的 A 类普通股将转化为 A 类股份，已经发行的 B 类普通股、优先股序列的股份及后续公开募集发行的股份，均属于（或转化为）B 类股份。其中 A 类股份主要由小米创始人雷军、林斌享有实益权益及控制，其他投资者及后续的市场投资人均持有 B 类股份。故在小米成功上市的情况下，雷军当前通过家族信托享有的小米集团 31.41% 股份实益权益将稀释至 23% 左右，但通过 AB 股制度及部分的投票权委托安排仍旧可以控制 50% 左右的投票权，从而实现对小米集团的实质性控制。

　　其实在美国证券市场，AB 股制度是科技大佬们对于控制权安排广泛运用的一个模式，包括百度、脸书（Facebook）、谷歌（Google）、京东等都是使用了 AB 股制度。

　　高新科技企业通常需要大量而多轮融资，在创业者与投资者的博弈中，创业者更加注重控制权的保留，投资者则强调财务性权益，无疑 AB 股制度是非常适合科技企业的股权架构设计需求的。而港交所新规的实施，也使得华人控制的科技企业可以选择华人地区的资本市场，这也是小米集团选择香港作为上市地的决定性因素。

　　小米集团的上市，或许会成为一个里程碑式的事件。虽然家族信托、AB 股制度都不是一项新鲜事物，但是在香港证券市场，在所有权与控制权安排层面将此等工具进行配合使用，却是首次的尝试，喜爱创新的雷军先生的这波操作，确属一个继往开来的探索，也可能成为后续科技大佬们关于所有权与控制权安排的正确方式。

第四节　离岸家族信托的局限

离岸家族信托虽然具有很多优势，但由于多方面的因素，也存在一些局限。

一、离岸信托有可能无效或被撤销

离岸地的信托立法规定，因非法目的设立的离岸信托是无效的或可撤销的。例如新加坡、毛里求斯等国家的法律规定，意图规避信托成立时已经存在的债权及为欺骗债权人而设立的信托无效或可撤销。此外，所有的信托机构都要受到当地金融服务委员会的监管，以防止洗钱和资助恐怖主义的行为。因此，若委托人的活动或资金来源不合法，也要承担信托无效或被撤销的风险。

二、委托人对离岸地法律法规不熟悉

对于大陆法系国家的委托人而言，在离岸地设立信托，将面临法律制度方面的风险。信托制度起源于英国，与英美普通法制度有着天然的契合性。目前，离岸信托大部分的备选离岸地由于历史原因，其法律制度与英国普通法制度非常相近，其在信托法律中关于信托设立、信托形式、信托关系人的权利义务方面均与大陆法系的信托法有较大差异，这会造成委托人对离岸地信托法律的理解和适用困难，从而为信托的设立带来风险。且离岸信托的结构设计比较复杂，有些跨国公司为实现海外上市，往往在多个离岸地设立彼此关联的信托，如不了解不同离岸地法律制度方面的差异，很可能无法实现信托目的。

三、存在与我国相关法律冲突的风险

中国目前主流的信托服务及其产品都是类似基金的融资类产品，而不是资产管理类产品，是一种"反向信托"，这是观念上与西方最本质的差异。同时关于离岸信托的设立及治理也是一个不可回避的重要问题。我国是一个外汇管制国家，在离岸信托架构重组时需要关注的问题包括但不限于：①境内居民到境外投资的外汇备案登记手续；②在与境内公司有关的外汇出入中需要遵守国家外汇管理的相关规定。在上述问题中，涉及的法律：2005年10月21日《关于境内居民通过境外特殊目的的公司融资及返程投资外汇管理有关问题的通知》及2006年9月8日《外国投资者并购境内企业的规定》。同时，关于信托制度基本理念，国内外也存在巨大差异。在中国，信托在一般意义上只是一种投资工具，这与英国的信托制度有很大的不同。中国的信托是双方之间的契约，而英国的信托则是一项法律义务。《信托法》规定，持有信托牌照是在国内开展信托活动的前提，这表明，在离岸信托模式下，信托主体资质可能得不到承认，这就为信托活动和信托关系带来不安定的潜在风险。当离岸信托关系产生纠纷时，很可能会陷入国内司法无所适从的困境。

同时，选择信托所适用的法律其实就是选择离岸信托的设立地，因为不同的设立地点将适用不同的当地法律体系及信托有效期限。在传统的信托概念里，主要有三个参与主体：委托人、受托人和受益人，且通常相互之间都有不同程度的熟悉。但当越来越多的信托设立地点选择在离岸地时，委托人与离岸地的受托人并不十分熟悉，会不放心将资产交给处于另一个司法管辖区的受托人。因此，保护人的设立在离岸信托中十分重要。信托架构的规划思路也常会围绕对保护人角色的设计而展开。瑞士作为世界最大的离岸金融中心，迫于涉嫌帮助客户逃税的外界压力，瑞士银行于 2014 年就承诺将自动向其他国家交出外国人账户的详细资料。这项承诺表明：即使在这个银行业对客户隐私保护最严格的国家，对其固有原则也有松动。对于离岸信托业务而言，瑞士的态度使其对金融机构保护的信任不再坚定，对金融隐私和资金信息安全问题产生担忧，使原本就存在诸多障碍的离岸信托业务的开展更加艰难。

四、存在法律适用及冲突问题

信托制度现在已经扩展到世界上很多国家，国际信托业务大量发生，这就导致法律冲突的可能发生。立法机关在制定冲突法时，一个不得不考虑的重要因素就是法律适用结果的一致性。信托不仅是委托人与受托人之间的契约行为，还是一种财产转移行为，这就意味着其必然与物权转让的规则相关联，通常会引起与债权或人的权利能力、行为能力认定有关的冲突法问题。随着国际民商事交往的密切，英美法系国家的国民以其在大陆法系国家的财产设立信托的情况越来越多，这些国际信托也出现了大量的法律争议。国际信托中发生的法律冲突主要表现在以下几个方面：

（一）信托成立的方式

英美两国信托法规定的信托设立方式有契约、遗嘱与宣言，值得注意的是，宣言信托的成立方式不要求具有特定形式，可以口头成立，甚至可以从行为中推断，而其他信托则不但需要委托人的有效意思表示，还需要将信托财产有效地转移给受托人，方能完全成立。日韩两国信托法规定的信托设立方式只有契约与遗嘱两种，而禁止宣言信托的存在。

（二）信托当事人资格

有的国家对经营信托业务的人的资格有严格限制，不允许自然人经营信托业务；而有的国家却允许自然人经营信托业务。再者，对信托受益人资格的规定也多有不同，《信托法》第 43 条规定：委托人可以是受益人，也可以是同一信托的唯一受益人；受托人可以是受益人，但不得是同一信托的唯一受益人。但有的国家可能会规定受托人不可以同时为受益人。

（三）信托财产范围

从原则上来讲，只要并非国家法律、行政法规禁止或限制流通的财产，任何有财产价值的东西均可以成为信托财产。这与现代合同制度中合同效力认定的相关规则是一致的，更好的使物形成流转并发挥其社会价值。

（四）关于信托财产的所有权归属

通过对当前世界各国信托制度的考察，各国规定差异较大。有的国家法律规定，受托者取得信托财产的完全所有权，而受益者只拥有向受托人请求支付债权的权利；而在另一些国家中，受托者对信托财产并非享有完全的所有权，而只有排他性的管理权，受益人对信托财产仍享有一定限度的直接支配权。

五、信托财产登记及确权存在局限

《信托法》中并没有明确离岸信托等涉外信托类型。但通过前文的论述，我们可以明确离岸信托这种交易结构本身并未违反《信托法》的强行性规定。因此，按照法无禁止即自由的一般原理，离岸信托是可行的。然而，面对这一复杂的商业架构和国内的金融监管，这不代表离岸信托在国内开展没有障碍。首先，《信托法》及相关办法中并没有明确信托所有权问题，所有权问题缺乏明确的法律规定，离岸信托就缺少最直接的法律支持；其次，在具体的司法实践操作中，离岸信托中财产所有权分离所必须的财产登记制度会产生诸多问题，而且保证财产所有权的转移以及保护私有财产的私密性，在离岸信托中也必须明确；最后，一直呼吁却迟迟未出台的遗产税的政策也导致通过信托这种形式避税缺乏动力。综上所述，离岸信托制度在我国开展的具体障碍如下：

（一）信托财产的登记问题

在我国现行信托法律制度中，并没有明确具体何种情形为"有关法律、行政法规规定应当办理登记手续"，对于办理主体，办理程序等问题也缺乏明确规定。作为一种立法安排，相关配套制度应当有法律明文以其他法律、行政法规等形式予以规定，从而使信托登记活动在实践中具有可操作性。实际上，由此而导致的问题集中在：人们在开展离岸信托业务时，面临需要办理登记手续的财产设立信托无法办理移转手续，或者不能进行以公示信托活动目的的登记活动。上述问题将直接影响信托合同的效力。同时，我国长期以来遵循的"登记生效主义"原则，只有依法办理登记信托才能产生效力。因此，在我国，委托人以需要办理登记手续的家族财产设立信托，必须将其财产进行登记公示，这将对委托人设立离岸信托的积极性产生不利影响。

（二）信托财产确权存在局限

根据目前的商业及司法实践，价值较大的如金银珠宝、名人字画等作为受托资产很难确权。而且信托财产作为私有权在对抗公权力时的独立性问题也并不明确。当委托人涉及刑事犯罪后，欲使信托财产得到独立，将其隔离起来从而不受追偿，在当前法律环境下根本无法实现。国内的信托法律关系，仍然建立在明确的"委托关系"之上。因此，在法律上几乎不具有风险隔离的效果；与之不同的是，海外的离岸信托最基础的原则是"所有权的转移"，即委托人把财产的所有权转移给受托人，实现资产的隔离。如果信托财产没有隔离功能，委托人设立离岸信托之后，委托人的企业因经营不善而被债权人申请破产清算。在无信托登记的情况下，离岸信托作为信托财产，就不会受到"破产隔离"的保护而成为清偿资产。对于已经设立的离岸信托财产的有效性的判定问题，只能由法院进行裁决，如此一来，离岸信托财产的安全性就无法保证。

六、税务筹划功能减弱

综观信托业的发展，信托法律关系从产生之初就带有强烈的避税目的，而且主要是逃避高额的遗产税。我国目前是以流转税和所得税为主的双主体税制，呼吁多年的遗产税并未出台。同时，我国相关的信托税收制度仍不健全，信托活动本身天然的税收策划和节税功能未能得到有效体现。因此，在我国的法治环境下，委托人设立离岸信托似乎显得不必要，委托人意愿自然就不强烈。另外，我国目前不动产的产权转移成本巨高，手续极为复杂，有时甚至根本不可能实现。在我国，房屋产权的变更一律被视为交易，会被征收交易的各种税费，所以大量不动产均不能作为信托财产将是制约离岸信托发展的一大障碍。

七、受托人选择风险及道德风险

委托人设立离岸信托对受托人选定往往有三种情况：第一，选择信任的朋友或本国的信托机构；第二，选择离岸地的居民或居民公司；第三，设立私人信托公司。这三种情况都存在着一定的风险，例如选定本国居民为受托人，则本国法院可能根据属人原则对信托做出不利的指令或判决；选定离岸地受托人，则面临着对受托人的不信任风险及信息不对称风险；选择成立私人信托公司则成本较高，且法律规定复杂，又面临着一定的法律风险。

八、离岸信托的局限案例分析

6-12 香港法院"跨国击穿" 16亿离岸信托，离岸信托不安全 [1]

底层信托资产所在地法院——香港法院，直接把顶层信托架构击穿，强制执行信托资产，顶层信托架构——泽西信托，却无能为力，完全保护不住信托财产。

1. 案例背景

工程师P先生在香港长大。1968年，P先生与J女士在英国登记结婚，婚后育有3名子女，（其中一子一女已过世，现仅剩1女K）婚后二人多次兜转，先是回到香港，又举家移民加拿大（1992年，其全家入籍加拿大），后又回到香港创业。1994年左右，P先生在香港的生意开始风生水起，并

---

[1] 微信公众号"Amy姐的跨境金融圈"等网络公开资料。

很快成了香港富豪。

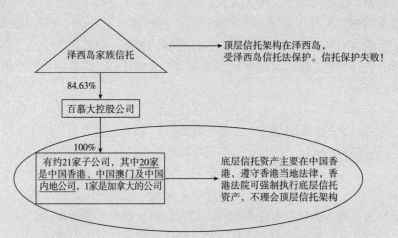

图 6-18　顶层泽西信托—中间百慕大控股公司—底层香港资产等

　　想隔离风险的 P 先生，将其几乎所有资产，全都放入了泽西离岸信托的羽翼之下（1995 年），求保护。他先设了一个百慕大控股公司（下称 AL 控股公司），将其所有运营公司全装到了 AL 控股集团（作为子公司）。然后，又将 AL 控股集团 84.63% 的股份作为信托财产，装入了他的泽西岛酌情信托中（下称 P 家族信托）。

　　截至 2010 年 P 和 J 离婚时，装入泽西信托的运营公司共约 21 家，其中至少有 7 成公司资产是在香港，（按净资产算，来源泽西判决书，2011 年 8 月）。届此，P 先生的"顶层泽西信托架构——百慕大控股集团——底层香港资产"成型，P 先生作为信托的委托人和保护人监管着信托，同时作为百慕大控股集团的董事掌控运营公司的经营，泽西信托负责兢兢业业地守护信托资产的安全，J 女士及子女就安安分分地享受信托的收益。

　　但是后面，随着 P 先生和 J 女士的关系逐渐变淡，尤其是一女一子（2000 年过世）相继离世后，一切开始不安好了。终于 2010 年，两人以离婚收场。离婚后，J 女士立刻向香港法院申请"附属救助"，要求对半分割泽西信托内的所有资产，信托内的所有也是唯一资产，就是百慕大控股集团，确切地说是百慕大控股集团这些年的盈利。经评估，离婚时整个信托资产价值 15.6 亿元港币。对半分割泽西信托，这涉及是否要"击穿"信托的大问题，尤其是能否"击穿"非本管辖区信托的大问题。

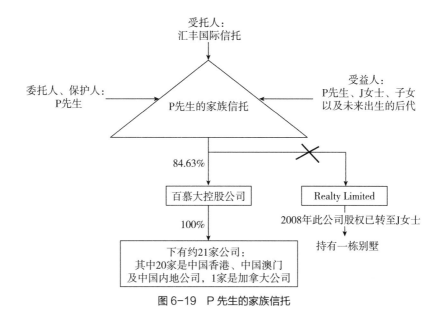

图 6-19　P 先生的家族信托

2. 香港法院裁定：跨管辖区"击穿"了顶层泽西离岸信托架构

全部信托价值的一半，约 7.6 亿元港币，应分给 J 女士。香港法院跨管辖区"击穿"了顶层泽西离岸信托架构，P 先生信托防守全面溃败。"击穿"理由：法院认为泽西信托财产是 P 先生自己的财务资源，就是说信托财产不独立。

法院的依据：

（1）P 先生是泽西信托的保护人，权利很大，包括有权更换受托人，因此他的意见对受托人影响很大。比如，1996 年 P 先生表明，希望香港理工大学成为信托的潜在受益人之一，受托人在四天后立刻决定该大学成为符合条件的受益人。

（2）P 先生自己是信托的酌情受益人之一，说明他也打算从该信托获得相应的利益。

（3）泽西信托的唯一资产是百慕大控股 AL 集团 84.63% 股权，唯一收入就是 AL 集团派分的股息。而是否派发股息、何时派、派多少股息，完全由 P 先生控制的董事会决定。比如，受托人总是按照 P 先生的意愿去分配信托收到的股息，甚至 P 先生直接指示百慕大控股 AL 集团，将股息打到 P 先生自己的银行账户，受托人也同意了。

所以，法院认为，受托人只是百慕大控股 AL 集团 84.63% 股权的名义持有人而已，P 先生自己一直打算占据信托管理的主导地位，最重要的是，受托人极有可能在 P 先生要求下，将信托（全部或部分）资产或收入都分给自己，这完全没有阻碍。以此，应该击穿。

香港法院直接"击穿"泽西信托，即底层信托资产所在地法院，直接击穿顶层信托架构，此案一出，离岸信托界顿时惊惶一片。

泽西法院和受托人会配合吗？香港法院的判决能执行下去吗？能。

因为信托是在香港管理？事实上，法院还没强制，P 先生的受托人就已经配合了，因为 P 先生的泽西家族信托（OttoPoon Family Trust）本来就在香港管理。香港法院可以传唤管理信托的关键人士（香港本地的）配合。P 先生家族信托的泽西受托人汇丰国际信托有限公司，是一个注册在英属维尔京群岛的泽西分公司。信托设立后，受托人又将 P 先生信托的管理权委托给了汇丰香港信托有限公司。所以该信托管理地是在香港。

以此，在香港终审判决之前，P 先生的泽西受托人就已乖乖配合提交了管辖权（自动交给香港），配合提供资料，配合传唤。

当然，受托人这么做，也绝不仅仅是因为 P 先生的信托在香港管理。因为即便受托人不配合，泽西信托法也竭力想保护住委托人的财产（强令不得执行外国判决），但由于底层信托资产的 70% 都在香港，香港法院完全可以强制执行底层香港资产来执行。顶层泽西受托人根本就没法阻止。

所以，在香港法院裁定"击穿"泽西信托之后，P 先生的泽西受托人只能协助"执行香港判决"，向泽西法院请求分配信托财产（7.6 亿港元）给 P 先生，以使他履行香港法院命令。

>> 第七章

家族信托案例分析

第一节　家族财产传承信托

一、财产传承模式介绍

根据财产传承类家族信托的运作特点，可以将其划分为四种典型的信托模式，即养老信托、子女保障信托、人寿保险型信托、遗嘱信托。

（一）养老信托模式

从目前我国政府管理的养老基金的情况来看，政府作为养老基金的管理人是不太理想的。一是因为政府在资金管理上存在监管不严、容易滋生腐败的问题；二是政府在投资方面态度谨慎，不如金融机构专业，财富增值能力低。因此笔者建议可以引入信托的模式来进行养老基金的管理，这就克服了上述问题。

信托公司管理养老金优势如下：一是作为专业金融机构可以采用多种投资工具进行广泛投资，实现财富的保值增值；二是信托公司与其他金融机构相比，更适合做实业投资，这就更能保证资金的多元化投资，提高资金运用的安全性，从而保证个人账户基金在较为安全的投资环境中获得相较于存款和购买国债更高的收益；三是采用这种方式在管理成本上相对较低，风险适中，也能达到财富保值增值的效果。

因此，我国个人养老基金应该尽快实现信托化运作，通过建立个人账户信托平台来保证运作效率。当然，随着我国老龄化问题的严重程度越来越大，政府也应该积极支持养老基金信托的发展，建立养老基金运作和监管体系，这是保证其顺利发展的前提。

255

养老信托模式的目标客户是有一定经济实力，但又由于各种原因无法得到家庭有效照顾的高净值中老年人。

（二）子女保障信托模式

信托可以分成增值管理型和非增值管理型两类。现在大众普遍了解和关注的多为以赚钱为目的的增值管理型信托。但是，对于高净值人士而言，他们本身可能就具备比信托机构更强的赚钱能力，如何管理和运用钱是信托机构更擅长，也是委托人更关心的。

对于设立子女保障信托的高净值人士来说，最主要的目的不是为了财产的增值，而是为子女的成长和发展做好安排。高净值人士希望能有优秀的继承人，使辛苦积累的财富能够继续传承，但是对于继承者来说，财富可能使他们的成长变得更为复杂。

父母长辈通过为子女设立保障信托，将部分财产所有权交由受托人，由其按信托协议分期定额向子女支付生活、教育或其他费用。这样不仅能保证子女不被巨额财富影响，有较为健康的成长环境，也能防止如果离婚后向子女支付抚养费而遭到子女监护方恶意侵吞的可能。

（三）遗嘱信托模式

遗嘱信托是一种财产管理制度，是指立遗嘱人于遗嘱中载明将其全部财产或一部分，在其死亡后信托于受托人，使受托人依信托本旨，为遗嘱中所指定受益人分配财产。

委托人设立遗嘱信托的目的一般是希望在其死亡后，通过信托延续其个人意志，确保遗产可以依照其生前的规划来运用，使受益人能够享受到信托财产的利益。具体来说包括：第一，遗产按照其意愿分配给各继承人，妥善照顾好存活人的生活，同时自己的财产在传承过程中不会被稀释；第二，在后代无意、无能力或暂时无法继承自己事业时，自己的事业能得以延续；第三，实现遗产保值增值。

遗嘱信托模式的目标客户是拥有自己家族产业的高净值人士，希望自己在去世后该产业仍能可持续发展，避免因继承人之间的争产或者无法胜任而对家族产业造成不利影响。

（四）人寿保险信托模式

人寿保险信托是指将理赔金作为信托标的物，被保险人通过与信托机构签订信托协议，当理赔发生时，保险公司将保险金直接交付予信托公司，由信托公司按照信托协议对该财产进行管理运用，并按协议将财产分配给受益人。

设立人寿保险信托的客户是在保险公司投保"死亡保险"险种的客户。具体来说，人寿保险信托的使用客户包括：受益人是未成年人或身心不健全者、被保险人是家族企业经营者、购买巨额人寿保险的投保人以及具有遗产规划动机的群体。

二、财产传承类家族信托产品设计要点

（一）养老信托产品的设计要素分析

1. 业务流程设计

委托人通过和信托机构签订信托协议，将财产的所有权转移给受托人，受托人按照委托人需求，为其制订养老计划，计划中包括养老机构安排、医疗以及去世后的丧葬事宜等；同时运用信托财产进行投资管理，实现财产保值增值，在委托人死亡后遵循遗愿对财富进行分配处置。

在财产管理的运营上，可以采取以下模式：委托人成立个人账户基金委员会，该委员会负责和信托公司签订协议，将个人账户资金信托给信托公司，由其管理运营。这样可以大大保证委托人的权益。

（1）委托人将信托资金缴付给个人账户基金管理委员会。

（2）个人账户基金委员会将资金交由信托机构运营，并负责支付信托费用。

（3）信托公司通过投资运营，获得收益，并通过信托合同中的费用协定，由受益人享受收益所得。

（4）设置个人账户基金监督委员会，监督个人账户基金委员会的各项活动，同时监督个人账户运行全过程。

（5）银监会，负责对信托资金进入资本市场、货币市场以及产品市场的监督。

2. 要素设计

（1）委托人和受益人。根据委托人和受益人是否相同，可以划分为自益养老信托和他益养老信托。此种分类的意义在于，现实生活中设立养老保障信托，不仅本人可以作为委托人本人受益，自己为自己的养老做筹划，同时其配偶、

子女、亲属、朋友、所属机构等都可以作为委托人，有利于满足老龄者及其相关义务人财产流动取向和应用价值定位的意愿，为增进老年人福祉提供信托渠道。

（2）信托标的物。目前大多数资产都可以作为养老信托的标的物进行信托，现金、不动产、古董、知识产权等都属于该范畴。

（3）个人账户基金委员会。该组织由委托人设立，主要负责信托的各项具体事务，包括通过信托方式将资金交由信托公司投资运营以及向信托公司支付费用等。

（4）个人账户基金监督委员会。指专门监督个人账户运营管理的机构，主要成员应包括社会贤达人士和家族成员等，社会人士应占较大比例。

（5）信托期限。可由委托人与信托公司商议决定合同生效和失效日期。失效日期可规定为受益人去世后财产处理分配完毕的日期。

（6）信托费用。可以由委托人和信托公司商议决定费用支付形式。第一种是年费方式，一年缴纳一次，按信托资金数目提取一定比例；第二种是按收益收费，可以按投资收益提取一定比例信托费用。由于养老信托的特殊性，信托期限不定，不推荐一次性缴纳费用的方式。

（二）子女保障信托产品的设计要素分析

按照客户的目的不同，可以将子女保障信托分为不同的业务类型。

1. 有多名子女的家族

高净值人士家族往往子女数目较多，使用子女信托不仅能够保证每个子女的教育、生活、医疗需求，更重要的是能够避免子女因为财产继承引发矛盾和纠纷。方式包括两种：一种是为每一个子女建立单独的信托计划；第二种是在每一个信托计划中规定每个孩子的具体受益分配。

（1）信托期限。由委托人与受托人共同商议决定，规定子女受益的时间，比如是从未成年的时候就开始还是成年后才开始。

（2）信托费用。可以由委托人和信托公司商议决定费用支付形式。第一种是年费方式，一年缴纳一次，按信托资金数目提取一定比例费用；第二种是按收益收费，可以按投资收益提取一定比例信托费用。第三种是一次性缴纳信托费用。

（3）信托标的物。可以使用资金、股权、债权、房地产等进行信托；可以不进行投资理财，信托公司只履行管理分配财产的职能；也可以委托受托人进行稳健性的投资理财实现财产保值增值。

（4）受益人。受益人为委托人指定的子女，委托人可以规定受益人的分配比例和顺序；受益人的权利在信托计划中应有规定，即其使用信托基金的支出范围；受益人的获益方式在计划中也应有所体现，如其从信托基金中获取收益的频次、数额等；信托计划中可规定子女出现哪些行为后就不得获得收益。

（5）监管。设立监督委员会，由社会贤达人士和委托人共同担任委员，监督信托运作情况。

2. 子女不具有理财能力

每个家族都不能保证有优秀或者适合的子女作为下一代创业者管理好家族财富，因此，可以通过设立子女信托，将大笔资产信托给信托机构，由受托人按照信托计划向子女按时按额度支付生活费用。更有考虑长远者，还可以设立隔代子女信托保障孙子辈的生活。要素设计等与上述信托较为相似，不再赘述。

3. 留学子女保障信托

中国目前海外留学生人数逐年增多，是一个消费能力较高的庞大群体，对于年轻的子女而言，由于缺乏监护和自律能力，非常容易出现高昂生活费管理不善的问题。因此，他们的父母可以通过设立信托帮助留学生管理财产，既保证了生活，又不会产生财富被挥霍一空的后果。

目前国内还没有这种信托业务，有此类需求的父母会求助于境外的金融机构，这些机构会按照委托人的要求管理财产，给子女发放必要费用，同时进行一些稳健性的投资。因此，如果一旦国内信托机构把握好商机，推出此类产品，必然能填补空白，获取巨大收益。

该类信托产品的期限一般较短，受益人留学停止后就可以停止。该信托相对来说标的物数额较小，可以设立一个集合信托计划，以便集聚资金，进行投资。

（三）遗嘱信托产品的设计要素分析

委托人生前与信托公司签订信托协议或将信托条款落在遗嘱中，提出自己的遗产继承和财富管理需求，明确信托目的和信托期限。遗嘱信托生效时间通常与遗嘱生效时间一致，即委托人死亡。伴随遗嘱信托的生效，信托财产从委托人处委托移交给信托公司，信托公司根据被继承人提出的需求设计遗嘱信托架构，主要包括财产管理和运用方式及时间安排、受益人安排等，满足委托人财富继承和管理的需要，并忠于委托人的意图，遵循受益人利益最大化原则，恪尽职守，延续委托人的规划，实现信托目的。委托人死亡之时遗嘱生效，不再享有包括信托财产所有权在内的任何民事行为能力，因此相对于其他信托类型，委托人的权利是非常有限的。

信托公司根据信托协议管理、运用信托财产，并按约定定期向继承人支付信托财产增值收益，信托结束时一次性返还信托财产本金或信托存续期间按约定分批返还信托财产本金给继承人（无论届时信托财产处于何种状态），实现信托财产在受托人与继承人之间的流转；同时在信托存续期间定期或应要求向继承人提供信托财产管理、运用和收支情况报告，接受监督，配合其监督检查。在受托人不尽职等情况下，继承人可解除受托人。

委托人、受益人与信托监察人的关系。信托监察人是为了维护受益人利益而设置的，信托监察人与委托人及受益人的关系类似于监事会与股东之间的关系，是委托履行监督职能与被委托的关系。信托监察人通常由财产被继承人或者受益人指定，并接受其委托代为监督信托公司执行信托协议的行为和效果，以及行使某些权利，如受托人处置信托财产不当出现纠纷时，代委托人或受益人提起诉讼等。信托监察人执行监督职能时遵循受益人利益最大化的原则，并就监督情况向受益人或生前代遗嘱信托的委托人汇报。

（四）人寿保险型信托产品的设计要素分析

保单被保险人可以通过与信托机构签订信托协议，将保险赔偿金作为标的物进行信托，在被保人去世后，由受托人出面负责和保险公司办理赔偿事宜，运用和管理获得的理赔金，并按照信托协议向受益人支付收益。这种信托产品的优点：一是由信托公司出面和保险公司办理赔偿事宜，既省时省力，又能保障保险人的合理权益；二是将保险金进行信托，既避免了受益人挥霍，也能够实现财产的保值增值。

人寿保险信托已经在国外开展多年，成为国外人们最常使用的遗产避税方式，也是人们最常使用的遗产规划工具。目前我国已经有征收遗产税的趋势，2010 年我国新修订的《中华人民共和国遗产税暂行条例（草案）》，在不远的将来势必要将被继承人去世后遗留的财产作为征税对象，向遗产继承人征税，因此，此方法将大有市场。

三、案例介绍

7-1　平安信托"鸿承世家"系列家族信托①

（一）业务模式

平安信托家族信托业务一直走在行业的创新前列，自 2013 年 1 月在国内率先成立首单家族信托产品以来，公司又先后发起了国内首单纯公益性质的家族信托，并在 2015 年设立首单以委托人家族办公室为核心的家族信托，家族信托产品功能更加丰富。该信托产品规模达 5000 万元，期限为 50 年，由信托委托人与平安信托共同管理。该信托为单一资金信托，相比集合资金信托，在资金运用和收益分配等环节都更能体现委托人的意愿。资金主要投向物业、基建、证券和加入集合资金信托计划，预计年收益在 4% ~ 4.5%。它的形式单一，收益分配设置灵活，可变更受益人。信托公司收取管理费用，采用固定管理费和浮动管理费相结合的形式，固定管理费率为 1%，信托年化收益率高于 4.5% 以上部分，收取 50% 浮动管理费。

1. 产品体系

平安信托"鸿承世家"系列家族信托分为鸿福（保险金信托）、鸿睿（定制型家族信托）、鸿晟（专享型家族信托）、鸿图（家族办公室家族信托）四大系列产品，致力于为不同需求的高净值客户提供家族信托服务。

（1）鸿睿系列家族信托产品，起点门槛为 1000 万元，属于相对简单的定制型家族信托。平安信托可以接受客户交付的现金、保单相关权利、金融产品等资产类别，依据信托合同约定进行财产的投资管理、处分，进行信托利益分配。该类家族信托产品的信托受益人一般限制在 8 个以内，且受益人既可以是自然人主体，也可以将公益基金会或慈善信托作为受益人，以满足委托人的社会公益性需求。

（2）鸿晟系列家族信托产品，产品门槛为 3000 万元，属于面向超高净

① 王玉国.家族信托的产品创新与投资管理.西南财经大学出版社，2018 年版.

值客户的专享型家族信托。客户交付的信托资产类别更加多元化；信托的资产配置管理、收益分配等可以充分按照客户的意愿进行设计；受益人个数和类型更加灵活。

（3）鸿图系列家族信托产品，产品门槛为 1 亿元，属于家族办公室模式的家族信托，见图 7-1。由于这一规模水平的委托人通常会自主设立家族办公室，进行家族事务管理以及资产配置、利益分配等职能，平安信托主要提供信托架构服务，发挥信托在资产隔离、家族企业治理、财富传承和保全等方面的功能，更接近国际上成熟意义的家族信托业务。

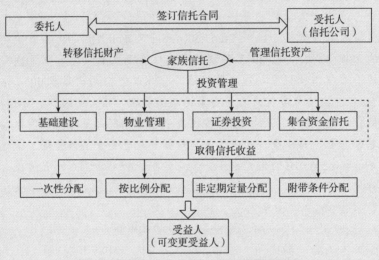

图 7-1 平安信托"鸿承世家"家族信托产品结构

2. 资产配置

平安信托家族信托产品的资产配置采取专业化团队管理，通过平台化运作模式，按照"四合一""三七开"和"二八开"等方式进行。其中"四合一"指基础资产类型，按物业基建、资本市场、海外投资、债权资产等资产各四分之一进行配置；"三七开"是指配置资产的来源，按照 70% 投资于平安信托自己的产品、30% 配置其他机构的产品；"二八开"主要是指家族信托产品的投资委托模式，其中 20% 采取全权委托方式，80% 采取部分委托方式。

3. 产品示例

以"平安财富·鸿承世家系列单一万全资金信托"这一业内首单家族信托产品为例，见图 7-2，产品主要特点：一是为可撤销信托，委托人与受托人共同管理信托财产，未放弃对信托财产的控制权，无法实现破产隔离。二是资产配置以委托人为主，根据委托人实际情况和风险偏好来调整资产配置方式、策略，主要投向物业、基建、证券和信托计划等基础资产。三是信托收益分配，合同设计了一次性分配、按比例分配、非定期定量分配、附带条件分配等灵活形式。四是信托报酬与资产收益挂钩，除按信托资金的 1% 收取固定管理费年费外，还对年信托收益率高于 4.5% 以上的部分，收取 50% 的浮动管理费，资产主动投资特性较为明显。五是信息披露比较充分，受托人会定期或不定期将信托财产运作情况与委托人／受益人沟通，重大决策前，也会充分征询委托人意愿；如委托人去世，则根据相关协议条款或法律执行信托。

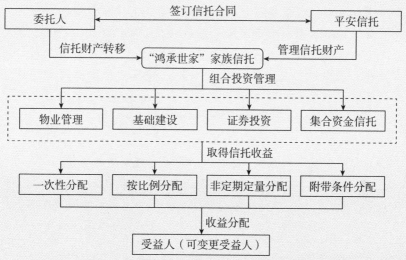

图 7-2　平安财富·鸿承世家系列单一万全资金信托产品运作模式

（二）产品特点

1. 产品为单一资金信托

2013 年初，平安信托发行内地第一只家族信托——平安财富·鸿承世家系列单一万全资金信托。此信托产品募集规模为 5000 万元，合同期为 50 年，客户是一位年过 40 岁的企业家，根据约定，信托委托人与平安信托共同管理这笔资产，委托人可通过指定继承人为受益人的方式来实现财产继承，保护家族财富传承是"鸿承世家"系列产品的功能之一，该系列产品在设计之初并非专门针对家族信托领域。

2.定制式、可撤销信托，委托人受托人共同管理信托财产

在单一产品的设计时，可以根据委托人的意愿和特殊情况定制产品；同时，在产品存续期间，还可以根据委托人的实际情况和风险偏好来调整资产配置方式和运作策略。在受益人设置及信托财产的分配上，此类信托可设置其他受益人，可中途变更，也可限制受益人权利，信托委托人与平安信托共同管理信托资产。

3.利益分配多样化，产品运作信息向委托人公开

在信托利益分配上可选择一次性分配、定期定量（比例）分配、不定期不定量分配、临时分配、附带条件分配等不同的形式。家族信托不仅可以保障富二代、富三代的基本生活，还可"附带条件分配"以有效约束信托受益人，避免家族因继承、分割问题起纷争；同时，也通过遗产的整体运作把家族利益统一起来，继承人可以参与或监督信托管理，但谁也不能从其他继承人手里谋取不正当利益。信托会定期或不定期将信托财产运作情况以正式报告或邮件等方式与委托人/受益人沟通。信托公司做重大决策前，也会充分征询委托人意见，使委托人对运作信息有充分了解；如果委托人不在世了，则根据相关协议、条款或法律执行信托。

4.信托资金组合运用，预计年化收益为"固定＋浮动"

"万全资金信托"的模型此前主要针对高端法人客户销售，如全国五百强企业、事业单位、各类基金会等。其资金主要投向物业、基建、证券和加入集合资金信托计划，预计年收益在4%～4.5%，固定管理费年费率为信托资金的1%，年信托收益率高于4.5%以上的部分，收取50%作为浮动管理费。

该产品主要特点：一是为不可撤销信托，信托资产脱离委托人实际控制，希望达到资产隔离的效果；二是产品期限较长，通常合同约定为30～50年，受益人主要为子女，目的是实现财产的跨代传承安排；三是信托财产主要为现金资产，产品门槛为5000万元；四是主动投资管理，银行和信托公司对信托财产进行积极投资，除固定年费外，对超出委托人预期收益部分银行与信托公司收取部分超额管理费；五是银行起主导作用，招商银行承担财务顾问与托管角色。

7-2 北京信托"家业恒昌"系列单一资金型家族信托 [①]

（一）业务模式

北京信托主要与北京银行私行中心进行紧密合作，共同开拓家族信托客户和业务。公司设置专门的家族信托业务团队展业，截至 2016 年底签约 305 单，受托规模约 50 亿元；客户以上市公司大股东、银行高端客户、私营业主为主。一是 2013 年联合推出"家业恒昌"系列单一资金型家族信托，北京银行担任财务顾问，并为受益人提供增值性服务。二是财富传承类信托，如推出的房产管理型家族信托服务，通过信托计划及中间架构购买委托人自主持有的多套房产，并且通过指定受益人范围规避子女婚姻的风险。三是同中荷人寿合作开展保险金信托。

（二）业务流程

第一，在前期重点了解委托人设立家族信托的初衷及需求、委托人拟交付的信托财产、投资风险偏好、信托利益分配原则及受益人信息等，为委托人提供定制化家族信托方案。

第二，在设立阶段，受托人起草个性化信托文件，委托人、受托人、保护人等签署信托文件；交付信托财产。

第三，运营管理阶段，根据信托文件订立的投资原则向委托人推荐并投资项目，管理运用信托财产，向受益人进行信托利益分配。

（三）产品示例

以"家业恒昌"系列家族信托为例，根据委托人的需求量身打造，主要特点：一是单一资金信托，客户交付现金资产，首期比例不低于 3000 万元；二是永续家族信托，信托合同期限可以为长期；三是主动投资管理，受托人根据自身专业投资能力运用信托资金，投资货币市场类、固定收益类、权益类、另类投资四类资产，实现资产的保值增值；四是银行发挥重要作用，北京银行担任财务顾问，除进行客户的推介外，还参与信托的投资运作，

[①] 王玉国.家族信托的产品创新与投资管理.西南财经大学出版社，2018 年版.

以及为受益人提供综合化的非金融性高端服务。基本交易架构和产品要素如图 7-3、表 7-1 所示。

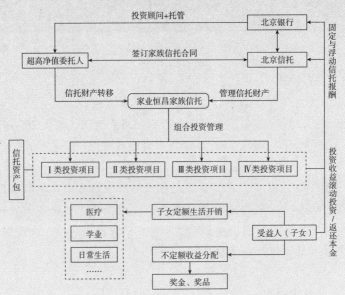

图 7-3　北京信托"家业恒昌"系列家族信托产品运作模式

表 7-1　北京信托"家业恒昌"家族信托产品要素①

信托要素	具体安排
信托当事人	委托人：家族信托设立申请人 受托人：北京信托 财务顾问：北京银行 受益人：由委托人指定 保护人：由委托人指定，当委托人丧失民事行为能力时，由保护人代委托人行使权利
受托资产类型	首期不低于 3000 万元现金资产，后续可不定期持续追加信托资金
存续期限	委托人可设立永续家族信托，也可根据个人情况设立固定信托期限，信托到期，经委托人或受益人同意后，可延长信托期限

---

① 王玉国．家族信托的产品创新与投资管理．西南财经大学出版社，2018 年版．

续表

信托要素	具体安排
信托收益分配	信托收益分配频率：信托收益可分为定期分配及不定期分配 定期信托收益分配：每年的固定时点进行一次收益分配，可根据委托人订立的原则，向受益人分配部分或全部信托财产收益，剩余信托收益继续滚动投资。可根据子女受益人成长过程中所处不同阶段需求设定不同收益分配比例 不定期信托收益分配：可根据委托人订立的原则，在满足分配或支付条件的情况下，随时进行信托财产分配及相关费用支付
投资范围	Ⅰ类投资项目：银行同业存款、现金管理型银行理财产品（理财计划）、货币市场基金等期限短、低风险产品 Ⅱ类投资项目：除现金管理型之外的银行理财产品、债券基金；证券基金管理公司发行的特定资产管理业务、专户资产管理业务产品、分级基金；证券公司集合资产管理计划、定向资产管理计划、专项资产管理计划；证券公司、基金管理公司以及信托公司QDII产品；集合资金信托计划（包括受托人发行的信托计划）等金融监管部门批准或备案发行的金融产品或认可的其他投资品种 Ⅲ类投资项目：有充足抵/质押物担保的债权融资，项目（股权）优先收益权投资，可转换债权投/融资类项目等 Ⅳ类投资项目：委托人认可的管理机构发起的股权投资基金及其他符合监管要求的投资类别
投资比例限制	委托人可根据自身风险承受能力及对信托收益的预期决定投资于不同类项目的投资比例
投资决策	委托人以投资指令方式确定投资标的，受托人按照投资指令约定进行资产管理
信托报酬	固定信托报酬+超过基准收益部分的浮动信托报酬
信息披露	受托人每个自然年度4月份，披露信托运作情况及信托财产情况

案例分析

7-3　中诚信托"赤诚传家"系列家族信托 ①

中诚信托·赤诚传家家族信托的起点规模为 1000 万元人民币，初始信

---

① 王玉国.家族信托的产品创新与投资管理.西南财经大学出版社，2018年版.

托财产类型包括现金资产和金融产品资产，受益人包括了委托人及其指定的家族成员。受托人按照信托合同约定的方式向受益人分配信托利益。中诚信托基于自身专业能力，通过法律与金融的双重规划，帮助客户及其家族实现资产隔离、保值增值和财富传承的综合需求。

（一）现金资产设立家族信托

1. 委托人画像

委托人 L 女士是一位企业家，目前单身且年龄在 50 岁左右，育有三个孩子。孩子年龄差距较大，大女儿已经成年未婚，小女儿和小儿子不到 5 岁。

2. 家族信托目的

一是当前整体经济形势不稳定，企业未来经营面临不确定性风险，影响到家庭财富，降低生活质量，希望对家庭财富进行隔离保护。

二是孩子年龄差距大，希望对两个未成年孩子未来生活提前做好安排规划。

三是大女儿未来婚姻的提前规划，防止婚姻风险带来的财产稀释。

3. 家族信托方案设计

委托人将现金资产 1200 万元作为初始财产设立家族信托，未来一年内会持续追加资产至 3000 万元以上。L 女士作为委托人，L 女士及其三个子女作为受益人，受益比例各为 25%。在定期分配、条件分配和临时分配的条款上，委托人目前设置了临时分配。用于未来一部分不确定的支出，同时，委托人会增补子女分配的细化条款。

4. 家族信托交易结构（见图 7-4）

图 7-4　中诚信托"赤诚传家"现金资产设立家族信托交易结构

5. 法理解析

（1）企业资产隔离。通过设立家族信托，隔离家庭资产和企业资产，从而规避企业未来的经营风险和债务风险，为子女保留一笔安全的财富。

（2）子女传承安排。通过设立家族信托，实现子女抚养费和教育费独立托管，专款专用，防范自身的意外风险，确保子女无忧成长。

6. 法理依据

《信托法》第二条：本法所称信托，是指委托人基于对受托人的信任，将其财产权委托给受托人，由受托人按委托人的意愿以自己的名义，为受益人的利益或者特定目的，进行管理或者处分的行为。

《信托法》第十五条：信托财产与委托人未设立信托的其他财产相区别。设立信托后，委托人死亡或者依法解散、被依法撤销、被宣告破产时，委托人是唯一受益人的，信托终止，信托财产作为其遗产或者清算财产；委托人不是唯一受益人的，信托存续，信托财产不作为其遗产或者清算财产；但作为共同受益人的委托人死亡或者依法解散、被依法撤销、被宣告破产时，其信托受益权作为其遗产或者清算财产。

《信托法》第十七条：除因下列情形之一外，对信托财产不得强制执行：

（1）设立信托前债权人已对该信托财产享有优先受偿的权利，并依法行使该权利的。

（2）受托人处理信托事务所产生债务，债权人要求清偿该债务的。

（3）信托财产本身应担负的税款。

（4）法律规定的其他情形。对于违反前款规定而强制执行信托财产，委托人、受托人或者受益人有权向人民法院提出异议。

《信托法》第二十五条：受托人应当遵守信托文件的规定，为受益人的最大利益处理信托事务。受托人管理信托财产，必须恪尽职守，履行诚实、信用、谨慎、有效管理的义务。

《信托法》第五十四条：信托终止的，信托财产归属于信托文件规定的人；信托文件未规定的，按下列顺序确定归属：

（1）受益人或者其继承人。

（2）委托人或者其继承人。

（二）金融产品资产设立家族信托

1. 委托人画像

委托人 W 先生是中诚信托的老客户，已经认购上千万元的中诚信托产品。希望通过信托产品转入的方式设立家族信托。W 先生目前是离异状态，育有一子，儿子已成年，未婚，在外企工作。

2. 家族信托目标

一是儿子婚前财产的安排。

二是自己面临再婚的可能，希望提前做好个人财产的安排，规避未来婚姻风险。

三是后代的传承规划，希望财富正向激励儿子在学业和工作方面持续进步。

3. 家族信托方案设计

W先生将其持有的信托产品受益权1000万元以上，转让（交付）至"中诚信托·赤诚传家××家族信托"。W先生作为委托人，W先生和儿子作为受益人。受益比例各为50%。信托合同中对于儿子的信托利益分配，约定了教育鼓励金、游学支持金、创业支持金等正向激励条款。

4. 家族信托交易结构（见图7-5）

图7-5 中诚信托"赤诚传家"金融产品资产设立家族信托交易结构

5. 法理解析

（1）婚姻风险隔离。通过在婚前设立家族信托，实现信托财产与委托人和受益人的个人财产相分离，从而完全规避未来婚姻风险引发的财产纠纷。

（2）后代正面激励。通过具体分配条款的约定，给予后代正面激励。同时，通过有规划的财富传承，避免后代挥霍，引导正向成长。

6. 法理依据

《信托法》第四十七条：受益人不能清偿到期债务的，其信托受益权可以用于清偿债务，但法律、行政法规以及信托文件有限制性规定的除外。

（可在信托合同里进行限制约定）。

《信托法》第四十八条：受益人的信托受益权可以依法转让和继承，但信托文件有限制性规定的除外。

（可在信托合同里进行限制约定）。

《婚姻法》第十八条：有下列情形之一的，为夫妻一方的财产：

（1）一方的婚前财产。

（2）一方因身体受到伤害获得的医疗费、残疾人生活补助费等费用。

（3）遗嘱或赠与合同中确定只归夫或妻一方的财产。

（4）一方专用的生活用品。

（5）其他应当归一方的财产。

第二节　家族子女教育信托[①]

家族子女教育信托，即委托人以子女、后代的教育为目的，一次或定期将资金转入信托专户，由受托人代为投资运用，并约定将来在某特定时间将信托财产定期转予受益人，见图7-6。

一、基本交易结构

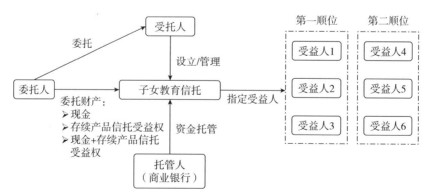

图7-6　家族子女教育信托基本交易结构

---

① 资料来源："万向信托"微信公众号。

二、案例介绍

7-4　万向信托"私人定制"子女教育信托[①]

　　万向信托推出的国内首款子女教育信托，为不同年龄阶段的求学子女安排不同资助金额：信托设立之日起一年至受益人满 18 周岁前，资助金额为上一年度信托收益率的 50%；受益人 18 周岁至满 22 周岁，资助金额为上一年度信托收益的 60%；受益人 22 周岁至满 25 周岁，资助金额为上一年度信托收益的 70%。

　　万向信托携手纽约私人银行与信托公司推出"私人定制——子女教育信托"：根据客户特定的成立信托目的测算所需资金量，为不同年龄阶段的求学子女安排不同资助金额，并安排相应的留学顾问、名校夏令营等衍生服务；为展开精英式的家庭教育提供周到、全面、专业的资金和社会支持。

　　家族教育信托服务方案是以委托人的教育理念为核心，搭配灵活多样的投资手段，组合成一套兼具个性化与适用性，为财富人群"一对一""量身打造"的信托方案，适应于各类财富家庭的子女教育需求。

　　首先，家族教育信托把关注点放在孩子的自身发展和成长过程上，围绕留学服务、奖学金设置、生活支持、理财能力培养等制定了一系列资金支持条款；其次，允许信托公司利用在财富管理上的资源优势和专业特长，保留对信托资产投资管理的自由裁量权；再次，让信托公司站在独立、客观的第三方立场设置奖学金制度，避免因亲情导致的过度奖励。最后，配套的相关系列衍生服务（留学顾问、暑期游学、名校夏令营、高端社交礼仪、少年精英圈聚会等），覆盖了学业教育与个人素质养成的各个方面，为展开精英式的家庭教育，培养下一代的优质成长提供了周到而全面的社会支持、专业支持和资金支持。

　　专家指出，子女教育信托门槛虽高，却有独特的制度优势。首先，可以隔断风险。从法律上讲，即便未来委托人债台高筑或陷入经济纠纷，这部分资金也不受影响。其次，信托协议可以保障支付，确保受益人达到信托协议约定的条件后，就可领取学习费用、创业金等。

---

① 资料来源："万向信托"微信公众号。

7-5　教育类消费信托

除了子女教育信托，近年国内市场还出现教育类消费信托，该类产品更接地气，更有针对性。西藏信托、百瑞信托、新时代信托都曾推出教育类消费信托产品，分别为"西藏信托——普乐3号信托产品""百瑞恒益323号教育消费信托"和"启航1号海外游学消费信托计划"。

从三款产品的信托基本要素来看，在期限方面，和其他资金类信托类似，为1~2年；在产品规模方面，为千万元以上；在消费权益方面，服务内容多为海外留学服务或暑期游学等符合中净值客户的子女教育服务；在现金收益方面，基本是保本低收益型，若不选择消费权益，可达到普通资金信托产品的收益；在消费权益的提供方面，分别借助了相关外部机构提供的教育服务。

以百瑞恒益323号教育消费信托计划（伊顿游学）为例，投资门槛分为100万元和300万元，期限均为1年。从预期收益率来看，以100万元投资额为例，若选择教育消费机会，将获海外游学项目收益＋预期年化0.35%的现金收益；若不选择教育机会，将获预期年化6%的现金收益。起投额300万元时，预期收益将抬高至5%（消费）或6.5%（不消费）。

考虑到家长对子女教育的重视程度不断加强，教育信托有广阔市场前景。其中，子女教育信托可算作家族信托的一个分支，起点较高，适合需要财富传承的高净值人群；而教育消费信托期限较短，在理财之外享受具体的教育资源，更受中产阶层青睐。

资料来源：公开信息。

第三节　家族财产安全信托

家族信托与投资理财信托不同，主要是依据相关法律赋予信托的财产独立功能，实现风险隔离的作用，达到委托人财富保护、财富传承等目的。

一、家族财产安全信托功能

（一）财富隔离保护功能

财产交给家族信托后，法定所有权就转

移给了受托人的家族信托名下。万一因经营不当等原因发生债务纠纷，也不会影响到已经放入信托的这部分财产。

（二）实现财富增值功能

家族信托具有专业理财优势，它能"个性化定制"资产组合，全球化配置资产，从而实现财产的保值和增值，信托公司是最专业的资产管理机构，财富只会增多不会减少，当然由于监管的原因，信托公司不会承诺收益的。

（三）避免高额遗产税功能

财产一旦打包进入家族信托，意味着家族成员对其丧失了法律上的所有权，日后无须缴纳高额的遗产税。由于财产是去世前转让的，所以不会纳入遗产税的征收范围。

（四）信息保密功能

家族信托没有公开披露的规定，受益人的个人数据及利益均绝对保密，通过信托持有公司的股份，也会隐藏公司实际拥有人的身份，实际受益人不会因为财产泄密受到安全威胁。

（五）实现灵活分配，控制后代挥霍功能

家族信托是细水长流的财富传承方式，一方面可保证子女的生活无忧，可定期拿到收益，另一方面又避免子女因为年轻不懂事，奢侈败家，肆意挥霍。

（六）婚前财产保护功能

婚前财产家族信托，解决了高净值单身人群的后顾之忧，既能保障自己财产的安全，又不妨碍自由追求真正的爱情。家族信托会将婚前财产单独隔离并严格保密，万一婚变，这些财产视为独有财产，不会当作夫妻共有财产进行分割。

（七）家族企业永续传承功能

家族信托可设立"管理决策委员会"，对信托项目下的企业运营实施决策管理，有经营管理才能的家族成员可以进入该决策委员会。同时，企业经营产生的现金分红回到信托账户后，可以向家族信托的受益人分配信托利益。既让家族企业永续经营，也让家族后代享受企业的经营成果。

（八）通过"隐形的手"管理家族功能

家族信托可根据委托人意愿量身定制"世代信托"。在保障基本生活的基础上，可设有医疗、教育、创业、养老等资金支持；同时，对犯罪、违法行为，可进行受益减半或取消受益资格的处罚，引导后代追求上进。

（九）避免家族继承纷争功能

家族信托可按照委托人意愿，选择不同的信托投资管理方式，包括受益人范围、受益顺位、受益条件、受益比例（金额）和分配频率等。转入家族信托的财产属于独立于委托人和信托公司的信托财产，委托人身故后，信托公司将严格按照约定管理、处分和分配信托财产，从而有效地避免因继承而引起的纠纷。

（十）保障子女传承财富功能

将子女作为家族信托的受益人，其享有的信托收益权为个人单独所有财产，不会因婚姻变为夫妻共有财产。这样，即使子女婚姻发生变故，还享有家族信托提供的生活保障，让子女无忧。

家族信托所具有的分散资产、隔离隐蔽、避免重税、防范债务、身后有效、灵活可控等特殊功能，同金融信托一样，受到《信托法》等法律的规范和保护。但是，由于我国家族信托仍属发展初期，在信托财产登记制度、配套法律制度等领域的支撑还有待完善。因此高净值人士需要未雨绸缪，积极了解并尽早筹划家族信托相关安排尤为重要，必要时可选择专业机构进行咨询。

二、案例介绍

7-6 上海信托·"信睿尊享"财富管理信托 ①

上海信托在 2013 年正式成立家族管理办公室专业团队，同时成立公司首单家族信托产品——"上海信托·信睿尊享财富管理信托"。此后上海信托加大家族信托业务布局，将原 QDII 等国际业务团队、财富中心等相关团队和业务进行了整合，成立信睿家族信托办公室，加大海外业务和平台布局，致力于为客户提供全球化的财富传承、配置服务。公司通过信睿俱乐部方式，对客户提供生活、子女、旅游等高品质服务，提高家族信托客户黏性（见图 2-7）。截至 2016 年底，公司已签约客户 190 个，存续规模 30 多亿元。

（一）产品系列

产品主要分为三类：其一，睿享世家—家族信托系列，可遵照委托人的意愿，全面有效地定制个性化方案，实现资产保值增值，提前筹划税务安排，解决财富传承问题，实现客户全生命周期的分配方案。该产品共有四大类分配方式：受益人学业鼓励、婚姻生育祝福、创业支持、养老意外防护。其二，睿享世家—传世系列（保险金信托），以人寿保单或年金保单作为信托财产，由委托人与信托机构签订保险金信托合同，当被保险人身故并发生保险金赔付时，由受托人依据信托合同对保险金进行管理、运用，向信托受益人分配信托利益。其三，家族慈善—上善系列，满足家族信托客户的公益慈善需求，协同业务开发。总体来讲，公司对委托金额 1000 万元以上客户进行个性化定制，但不增加非标性服务，尽可能贴合需求；而 1 亿元以上客户则引入律师等综合服务团队，提供个性化服务。

（二）投资管理

公司与家族信托客户每年签订投资意愿书，包括确定投资偏好，控制投资配置不同资产的比例；内部宏观资产配置委员会制订月度配置方案，

---

① 王玉国.家族信托的产品创新与投资管理.西南财经大学出版社,2018 年版.

筛选合适的资产管理或金融产品提交风险控制委员会确定后入库，投资经理在入库产品范围内进行投资选择。每个客户的投资方案不一样，重点要考量客户的未来现金流支出需求。目前在基础投资产品的来源上，固定收益产品由上海信托自己管理的产品为主，权益类产品以外部采购为主。

（三）海外家族信托业务布局

目前已初步搭建起海外家族信托业务的平台架构，在香港成立上信香港控股有限公司和上信信托有限公司，还在新加坡、卢森堡等地设立平台，组建专业团队，开展离岸信托业务，提高全球资产管理和服务能力。

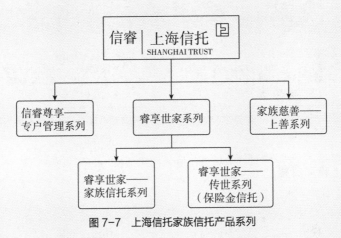

图 7-7　上海信托家族信托产品系列

资料来源："上海信托"微信公众号。

7-7　中信信托"定制化 + 标准化"
保值增值家族信托案例[①]

（一）产品类型：可根据客户投资需求定制产品

中信信托的家族信托分为定制化和标准化产品（见图 7-8）。标准化家族信托的方案采用标准化设计，适用于具有特定需求类型的家族信托客户。设立起点在 600 万元以上，信托期限为无固定期限，适用标准信托合同模

---

① 王玉国．家族信托的产品创新与投资管理．西南财经大学出版社，2018 年版．

板，标准化家族信托产品包括传世系列、子女教育信托、养老家族信托及其他系列。定制化家族信托可以依据客户个性化的财富需求量身定制相应的家族信托方案，包括信托实现的功能／目的定制化，信托架构／角色设置定制化，分配方案定制化，投资方案定制化，信托合同内容及条款定制化等，设立起点 3000 万元，信托期限 10 年以上，应客户需求进行量身定制。通过客户的投资需求，配置相关资产，保证家族信托资产的保值增值。

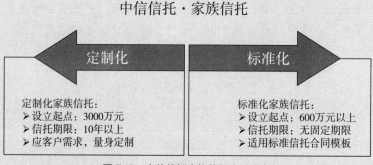

图 7-8　中信信托家族信托产品示意

（二）设立流程

1. 标准化家族信托流程

标准化家族信托的设立流程为：①意向确认，签署《家族信托服务意向确认书》《保密协议》；②尽职调查，与客户访谈确定标准信托合同中需填写内容；③信托成立准备，申请信托合同编号，履行其他必要报告程序；④信托成立，签署信托合同，开立信托财产保管专户，交付委托的信托财产，宣告信托成立。

2. 定制化家族信托流程

在意向确认后，即进入差别化设计流程：①信托方案设计，填写《家族信托设立问卷》《家族信托投资偏好问卷表》，设计信托方案；②意向确认，基于前期访谈及客户确定的信托方案，进行委托人、受益人、监察人等尽职调查；③根据客户需求将项目立项，起草信托合同，选择保管银行，提交申请项目实施报文；④信托成立，签署信托合同，开立信托财产保管专户，交付委托的信托财产，宣告信托成立。

第四节　家族赡养信托

一、赡养信托结构

"老有所终，幼有所长"的传统观念，造就过去"养儿防老"的社会价值观。但是随着高龄化、少子化的人口发展趋势，现代人生得少、甚至不生，"老年赡养"成为许多国家的当务之急。面对高龄化浪潮来袭，监管部门鼓励金融机构提供符合高龄者需求的创新金融服务，可结合医疗或赡养等服务机构资源，让高龄者可以实现养老愿景。

信托业推出的"赡养信托"就是可以满足上述目标的商品。赡养信托结合"金融"与"服务"，透过信托制度将财产专款专用，让高龄者可以在身体健康、意识清楚的情况下，提早规划晚年财产用途，借此达到财产保全，并支付自身医疗与长期照护费用等理财目标。

二、案例介绍

案例分析

7-8　"平安信托"人寿保险家族信托 ①

相对于传统保险而言，保险金信托是一种新型、较为复杂的金融工具。作为家族信托的一个分支，以保险合同权益为信托财产，将保险与信托结合，实现了高附加值。

据中国保险金信托发展报告显示，从市场主体上看，目前参与的保险公司基本为合资或外资公司；而参与的信托公司则以中信信托、平安信托为主导。目前，市场上主要以定制化的信托方案对接终身寿险和大额年金产品，一般要求身故保额在 300 万元以上，年金年交保费在 30 万元以上。以某保险公司的一款保险金信托为例，产品给出了特定的用户画像：客户类型方面，80% 以上客户已婚，2/3 为女性；客户职业方面，46% 为企业金额，36% 为私营企业主，9% 为企业白领；客户年龄方面，48% 的客户集中

---

① 王玉国. 家族信托的产品创新与投资管理. 西南财经大学出版社，2018 年版.

在 40 ~ 49 岁,其次是 50 ~ 69 岁,占比 26%,21% 的客户在 30 ~ 39 岁。

陈先生今年 40 岁,在佛山当地开厂经营建材生意,算是小有成就的民营企业家。太太帮忙打理公司行政工作,育有一子,年仅 12 岁,婚姻美满。

在陈先生生意圈里一起做生意的一位朋友张总突发脑溢血过世。张总比陈先生大几岁,是一位十分精明、会做人的生意人,给人印象不是在谈生意,就是在谈生意的路上。张总家里有两个孩子,大女儿 14 岁,小儿子才 8 岁,张太太一直在家照顾孩子,不懂生意。突发事故,张总成了半瘫痪状态,张家一下子没了顶梁柱。这件事引起了陈先生的深思。

公司经营越大,责任越大。虽然财富越来越多,但其实家人才是人生中最重要的财富。陈先生想来想去,自己那么努力赚钱,就是为了给家人一份舒适、安心的生活,为了给孩子一个可以自由选择的未来。

在一次与平安银行私人银行客户经理接触沟通后,了解到保险和信托的功能,决定为孩子和太太设立平安保险金信托。通过保险金信托锁定自己对家人的爱以及对家庭的承诺,(见图 7-9)。

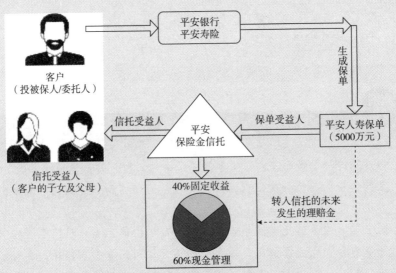

图 7-9　"平安信托"人寿保险家族信托产品

根据陈先生提供的资产证明和健康的体检报告,平安私人银行的客户经理李经理测算出陈先生的人寿保额可以达到千万元,每年只需要支付百万元的保费。陈先生作为保单的投保人给自己投保,儿子和妻子作为保单的受益人进行先期投保。

保单核保通过后,陈先生作为保险金信托的委托人设立保险金信托,将该保单的身故受益人变更为平安信托有限责任公司。在陈先生健康生存期间，可以进行保单质押融资或行使保单投保人拥有的权力。一直等到陈先生百年之后，或因意外发生突发事件导致身故理赔时，千万元保费就会如约进入现在约定成立的保险金信托账户内，并且按照信托协议约定进行受托管理和分配。

通过以上结构，陈先生实现了以下几方面的目标：

（1）既提供了家庭充足的保障，同时又不影响企业运作的现金流，每年只占用百万元保费，实际却能实现千万元保障，同时，保单可以进行质押融资，提供额外的现金流补充。

（2）在儿子未成年之前，由信托公司受托管理巨额理赔金，确保儿子的继承权和受益权。

（3）若发生极端风险时，家庭财富可按生前意愿继续在家族内传承。

（4）通过信托的专业管理，根据信托协议，可以实现资产的稳定增值，避免再投资风险，防止资产缩水。

目前，平安银行私人银行保险金信托产品的门槛为：标准型保险金信托的起点是100万元。年金储蓄类保险主险应交总保费100万元起，人寿保障类主险基本保险总保额金额100万元起。

标准型保险金信托分配方案：基本生活和养老金（按期分配信托利益）、学业支持（小学、中学或大学入学时一次性分配信托利益）、家庭和谐（结婚或生育时一次性分配信托利益）、消费引导（购房或购车时，一次性分配信托利益）、应急金（根据提交医疗发票金额进行一次性分配）。

可以说，保险金信托属于事务管理类的服务信托与资产管理类信托的完美结合，是真正回归本源的信托业务。保险金信托既可以实现对生存保险金的身前财富管理，又可以实现对身后财产的安排，不仅仅是简单实现了财富的增值，更重要的是保证了委托人对受益人获取财产的管理意志。

7-9　王先生设立保险金信托案例 [①]

（一）案例背景介绍

王先生现年40岁，年轻时从农村老家到城里打拼，从建筑工地的工人

---

① 资料来源："长安信托"微信公众号。

一步步做起，到现在拥有了属于自己的建筑公司。父母都 60 多岁，由于早年劳累，身体不是很好。作为家中的独子，王先生本希望把父母接到城市一起生活，便于照顾，但父母不习惯城市的生活，一直住在农村老家。于是王先生安排自己的一位远房亲戚照顾父母的日常生活，按时支付父母的赡养费和保姆的工资。

看似这样的安排已经非常完善，可资深的保险人士还是提醒王先生需要对自己的人身风险进行管理：如果王先生因疾病或意外原因突然离开，父母的赡养费就会有中断的风险。王先生想想前段时间自己一位同学因肝癌去世，给家人留下的除了痛苦还有治病留下的债务。于是便向这位资深的保险顾问咨询适合的解决方案。这位朋友通过专业评估后给出了这样一个解决方案。

（二）信托方案

王先生为自己投保某公司终身寿险产品，年交保费 362700 元，连续缴费 10 年。从第一年缴费起，王先生即拥有 936 万元身故（疾病或意外）保障，最大杠杆 25.8 倍。保险金受益人为某信托公司，父母作为信托财产第一顺位受益人，儿子王小宝作为信托财产后一顺位受益人，安排如表 7-2 所示。

表 7-2　王先生设立保险金信托相关要素

□ Z-01/ □ N-01　　父母赡养型	
第一顺位受益人	受益人 A 和 B 共为第一顺位受益人，共同享受信托利益 A 姓名 王爸爸，为委托人的■父亲 / □母亲 / □其他 _____ B 姓名 王妈妈，为委托人的□父亲 / ■母亲 / □其他 _____
后一顺位受益人	姓名 王小宝，为委托人的■儿子 / □女儿 / □配偶 / □兄弟姐妹 / □其他 注：第二顺位受益人的分配方式同 I/N-03—子女抚养型
信托期限	不设固定期限，信托财产不足 10 万元（不含）时，受托人有权终止信托
分配方式	1.受益人年满 65 周岁（含）起，可以每年领取固定信托利益 30 万元 整，于每个信托年度期末日向受益人分配养老保障金 2.若某一第一顺位受益人去世，则停止该受益人信托利益分配，剩余信托利益为另一第一顺位受益人享有，直至该受益人去世 3.若受益人 A 和 B 均去世，则剩余信托利益由后一顺位受益人享有

（三）解读

假定王先生某天因病离世，保险公司的 936 万元理赔款将进入提前安排好的信托基金。王爸爸和王妈妈作为信托财产受益人将每年从信托公司领取 30 万元用于养老费用支出。即使不考虑信托基金的收益，这笔钱也足够王爸爸和王妈妈持续领取 30 年以上！如果中途王爸爸提前离世，王爸爸的份额将由王妈妈一并领取；王爸爸和王妈妈都离世后信托基金将直接由王先生的儿子王小宝继续领取。

（四）思考

如果直接设定父母作为受益人，一次性领取 936 万元理赔款，结果会有何不同呢！是否还能按照王先生的心愿，起到父母养老专款专用的目的呢?!

想想那些专为老年人精心设计的骗局：各种保健品传销、各种中奖信息、各种冒充公安机关吓唬老人家的伎俩。还有身边亲戚朋友可能需要的资助。

（五）附加值服务（见表7-3）

表7-3　王先生设立保险金信托附加值服务表

服务项目	服务类型	金卡	白金卡	铂金卡	钻石卡	尊钻卡	私钻卡	黑钻卡
私人健康	西医体检		西医体检	西医体检	★（2选1）	★（2选1）	★（2选1）	★（2选1）
	中医体检							
	重疾绿通	病历代诊	★	★	★	★	★	★
	就诊绿通				1次	2次	2次	2次
	私人医生							
	海外医疗				★（专属优惠）	★（专属优惠）	★（专属优惠）	★（专属优惠）
	中医养生				★（专属优惠）	★（专属优惠）	★（专属优惠）	★（专属优惠）
	高额保障	20万元	100万元	100万元	1000万元	1000万元	1000万元	1000万元
	朋友圈赠险				500万元（5人）	500万元（5人）	500万元（5人）	500万元（5人）

服务项目	服务类型	金卡	白金卡	铂金卡	钻石卡	尊钻卡	私钻卡	黑钻卡
私人管家	国际旅行及医疗援助服务				★	★	★	★
	国内医疗援助服务				★	★	★	★
	全球私人礼遇服务						★	★
	生日礼宾			★	★	★	★	★
私人旅行					★（专属优惠）	★（专属优惠）	★（专属优惠）	★（专属优惠）
私人律师					★（专属优惠）	★（专属优惠）	★（专属优惠）	★（专属优惠）
私人收藏					★（专属优惠）	★（专属优惠）	★（专属优惠）	★（专属优惠）
私人企业					★（专属优惠）	★（专属优惠）	★（专属优惠）	★（专属优惠）

（六）总结

保险金信托充分利用了人寿保险的保障功能和杠杆效应，以及信托财产的独立性、在分配上的灵活性和指向上的明确性。是中高净值家庭绝佳的财富管理和传承工具！

7-10　W女士赡养父母信托案例 ①

（一）案例背景介绍

W女士是位企业家，丈夫是法国人，有一儿子8岁。

母亲早已过世，父亲七旬高龄。2012年春节，父亲不小心摔了一跤，虽然请了最好的医生进行治疗，但还是给父亲造成了神智不清、生活不能自理的后果。

W女士有钱没时间，所以承担了全部费用，并请了保姆与内地的兄嫂一起照顾父亲的日常起居。嫂子对父亲本来有些怨言，但由于W女士资金支持有力，目前一切正常，相安无事。

W女士由于工作关系，经常飞来飞去，一则关于空难的新闻打破了W女士内心的平静。经过几次联系，W女士终于坐在了我们的洽谈室。W女士最不放心的就是父亲，有意留一笔钱给父亲防老。

之前有律师曾建议W女士立一份遗嘱，给父亲留下一笔钱用于养老，但W女士担心父亲没有能力使用和管理这笔钱。还有一个办法是直接给哥哥一笔钱，专门用于父亲年老生活，等父亲去世后，剩余资金归哥哥所有，但此举W女士又担心哥哥"妻管严"，而嫂子娘家负担较重，如果一大笔钱放在哥哥手里，哥哥肯定守不住，假如自己将来出了意外，父亲还是要受苦。

（二）赡养解决方案

设计一份赡养父亲家族信托方案，即W女士拿出一笔资金设立一份赡养父亲家族信托，专门用于W女士父亲的生活和医疗护理开销，由信托公司按照约定的条件和方式按月支付。父亲作为受益人，哥哥作为监护人使用资金。

如果哥哥先于父亲去世，则由新的监护人使用资金。如果在父亲去世后资金有剩余的，剩余资金归W女士儿子所有。对于这个安排，W女士开始并不理解。W女士说，我这笔钱拿出去就没打算再拿回来了，父亲用不完，就全部给哥嫂好了，他们也辛苦。我们解释说，如果父亲去世后剩

---

① 资料来源：网上公开信息。

余款项收回，那么父亲活得越久，对资金使用人利益越大，有助于父亲得到更好的照顾。W女士最终采纳了我们的建议。

如果W女士先于父亲离世，信托继续有效。而且不受W女士破产、离婚及继承的影响。W女士不用再为父亲将来的生活担忧！

赡养父母是子女的义务，孝顺的子女也希望父母晚年幸福。如果子女一直身体健康、收入稳定，当然没有问题。但假如子女先走一步或者因生意失败破产，年老父母的晚年可能就失去保障。所以，有条件的子女通过家族信托为父母提前设立一份保障，才是真正的尽孝之道。

第五节　家族慈善信托

随着制度的完备，国内慈善信托正扬帆起航。2016年9月1日《慈善法》正式实施，专门设立"慈善信托"专章，并将设立"慈善信托"由《信托法》规定的批准制改为备案制。2017年7月，银监会与民政部联合发布《慈善信托管理办法》，更为慈善信托发展提供了制度保障。

随着国内高净值人群数量的攀升，高净值人士的慈善需求持续增加。此前，中信信托《高净值人群慈善行为问卷调查表》统计显示，在接受调查的高净值客户（资产量在1000万元以上的占96.7%）中，有41.2%的客户愿意拿出1%以上的家庭资产做慈善。同时，有近56.7%的客户有做慈善的需求或想法，这部分人中有家族企业的占30%左右。

一、慈善信托在家族财富管理方面具备独特的功能价值

首先，保障财产的独立性。比如，放入慈善信托的财产区别于委托人未设立慈善信托的财产，具有破产排除、遗产排除、债务排除、混同排除的效果；慈善信托财产独立于受托人的固有财产，不因受托人破产、被强制执行而受到影响；慈善信托财产可以通过合意的方式独立于受益人的债务。基于慈善信托的资产隔离效果，能够保障家族投入慈善领域财富的安全和稳定。

其次，家族信托公司资产管理能力强大。慈善资金交给家族信托公司实施稳健投资，能够确保慈善资金尽可能安全、稳定地存续，也能真正为客户提供个性化定制化的服务。

另外，运营财产过程透明。比如，慈善信托还可以确定信托监察人对受托人的行为进行监督，维护委托人和受益人的合法权益，赋予监察人以自己名义提起诉讼的权利。无论慈善信托的委托人是否在世，慈善信托监察人可以一直由家族成员担任，运用慈善信托管理家族财富，保障了财产运营全过程具有透明性。

二、案例介绍

7-11 家族慈善的先行者
"牛根生家族慈善信托"①

当下，中国家族企业的交接，家族财富传承进入了一波高峰期，如何才能更好地交接，更好地传承，这已成为中国创一代企业家深思的问题。蒙牛集团的创办人、董事长，牛根生做出了积极的尝试，树立了榜样。

2004 年 12 月 28 日，牛根生先生发起成立了老牛基金会，登记机关为内蒙古自治区民政厅，业务主管单位为内蒙古自治区人民政府金融工作办公室。他以"发展公益事业，构建和谐社会"为宗旨，面向环境保护、文化教育、医疗卫生及救灾帮困等其他公益慈善事业为业务活动范围。

老牛基金会前身是老牛公益事业发展促进会，基金会最初的章程规定，基金主要用于褒奖对蒙牛集团作出突出贡献的人士或机构，员工个人遭遇不幸或生活窘困可向基金会申请资助。牛根生先生之所以在老牛公益事业发展促进会基础上升格为老牛基金会，是因为最初对相关法规政策的理解不到位，没有分清基金会与社团组织的职能定位；同时对单独设立公益组织缺乏经验，又无可参照的实例。但条件成熟了，在相关部门的支持下，家族慈善基金会也就顺势成立了。

2005 年 1 月，牛根生与其家人宣布全部捐赠持有的蒙牛乳业股份，并约定在牛根生有生之年，该股份红利所得的 51% 归老牛基金会，49% 归个人支配；待牛根生天年之后，该等股份的红利 100% 归老牛基金会，家人只领取相当于北京市、上海市、广州市三地平均工资的生活费。牛根生为了成立老牛基金会，捐出的股份总市值高达 40 多亿元。

---

① 资料来源：微信公众号"公益慈善论坛""公益时报"等网络公开资料。

牛根生所持有蒙牛的股权分为境内和境外两部分，其在境内所拥有的内蒙古蒙牛乳业（集团）股份有限公司股权按照内地公司法律，以每年25%的比例转入老牛基金会，已于2010年7月捐赠完毕。境外蒙牛公司的股权，牛根生以公益信托的方式，于2010年12月28日在中国香港宣布，转让给瑞士信贷信托公司下设的信托完成捐赠。如以其直接拥有和间接拥有的蒙牛2.635亿股计算，此次捐出的蒙牛乳业资产市值总额为54.55亿港元。

海外信托是一项不可撤销信托，信托的受益方除了国内的老牛基金会外，还包括中国红十字会、中国扶贫基金会、壹基金、大自然保护协会、内蒙古慈善总会等公益慈善组织。同时，受益方还包括了牛根生及其家人，作为非慈善受益方，他们将根据相关捐赠文件约定大约得到捐出的蒙牛股份股息的三分之一，以维持自身和家族的生活。

老牛基金会创立以来，运行良好，受其父的影响，牛根生的一双儿女也决定以洛克菲勒兄弟基金会为样板，在中国成立一家第二代基金会。2015年3月，北京老牛兄妹公益基金会（以下简称"老牛兄妹基金会"）正式注册成立。

这个第二代基金会既避免了与老牛基金会业务范围的重叠，又比较充分地满足了牛氏家族"关注未来"的慈善"兴趣点"。老牛兄妹基金会现正在筹划、运作两个主要创新项目，一是与中华社会救助基金会合作的中国儿童电影公益基金项目，该基金将为贫困地区儿童免费放映电影，以此陪伴贫困儿童成长，让他们感受温情；另一个项目是正在洽谈阶段的理查德·洛克菲勒访问计划，这一计划每年将挑选中国杰出的青年公益人赴美深造。

慈善是家族文化的重要组成部分，相信随着慈善基金会的成长、家庭的发展、社会环境的变化，机制将越来越完善，慈善事业将越来越被富裕家族所关注。

7-12 首创家族慈善的"双轨"模式
"何享健家族慈善信托"[①]

何享健在75岁这一年，公布了60亿元慈善捐赠计划，家族慈善体系正式亮相。慈善一直是何享健家族的另外一番事业。迄今为止，何享健创

---

① 资料来源：微信公众号"公益慈善论坛""美的置业"等网络公开资料。

立的美的集团累计向社会捐赠 9 亿元人民币，其子何剑锋在 2010 年曾成立盈峰慈善基金会，累计捐赠 900 万元，2013 年，何享健慈善基金会成立，共计完成 4.2 亿元捐赠。从早期企业和个人捐赠，到慈善基金会的系统运营，再到宣布 60 亿元永续慈善规划，何享健家族慈善事业一步步升级。"我及我的家人做慈善，过去、现在、将来都纯粹是为了感恩。"何享健说。如今，他希望慈善形成一种文化价值观，一代一代传下去，作为一种家族文化的承传。

2017 年 7 月 25 日，"和的慈善基金会捐赠仪式"在何享健家乡广东顺德举行，主题为"上善若水，吐故纳新"。"上善若水"取自《道德经》，意为"像水的品性一样，泽被万物而不争名利"。"吐故纳新"出自《庄子·刻意》，意为"扬弃旧的、不好的，吸收新的、好的"。一个代表坚守，另一个代表展望。

随着 60 亿元捐赠计划公布，广东省何享健慈善基金会也正式更名为广东省和的慈善基金会。"何老总不希望自己的名字总是被频繁提起。以前叫何享健慈善基金会，媒体报道项目的时候难免会提到他的名字，他看到了就会提醒我们，认为太高调。"和的慈善基金会秘书长对《中国慈善家》说。

香港中文大学教授范博宏专注家族企业传承治理研究，美的模式是他的研究范例。在他看来，何享健创业的出发点就是关注社会，所以结果也会回归到社会。"何享健从 1960 年代街道工厂开始做起，刚开始他做的是瓶盖，并不是因为对做瓶盖有什么热情，也不是说要做一个世界 500 强，而是为了要帮他的邻居、朋友找活干，所以他才到处去找订单，让他的邻里能够找到事情做，养活大家。"

低调是何享健的一贯风格。何享健慈善基金会成立时没有邀请任何媒体，60 亿元慈善计划捐赠仪式也仅邀请了少数几家媒体。汪跃云说，何享健一直以来的要求都是低调务实，不事张扬。

何享健多次表示，"我做慈善不要名不要利，什么都不要"。

"我一直在家里强调，我自己的财富，除了因为自己的拼搏努力、美的人的共同努力，还得益于国家发展、改革开放，以及政府的支持，为我们营造良好的创业发展环境。"何享健说。

1968 年，何享健带领 23 名街道居民集资和贷款创办"北公社塑料加工组"，先后生产塑料瓶盖、汽车刹车阀、柴油发电机。1980 年开始生产金属风扇，也就是后来的"美的风扇厂"。1992 年，该公司组建成"广东美的电器企业集团"，并进行股份制改造，更名为"广东美的集团股份有限公司"，2013 年 9 月在深交所上市。

如今，美的已经成为世界级的科技集团，7月24日（捐赠前一天）收盘价格为43.42元，总市值达2817.79亿元。在美国《财富》杂志发布的2017年度全球500强公司评选名单中，美的集团排名第450位，相比2016年上升31位，是中国唯一一家上榜的家电企业。

（一）慈善信托主要内容

60亿元捐赠计划包含股权捐赠和现金捐赠两部分，何享健捐出其持有的1亿股美的集团股票，现金捐赠总额20亿元人民币。

1亿股美的集团股票捐赠，何享健计划设立一个永续的慈善信托"和的慈善信托"，慈善信托财产及收益将全部用于支持公益慈善事业的发展。现金捐赠的20亿元人民币，其中5亿元现金设立"顺德社区慈善信托"，用于支持顺德地区的发展，该慈善信托于2017年5月27日在广东省民政厅完成备案。另外15亿元现金涵盖精准扶贫、教育、医疗、养老、创新创业、文化传承及支持公益慈善事业发展等多个领域，推动了两家新型慈善基金会——广东省德胜社区慈善基金会、顺德区创新创业公益基金会的成立，并设立了四支专项基金，向省、市、区、镇等5个慈善会进行了捐赠，见图7-10。

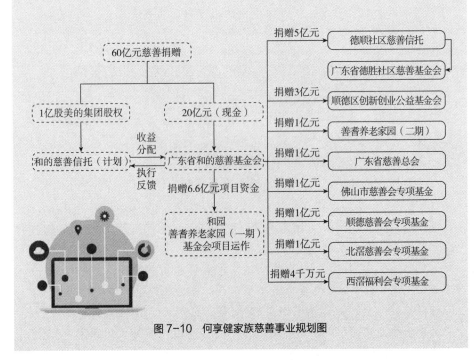

图7-10　何享健家族慈善事业规划图

关注社区发展是何享健的慈善传统，他将顺德区整体视为自身存在和发展的基础，2013年何享健慈善基金会成立，他便定下"一个社区、两个重大项目、三个公益慈善领域"的项目资助策略，首期捐赠4亿元资助顺德区北滘和园项目和顺德区善耆养老项目（养老家园），后续从文化及艺术、教育及社会创新、扶贫及赈灾三大领域，回应社区的发展需求，保护并发展本土特色文化，致力于促进顺德区的社区和谐与社会强盛。

（二）顺德区北滘和园项目

北滘和园和善耆养老家园两大项目预计2017年底对外开放。启动之初，两个项目均由何享健慈善基金会代管，之后都交给了新组建的专业团队运作。"最开始，我们参与和园和养老家园两个大项目，以及我们在本土启动的其他项目，有利于我们（基金会）团队专业度的提升。随着项目团队组建起来，专家也充足了，我们（基金会）团队的认知、能力也逐步提升，我们就启动新的战略规划，从具体的项目里撤出。"汪跃云说，专业的事交给专业的人，有利于支持项目本身建立专业可持续的发展机制，也有利于和的慈善基金会在更大范围内去做事情。

在关注本土发展的基础上，和的慈善基金会慢慢把资助范围扩大到顺德以外的其他区域，对高校、社会服务组织以及一些基金会等均有资助。比如成立"何享健奖学金"，针对西北、西南地区五所师范类高校发放奖学金，帮助学生完成学业，并计划通过学习社群的建设为学生成长赋能。

案例分析

7-13　鲁冠球"三农扶志基金慈善信托"[①]

（一）鲁冠球三农扶志基金慈善信托设立的过程

鲁冠球三农扶志基金慈善信托的设立，是为了纪念万向集团公司创始人鲁冠球先生。而信托的设立人正是鲁冠球的儿子鲁伟鼎，见图7-11。

鲁伟鼎将其持有的万向三农集团有限公司6亿元出资额对应的全部股权置入鲁冠球三农扶志基金慈善信托。万向三农目前持有14家公司的股份，并且是2家上市公司的控股股东，据估计万向三农目前股权的价值超过60亿元，这意味着鲁冠球三农扶志基金慈善信托已成为国内最大的慈善信托。

---

① 资料来源：微信公众号"万向信托""家族办公室商业评论"等公开资料。

据受托人万向信托慈善信托部负责人透露，鲁冠球三农扶志基金慈善信托从酝酿到成型，经历了很长一段时间。鲁伟鼎做这件事不代表家人，而是希望代表鲁冠球这一代改革开放最早的创业者，代表万向员工创造做出的价值，其内涵超出了慈善信托架构的本身。

2018 年 3 月 19 日，鲁冠球的儿子鲁伟鼎依法继承鲁冠球持有的公司控股股东万向三农集团 95% 的股权，至此，鲁伟鼎持有万向三农集团 100% 股权，成为公司实际控制人。

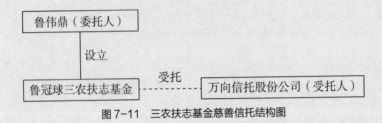

图 7-11　三农扶志基金慈善信托结构图

2018 年 6 月 27 日，鲁伟鼎发布《万向三农集团有限公司股东决定书》，决定以其持有的万向三农 6 亿元出资额对应的全部股权作为信托财产，委托万向信托设立鲁冠球三农扶志基金慈善信托。

2018 年 6 月 29 日，鲁冠球三农扶志基金取得杭州市民政局出具的备案号，设立人为自然人鲁伟鼎，经营期限为永久存续。

2018 年 9 月 29 日，万向三农集团股权完成调整，万向信托成为新股东，出资额 6 亿元，持股比例 100%。

（二）慈善信托控股上市公司的首个案例

鲁冠球三农扶志基金慈善信托还是慈善信托间接控股上市公司的首次尝试。

中国上市公司的控股股东能否将其拥有的股权直接或间接置入家族信托或慈善信托中，这一直以来都是中国信托实践领域关注的热点。

而这种新的尝试能否实现，证监会的态度非常关键——控股股权的直接、间接置入，一般意味着触发要约收购的条件，而一旦证监会不对要约收购进行豁免，家族企业将需要付出巨大的成本和代价才能将股权置入信托，这甚至导致公司上市本身失去了意义。

对鲁伟鼎将万向三农集团有限公司的全部股权（万向三农是两家上市公司的控股股东）置入鲁冠球三农扶志基金慈善信托的行为，证监会主要从五个方面进行询问：一是鲁冠球三农扶志基金慈善信托与信托计划的区别；二是鲁冠球三农扶志基金慈善信托运行符合慈善目的、慈善法规的约束和保障；三是鲁冠球三农扶志基金慈善信托机制的完善程度、监察人的可靠性及其潜在风险；四是保障鲁冠球三农扶志基金慈善信托、鲁伟鼎履行控股股东义务、实际控制人义务的有效措施；五是此次安排是否有利于保障上市公司和投资者的权益。

（三）公司化的家族慈善信托

根据公开披露的文件，鲁冠球三农扶志基金慈善信托的治理安排主要由三个机构组成——董事会、受托人与监察人。其中董事会决策、受托人管理、监察人监督。这无疑借鉴了公司制度的治理原则与安排，并通过设立董事会确保了家族在信托中的核心地位。

鲁伟鼎的实际控制人地位体现：他是董事会的董事长；他作为设立人拥有任免董事、修改章程甚至解散董事会等重大权利。正式因为这种对控制权的绝对把握，鲁氏家族才敢于以慈善信托来实现对上市公司的顶层所有权设计——否则一旦结构失控，家族（企业）也将土崩瓦解。

在这个治理结构中另一个重要的安排是监察人，由鲁伟鼎的儿子——年轻的鲁泽普担任。监察人之所以重要，在于他拥有《信托法》与《慈善法》等法律赋予的地位，能够在受托人违反《信托合同》时采取适当的手段予以纠正。考虑到《信托法》《慈善法》毕竟不是公司法，并没有规定董事等高管的权利义务，也就可能导致在受托人抗命情况下董事等主体行权的不变，监察人的设置与安排正是对公司化的家族慈善信托的最好补充。

鲁冠球三农扶志基金慈善信托也不仅仅是简单的慈善信托，它应当理解为鲁氏家族（企业）的慈善平台，甚至鲁氏家族成员沟通、治理的平台，以及下一代鲁氏家族成员成长、合作与培养的舞台。

在鲁冠球三农扶志基金慈善信托中我们看到了鲁家两代人的身影——鲁冠球的儿子鲁伟鼎、儿媳李鹏、孙子鲁泽普和外孙莫凡。在上市公司的公开文件中也多次提及了鲁冠球三农扶志基金慈善信托的慈善事业传承作用，家族成员对它的监督以及它所承载的家族慈善精神。

国外慈善信托一般也被誉为未来家族才俊的孵化器——年轻的家族成员在这里学习和锻炼财富管理、投资、项目筛选以及组织能力。而鲁泽普与莫凡的进入，无疑体现了这种思考。

更重要的是，在鲁冠球三农扶志基金慈善信托中，监察人与董事长存在着继任安排——这无疑是家族事业传承的深远考虑。

（四）推动股权置入的个税缴纳优惠

阻止股权置入家族信托和慈善信托另一个问题是高昂的个人所得税——将家族企业的股权置入自己控制的家族信托或是捐赠给慈善信托究竟应不应该缴税，应当如何缴税，这一直是备受关注的问题。

迄今，实践中一致是按照交易处理，也即信托委托人需要足额完税。这无疑也体现在鲁冠球三农扶志基金慈善信托的设立过程中，此次安排的财务顾问报告显示：实际控制人鲁伟鼎缴纳个税。

其实《慈善法》关于向慈善信托捐赠予以优惠的原则性规定一致存在，但苦于没有操作细则，鲁氏家族的此举或许能够再次加速制度的更新，使更多人受益。